칸트의 마음철학

칸트의 마음철학

최인숙 지음

서광사

칸트의 마음철학

최인숙 지음

펴낸이 | 김신혁, 이숙
펴낸곳 | 도서출판 서광사
출판등록일 | 1977. 6. 30.
출판등록번호 | 제 406-2006-000010호

(10881) 경기도 파주시 회동길 77-12 (문발동)
대표전화 (031) 955-4331 팩시밀리 (031) 955-4336
E-mail : phil6161@chol.com
http : //www.seokwangsa.co.kr | http : //www.seokwangsa.kr

제1판 제1쇄 펴낸날 — 2017년 12월 30일

ISBN 978-89-306-2057-4   93160

| 지은이의 말 |

칸트철학을 제법 오랜 기간 공부해오면서, 그 이해도 시간과 더불어 변화를 겪어온 것 같다. 오래전 독일에서 칸트를 집중적으로 공부하면서, 칸트철학이 이 세상의 이치를 해석하는 데에 매우 적합한 이론이라고 생각하게 되었다. 특히 인간을 포함한 자연현상을 해석하는 데 가장 적합한 이론으로 칸트의 인식론을 받아들이게 되었다. 귀국하기 2년 전 쯤부터는 칸트철학 안에서 부족한 어떤 점을 생각하게 되었지만(이 문제에 대해서는 다음 저술에서 피력할 것임), 학위 논문을 마치는 게 급선무였기 때문에 우선 그 일에 매진했다. 필자는 *Die Paralogismen der Seelenlehre in der ersten und der zweiten Auflage der 'Kritik der reinen Vernunft'*[1] ('순수이성비판' 제1판과 제2판[2]에서 영혼론의 오류추리)라는 제목으로 박사학위 논문을 썼다. 그리고 귀국 후에는 윤리 문제도 중시하면서 칸트의 윤리학을 새로운 관심을 갖고 공부했다. 공부

---

1 독일 Mainz 대학교에서 1990년 7월에 이 제목으로 철학박사학위를 받았고, 1991년 Peter Lang 출판사(Frankfurt am Main/Bern/New York/Paris)에서 출판됨.

2 말의 흐름에 따라 제1판과 제2판을 초판과 재판으로 쓰기도 한다.

를 하면서 인간의 삶에서 도덕 문제가 중심일 수밖에 없다고 생각하게 되었는데, 칸트 윤리학은 오늘날 우리의 삶에 적용하는 데도 손색이 없는 훌륭한 이론이라는 것을 확신하게 되었다. 칸트 윤리학은 단지 형식 윤리학으로 그치는 것이 아니라, 이기심과 본능의 방향으로 기울어지기 쉬운 우리의 경향성을 제어하면서, 인간 스스로가 자신의 존엄성을 일으켜 세워야만 하는 것을 당위로 인정할 수밖에 없게끔 일깨워주는 윤리학이라고 생각한다. 그리고 다양한 문화가 서로 얽혀 복잡성을 드러내면서 우리의 삶에 많은 문제를 제기하고 있는 현대에, 서로 다른 생각과 문화 속에서 살아가는 인간들이 소통할 수 있는 방법론으로서 칸트의 미학 이론을 매우 유용한 이론으로 받아들이게 되었다.

우리는 살아가면서 자기 자신을 파악하는 것이 매우 중요하다는 것을 인식하게 된다. 자기 자신의 일이나 주위 사람들과의 관계가 별 문제없이 순리적으로 풀릴 때에는 우리는 계속 앞만 보고 나아간다. 그러나 상황이 그렇지 않을 때에는, 자기 자신이나 다른 사람들이 새삼 문제로 다가온다. 그리고 우리는 다른 사람들의 내면을 들여다보려는 마음이 생긴다. 이것은 자기 자신에서도 마찬가지이다. 그런데 다른 사람들은 물론, 자기 자신의 내면조차 정확히 알기 어렵다는 것을 인식하고 기이한 마음이 들게 된다. 어떻게 내가 나 자신을 확실히 알 수 없다는 말인가!

우리는 자기 자신조차도 외적 요인에 따라 바라보는 것을 당연시한다. 외모, 가정환경, 학력, 그리고 이러저러한 성격 정도가 우리 자신을 들여다보는 요인으로 사용되기 십상이다. 그러나 상황이 급작스럽게 변하면, 우리는 많은 경우에 제대로 대처하지 못하며, 자신이 갖고 있던 종래의 다양한 능력이라는 것이 심지어 무용지물이 되기까지 하는 것을 체험하곤 한다. 자기 자신을 정확히 아는 것은 이 세상을 살아가는 데 필수적으로 중요한 요인이며, 자기 자신을 유추하여 다른 사람을 파악하게 된다. 자기 자신이나 다른 사람들을 파악하는 방법으로 필자는 표상 개념을 중시하게 되었다. 어떤 문제에 대해 어떻게 생각하는지를 직접적으로 떠올리는 것이 표상이다. 아무것도 생각하지 않는 것이 아니라, 무엇인가에 대해 구체적으로 생각하는 것을 말한다. 이러한 의미에서 볼 때 무의식이나 잠재의식은 표상이 아니다. 무의식이나 잠재의식이 중요하지 않다는 것이 아니라, 우리는 겉으로 떠오르는 생각을 통해서 자기 자신을 더 잘 알 수 있다는 의미이다.

필자는 이 책에서 칸트의 철학을 표상 개념을 중심으로 해석해보았다. 칸트는 우리가 떠올리는 표상들을 살펴봄으로써 표상들의 성격을 규명하였고, 그 표상들의 담지자인 우리 자신의 마음을 드러내고자 하였다. 그런데 칸트가 파헤친 우리의 표상들은 서로 결합해서만 작동한다. 대상 인식에서는 감성과 지성이, 도덕 판단에서는 이성과 의지가, 미 판단에서는 상상력과 지성 또는 상상력과 이성이 함께 작동하면서, 서로 다른 표상들이 연결된다. 우리가 사물을 지각할 때 어느 하나의 능력만이 작동하는 것도 아니고, 어떤 하나의 단일한 표상만으로 성립하는 것도 아니다. 서로 상이한 표상들이 함께 일어나고(**병발**), 서로 상이한 표상들이 **결합·종합·통일**된다. 이러한 작용은 우리 마음속에서 역동적인 과정을 거쳐 일어난다. 칸트의 철학이 종래의 이성론과 경험론을 종합했다는 것은 단지 근대 철학의 성과로 그치는 것이 아니라, 인지과학과 뇌 과학이 급속도로 발전해가고 있는 현대로 이어지는 의미를 지닌다. 오늘날의 지식으로 볼 때, 우리의 생각은 뇌 작용의 결과이며, 뇌 작용은 신경세포들의 연결(synapse)을 통해서 일어난다고 한다. 그리고 우리가 사물을 지각할 때 뇌는 감각적인 그림과 개념적인 사고를 각기 다른 회로를 통해서 받아들인다고 한다. 우리의 뇌에 신경세포들이 서로 연결하는 역동적인 작용이 없다면 뇌 자체만으로는 순전한 물질 덩어리에 불과한 것이다. 현대의 뇌 과학에 따르면 신경세포들의 **연결 방식**이 자아를 결정한다. 물론 칸트의 철학은 우리의 표상 체계를 선험적인 종합판단을 통해 해석하는 학문인 데 비해 뇌 과학은 물리주의와 자연주의 입장에 선 학문이지만, 여기서 필자는 오늘날의 뇌과학을 칸트의 '종합' 판단과 '유비적으로' 해석해볼 수 있다는 점을 언급하고자 한다.

칸트는 『순수이성비판』에서 '순수이성비판'을 자기인식(Selbster-kenntnis, A XI)의 일로 보았다. 여기서 자기인식이란 각자 자기 자신의 표상을 추적함으로써 그 표상들의 의미와 연결 관계를 파악하는 것을 말한다. 칸트에게 있어 '자기인식'은 정신을 고요히 하나로 모아 내면을 정적으로 성찰하는 관조가 아니다. 칸트의 '자기인식'은 어떤 대상이나 어떤 사태를 지각할 때 떠오르는 표상들이 움직이는 길을 추적하며 적극적·능동적으로 생각하는 과정을 말한다. 그러한 과정을 거쳐 비로소 우리는 자기 자신을 알게 된다는 것이다. 그리고 이보다 더 적극적인 의미는, 우리가 어떻게 **타당하게, 적합하게** 자신의 표상을 좇을 수 있는가에 있다. 이것이 바로 **선험적 종합판단**의 의미이다. 선험적 종합판단은 자연, 인간, 문화를 적합하게 표상하는 사유 방식이다. 우리는 이러한 사유 방식을 공부함으로써 자연, 인간, 문화를 제대로 바라보고, 나아가 이를 바람직하게 만들어갈 수 있을 것이다.

오래 전부터 필자는 칸트의 철학을 마음-표상이라는 주제로 모아보고자 하는 생각을 가지고 있었다. 그리고 칸트의 마음철학이라는 제목으로 세상에 책을 내놓고자 하는 계획을 세운지도 15년이 넘는다. 이계획이 많이 늦었지만 이제 '칸트의 마음철학'이라는 제목으로써 실천에 옮기려 한다. 필자는 칸트가 논하는 바를 정확히 전달하면서 동시

에, 칸트의 철학은 현재의 우리의 삶과 직결되어 있다는 것을 보이고자
한다.

　칸트의 『순수이성비판』은 1781년에 발행된 제1판은 A, 1787년에 발
행된 제2판은 B로 표기하되, 책명 없이 A, B로만 표기하고 바로 뒤에
쪽수를 쓴다. 그리고 말미에 나열한 참고문헌 모두를 필자가 이 글에서
직접 사용하는 이름들은 아니지만, 필자가 칸트의 마음철학이라는 제
목으로 책을 쓰려는 생각에서, 또는 이 주제와 연관해서 오랜 시간에
걸쳐 모은 책들이다. 이중 어떤 책들은 꼼꼼하게 통독하고, 어떤 책들
은 부분적으로 읽고, 또 어떤 책들은 아주 적은 부분만 읽었지만, 이 모
든 것들이 필자의 공부 이력에 들어온다는 의미로 비교적 많은 수의 책
을 열거했다. 그런데 필자는 이 글에서 철저하게 필자 자신의 이해와
논지에 따라 글을 전개하는 것을 중시했기 때문에, 필자의 글 속에 다
른 학자들의 해석이 뒤섞이는 것은 필자가 논의를 이끌어가는 데 오히
려 방해가 된다고 생각했다. 그리하여 이 글 속에 필자 외의 다른 학자
들의 견해를 많이 담지 않았다.

2017년 12월
최인숙

머리말

오늘날 순수 정신이 사람의 중심 원리라는 것을 인정하는 사람은 드물다. 하지만 사람의 정체성이 그 사람이 갖고 있는 생각을 통해서 규정될 수 있다는 말은 인정하기 어렵지 않다. 물론 어떤 이는 사람의 정체성은 그 사람의 외모, 교육 수준, 직업 등을 통해서 더 쉽사리 규정될 수 있다고 말할 것이다. 그러나 외모, 교육 수준, 직업은 한 사람의 정체성을 규정하는 데 부수적인 경우가 많다. 왜냐하면 이러한 요인들에 변화가 생기면, 그러한 규정에 따른 정체성도 달라져야 하기 때문이다. 그런 데 비해, 이러한 요인이 변화하더라도 하나의 흐름으로써 그 사람의 바탕을 유지하고 있는 것은 그 사람이 어떤 생각을 갖고 있느냐이다. 그러나 그 사람이 어떤 생각을 갖고 있는가를 규정하는 것은 쉬운 일이 아닐 수 있다. 사람에 따라 자신의 생각을 명료하게 표명하지 않을 수도 있고, 또 자신의 생각을 명확하게 자각하지 못할 수도 있기 때문이다. 가장 적절한 방법으로는, 각자 자신이 어떤 생각을 갖고 있는지를 스스로 추적하는 것이다. 이것은 단순히 관조적 명상을 통해서는 어렵다. 그보다는 어떤 개별적 주제를 정해서, 각 주제에 대해 자신이 어떤 생각을 갖고 있는지를 추적해보는 것이 좋은 방법이다. 그러나 이 것도 쉬운 일은 아니다. 그리고 우리는 자신의 생각도 명확하게 파악하지 못한 채 살아가는 경우가 허다하다. 그렇더라도 이 방법이 최선이므로, 우리는 큰 주제나 일상의 작은 주제들에 대해 자신이 어떤 생각을 갖고 있는지를 생각해보고, 나아가 이것을 스스로 글로 작성해보는 것도 좋은 방법이다. 이렇게 해서 자신의 마음을 알아가는 것이다. 결국 자신의 마음은 자신이 어떤 대상이나 사태에 대해 어떻게 표상하느냐에 달려 있다. 마음은 고여 있는 하나의 실체가 아니라, 개별 대상이나 개별 사태에 대해 생각하는 방식이다.

본 저자는 칸트철학이 표상에 대해 논하는 방식을 통해 칸트는 우리 마음을 어떻게 보았는지를 알아보고자 한다. 이 탐구를 통해 저자는 칸트철학이 현대에도 여전히 사람들에게 적용될 수 있는 이론이라는 것을 보이고자 한다. 이 말은, 칸트철학은 근대 독일철학의 정수로 그치지 않고, 현재를 사는 우리를 위해 적극적으로 응용할 수 있는 삶의 이치로 받아들일 수 있다는 의미이다. 칸트는 우리의 마음에 대해 말함으로써 우리 삶의 방향을 가리켰다고 볼 수 있다.

본 저자는 비교적 오랜 기간 칸트철학을 공부해오면서 칸트철학에 관해서 여러 개의 논문을 발표했지만, 이 글에서는 종래의 논문들을 짜깁기하는 방식을 전적으로 배제했다. 물론 종래의 공부의 연장선상에서 현재의 글도 나오는 것이므로, 이 글의 표현에 이전의 논문들에서 나오는 표현들과 비슷한 것들이 있을 수는 있지만, 그럼에도 필자는 현재의 이 글을 완전히 새로 작성했다. 각주에서 이전에 발표한 논문들을 표기하기는 했지만, 그것들을 표기한 이유는 필자가 이전부터 칸트철학의 다양한 분야에 관심을 갖고 연구했다는 것을 전하고자 하는 데 있다. 그리고 이 저서의 글은 논문 방식으로 작성했다고 말할 수 있다. 즉

논문 방식으로 작성했다고 함은, 서두에서는 본 저자가 무엇을 목표로 글을 쓰는지를 드러내고, 본문에서는 그 목표를 점진적으로 풀어가는 식으로 글을 전개했고, 결론에서는 앞의 논의를 통해서 명확해진 칸트의 철학의 핵심과 더불어 칸트철학이 현재의 우리 삶에 기여할 수 있는 의미를 표현하고자 했다는 것을 말한다. 다시 말해서 이 글은 칸트철학의 여러 가지 의미를 지식으로 전달하고자 하는 묶음 보따리의 모양을 취하고 있지 않다는 것이다.

1

마음과 표상

1. 우리의 마음

마음이 무엇인지는 오늘날도 여전히 불확실하다. 그리고 사람마다 마음에 대해 다른 견해를 갖고 있다. 그럼에도 우리는 마음에 대해 사람들이 동의할 수 있는 하나의 방법을 제시할 수 있다. 우리는 자신이 떠올리는 다양한 생각을 통해서 마음이 무엇인지를 추적해볼 수 있다. 다시 말해서 마음 자체가 무엇인지를 직접적으로 서술할 수는 없어도, 마음이 드러나는 여러 가지 생각을 살펴봄으로써 이 생각들의 담지자인 마음을 간접적으로 유추해볼 수 있는 방법을 말한다. 우리가 떠올리는 생각들은 무한히 많다. 살아오면서 지금까지 자신이 떠올린 생각들 외에 새로이 생각을 만들어낼 수 있다. 생각에는 한계가 없는 듯하다. 그러나 우리가 떠올리는 생각들을 몇 가지로 구분해볼 수 있다. 예를 들어 진·선·미로 구분한다든지, 인·의·예·지로 구분한다든지 하는 방식 말이다. 여기서는 우리가 떠올리는 생각들을 진·선·미와 그 외 생각으로 구분해보자. 그리고 진·선·미를 지식, 윤리, 아름다움으로 풀어서 표현할 수 있다. 우리의 일상과 학문은 사물이나 사태를 파악하는 과정으로 이루어지며(지각[1], 지식), 사람 사이의 삶은 윤리 판단의 관계로 이루어진다. 그리고 아름다움에 대한 느낌도 우리 삶에서 중요한 부분을 차지한다. 그리고 이 외에 우리는 7정[2] 등 다양한 감정을 열거할 수 있다.

우리 마음에 대해 말할 때 우리는 거칠게 위에서 말한 네 가지의 생각들을 떠올릴 수 있다. 사물이나 사태를 지각하고 나아가 그것을 지식으로 만들고, 사람들 사이에서 지켜야 할 윤리에 대해 생각하고, 아름다움을 느끼고, 그 외에 다양한 감정을 느낀다. 이 네 가지는 모두 우리가 만들어내는 표상이다. 우리는 이러한 표상들을 만들어가며 살아가고, 이 표상들에 대해 생각하면서 살아가며, 그리고 이 표상들의 담지자인 자신의 마음을 유추한다. 이러저러한 표상을 만들어가는 흐름 속에서 그 흐름의 성격에 따라 자신의 마음의 성격을 유추한다는 의미이다. 우리가 만들어내는 표상이 무수하기 때문에 우리는 자신의 마음을 단 하나로 단언할 수 없다. 우리는 단지 어떤 흐름의 특징으로만 자신의 마음을 말할 수 있을 뿐이다. 이 책에서 칸트의 마음철학을 논함으로써, 나는 칸트는 우리 마음이 만들어내는 표상들을 어떻게 서술하고 있고, 그 표상들의 담지자인 하나의 마음을 어떻게 보고 있고 있으며, 나아가 그러한 마음을 지닌 인간의 삶을 어떻게 보고 있는지를 고찰하고자 한다.

1　사태에 대한 지각은 물리적 지각과 심리적 지각을 포함한다.
2　칠정은 기쁨, 노여움, 슬픔, 즐거움, 사랑, 미움, 욕심, 또는, 기쁨, 노여움, 근심, 생각, 슬픔, 놀람, 두려움, 또는, 기쁨, 노여움, 근심, 두려움, 사랑, 미움, 욕심으로 보기도 함.

2. 표상과 마음

표상(表象)이란 마음이 '겉'으로 드러난 상을 말한다. 즉 마음에 '떠오르는' 직접적, 직관적 의식 내용을 말한다.[3] 그러므로 표상은 무의식적인 것이 아니고 '의식적인' 생각의 내용이며, '의식적'이기 때문에 이 생각 내용은 구체적으로[4] 서술될 수가 있다. 표상에 상응하는 독일어는 Vorstellung이고 영어는 representation이다. Vorstellung은 동사 vorstellen에서 나온 말인데, vor-stellen은 '앞으로 내놓다, 세우다'라는 말이며, 이와 더불어 상연하다, 소개하다, 나타내다, 상상하다, 생각하다, 표상하다 등의 뜻을 갖고 있는 낱말이다. Vorstellung에는 "개념, 생각, 의식 안의 상, 의식 자체"[5] 등이 속한다.

우리는 마음[6]에 생각의 내용을 떠올리지 않으면 '무엇'을 생각하는지에 대해 스스로 생각할 수도 없다. 마음에 '무엇'인가 내용을 떠올릴

---

3 『우리말 큰 사전』(ㅇ~ㅎ, 한글학회 지음, 어문각, 1992, 4459쪽)에서는 '표상'을 "직관적인 의식 내용"이라고 쓰고 있다.

4 칸트는 '나는 생각한다'(ich denke)도 '표상'(Vorstellung)이라고 부른다. '나는 생각한다'는 개별적인 모든 표상을 동반하는 수레와 같은 것이며, 이 표상은 사물이나 사태에 대한 개별적 표상들과 구별되지만, 그래도 이것도 표상이다. 물론 개별적 표상들은 '구체적' 표상인 데 비해, '나는 생각한다' 표상은 동일한 의미의 '구체적' 표상은 아니다. 그러나 자기가 자기를 '직접적으로 의식한다'는 의미에서는 이것도 '구체적' 표상이라고 할 수 있다.
  "그러나 이 표상은 자발성의 활동이다"(Diese Vorstellung aber ist ein Aktus der Spontaneität). 여기서 '이 표상'은 '나는 생각한다'를 가리킨다. I. Kant, *Kritik der reinen Vernunft*, B 132. *Kritik der reinen Vernunft*은 책명은 생략하고 제1판은 A를 앞에 쓰고 바로 다음에 쪽수, 그리고 제2판은 B를 앞에 쓰고 바로 다음에 쪽수를 쓴다.

5 "Begriff, Gedanke, Bild im Bewußtsein, das Bewußtsein selbst", Gerhard Wahrig, *Deutsches Wörterbuch*, Mosaik Verlag, 1982, 4077쪽 참조.

6 여기서 '마음'은 아직 규정하지 않은 채로 사용한다.

수 있어야 생각하고 있다고 말할 수 있다. 하지만 '무엇'이라고 '표현' 할 수는 없지만 그래도 마음속에 '무엇'인가가 생각난다고 말하는 경우 가 있기는 하다. 그러나 엄밀히 말해서 이러한 상황은 '무엇'에 대해 생 각하는 게 아니라, 단지 어떤 생각이 스쳐간 것 같기는 한데, 자신도 그 생각의 내용이 '무엇'인지는 포착할 수 없는 특이한 상황이다. 즉 이러 한 상황에서는 생각의 내용을 서술할 수 없기 때문에 사실은 '생각'한 게 아니다. 적어도 칸트철학과 주류 서양철학에서는 의식의 내용이 없 는 생각은 생각으로 인정되지 않는다. 이러한 생각이 표상이다. 무엇인 가 의식에, 생각에 떠오르는 내용이 표상이다. 그러므로 표상은 무의식 적이지 않고 의식적이다.[7] 그리고 우리가 우리의 '마음'에 대해 생각할 때 우리는 어떤 '표상'으로써 생각하며, 만일 '마음'에 대해 어떠한 '표상'도 떠오르지 않는다면, 우리는 '마음'이 무엇인지에 대해 전혀 서술할 수 없다. 이것은 이 저술의 주제와의 연관에서 저자가 근본적으 로 취하고 있는 입장이며, 또한 칸트철학과의 연관에서도 중요한 의미 를 지닌다.

---

7 라이프니츠는 종래 다른 철학자들과 달리 표상 개념을 자신의 철학에서 중요한 개 념으로 사용하는데, 라이프니츠 철학에서 표상은 무의식적 표상과 의식적 표상 모두를 포함한다. 라이프니츠는 완전히 무의식적인 표상 작용, 의식과 더불어 생겨나는 표상 작용(감각과 기억), 스스로를 의식하고 있는 표상 작용(인간의 표상 작용)을 말하며, 이것은 다시 혼란된 표상과 명석한 표상으로 구별된다. 그리고 완전히 명석한 표상 작 용은 신에게만 인정된다. 요한네스 힐쉬베르거, 『서양철학사』 하권, 강성위 옮김, 이문 출판사, 1987, 247-248쪽 참조.

3. 칸트철학에서 표상의 의미

칸트가 생각하는 표상을 우리는 몇 가지로 분류할 수 있다. 가장 쉽게 생각할 수 있는 것은 대상에 관한 표상이다. 그리고 우리는 일상으로 도덕, 윤리에 관한 표상도 떠올린다. 또 우리는 어떤 것을 아름답다고 느끼기도 하고, 어떤 것을 아름답다고 평가할 수 있는지에 대해서도 생각한다. 이 외에도 우리는 여러 가지 감정들을 느끼기도 하고, 다양한 감정들에 대해 생각해보기도 한다. 칸트는 자신의 저술을 통해 우리 삶의 다양한 국면을 해석하고 있다. 우리 삶의 다양한 국면은 우리가 떠올리는 다양한 표상을 통해 드러난다. 이와 더불어 우리는 다양한 표상을 떠올리는 우리 자신의 능력에 대해서도 생각한다. 외관, 내관, 상상력, 판단력, 공통감, 범주, 하나의 마음, 지성, 이성이라는 명칭으로 불리는 것들이다. 이 표상들의 성격은 서로 다르다. 우리가 떠올리는 표상들을 칸트는 어떤 식으로 구분하는지에 대해 살펴보기로 한다. 칸트는 우리가 떠올릴 수 있는 표상들에 대해 어느 경우에는 직접적으로 표상(Vorstellung)이라는 말을 사용하기도 하지만, 또 어느 경우에는 이러한 표현을 사용하지 않은 채로 표상의 의미를 부여하고 있다. 앞에서도 말했듯이 '표상'은 우리가 의식적으로 떠올리는 생각이다.[8] 한데

---

8 칸트가 말하는 표상의 의미와 관련하여 우리는 윌커슨의 견해를 참조할 수 있다. "로크와 버클리는 관념에 대해서, 흄은 인상과 관념에 대해서 말하지만, 칸트는 보통 '표상'에 대해서 말한다. 표상은 대체로 모든 의식 상태, 모든 심리적 사건을 말한다. 칸트는 '표상'이란 말을 언제나 일관된 뜻으로 사용하지는 않는다 … 하나의 표상은 하나의 의식 상태, 하나의 경험이다. 표상 중 어떤 것은 잔상일 수도 있고, 어떤 것은 사념일 수도 있고, 어떤 것은 고통 감각 같은 육체적인 감각일 수도 있다. 보다 중요한 것으로 어떤 것은 감각-인상, 즉 외적 세계의 지각인 경험일 것이다." T. E. 윌커슨, 『칸트의 순수이성비판』, 배학수 옮김, 서광사, 1990(1987), 33쪽.

우리는 '표상'이라는 말은 사용하지 않은 채로, 어떤 것에 대해 의식할 수도 있다. 예를 들어, 칸트가 말하는 지성, 이성, 상상력, 판단력, 하나의 마음이라는 말이 그러하다. 하지만 우리는 마음의 이러한 능력들에 대해서도 생각하기 때문에, 우리는 이러한 능력들을 표상한다고 말할 수 있다.

『순수이성비판』에서 칸트가 중심적으로 논하는 표상은 대상에 관한 표상이다. 칸트는 이 책에서 종래 철학자들이 철학을 논한 방식과 다르게 논하겠다는 것을 의식적으로 생각하고 있었다. 종래 철학자들은 논리학이라는 학문과 대상에 관한 학문을 구분하지 않은 채 철학을 했다는 것이다. 논리학은 순전히 우리 사고의 형식을 통해서 성립하는 학문으로 아리스토텔레스에서 이미 이 학문은 확고한 바탕 위에 세워졌다고 말한다.[9] 칸트는 『순수이성비판』에서 대상에 관한 진리의 학문을 정초하는 것을 목표로 삼고 있다. 칸트가 말하는 진리의 학문은 우리 사고의 바깥 대상이 우리 사고와 어떤 '관계'에서 성립하는지를 말해주는 학문으로, 『순수이성비판』에서 칸트는 수학과 물리학을 그러한 학문으로 인정하며, 전통적 형이상학, 예를 들어 불멸의 영혼, 절대적 자유의지, 신의 존재를 다루는 형이상학은 이러한 진리의 학문으로 인정하지 않는다.

칸트가 말하는 진리의 학문은 우리의 표상이 경험 가능한 대상과 선험적으로 관계한다는 것을 정당화할 수 있어야 한다. 그런데 종래의 형이상학을 진리가 아닌 것을 진리로 정당화하고자 시도하는 학문으로 예로 들면서, 칸트는 『순수이성비판』 변증론에서 이것을 논박하고 있

---

9   B VIII 참조, "**논리학**이 이미 고대부터 이러한 확고한 길을 걸었다는 것은, 논리학은 **아리스토텔레스** 이래로 한 발짝도 후퇴할 필요가 없었다는 것에서 추정할 수 있다."

다. 그리고 경험적·우연적으로만 성립하는 표상들도 있다. 우리는 그러한 표상들을 수시로 마음속에서 체험하지만, 그 표상들을 통해서 선험적 학문을 정초할 수는 없다고 칸트는 생각한다. 왜냐하면 그러한 표상들은 우리 마음속에서 항상 흘러가기 때문에 우리가 그 표상들을 법칙에 따라 포착할 수 없기 때문이다.

우리는 여기서 칸트가 표상을 네 가지로 구분하고 있음을 추론할 수 있다. 하나는, 우리가 순전히 논리적 추론 관계에 따라 생각할 수 있는 능력을 갖고 있다는 것을 인정한다는 것이고, 둘은, 우리 마음은 우연적이고 일시적으로 마음속에서 일어나는 무수한 표상들을 체험한다는 것이고, 셋은, 우리 표상들 중에는 선험적 법칙에 따라 정초할 수 있는 것도 있다는 것이고, 넷은, 우리는 경험할 수 없는 대상에 대해서도 표상하려는 성향을 갖고 있다는 점이다.

이 중 선험적 원리에 따라 정초할 수 있는 표상의 문제를 칸트는 특히 위 책의 선험적 연역[10]에서 집중적으로 다루고 있다. 어떻게 우리의 표상이 대상에 선험적으로 관계하는지를 증명하는 것이 선험적 연역의 과제이다.

그리고 『순수이성비판』에는 우리 마음의 다양한 능력이 나온다. 외관, 내관, 상상력, 판단력, 하나의 마음, 지성, 이성이 그것이다.

칸트는 감성 형식 중 외관을 공간으로 보는데, 공간은 대상을 우리 바깥에 있는 것으로 표상하는 능력으로 순수하고 아프리오리한 필연적 직관 표상[11]이다. 다시 말해서 우리는 대상들을 공간 안에서 표상하지만, 공간 자체도 하나의 표상이다. 우리가 어떤 물체를 표상할 때 우리

---

10   A 95-130/B 129-169.

11   A 23-25/B 38-40 참조.

는 공간 표상을 전제하지 않고는 그 물체를 표상할 수 없다. 이러한 의미에서 "공간은 모든 외적 직관의 근저에 놓여 있는 아프리오리한 필연적 표상이다."[12] 그리고 공간은 경험적 직관을 전혀 포함하지 않는 순수(rein) 직관[13] 표상이다. 시간도 마찬가지이다. "시간은 모든 직관의 근저에 놓여 있는 필연적 표상이다."[14] 그리고 시간 역시 순수하고 아프리오리한 직관 표상이다.

칸트는 공간과 시간을 이전 사람들과 달리 우리 주관의 형식으로 본다. 종래 사람들은 공간과 시간을 내용, 대상으로 생각했다면, 칸트는 우리가 내용, 대상에 관해 생각할 때 필연적으로 전제해야 하는 형식으로 본 것이다. 그렇지만 칸트에서도 공간과 시간은 어쨌든 표상이며, 더욱이 '하나의' 표상이다. 왜냐하면 공간 표상과 시간 표상은 다양한 공간이나 다양한 시간을 모아서 비로소 성립하는 표상이 아니기 때문이다. 다른 표상들을 생각할 때 '유일무이한 하나의' 전제로서 생각해야만 하는 표상이기 때문에 그것은 '하나'일 수밖에 없다. 그리고 이 '하나'는 대상의 집합체로서 하나가 아니라, 형식으로서 하나이다.

상상력, 판단력, 지성은 『순수이성비판』 분석론에서 표상과 대상 사이의 관계를 통해 진리인 인식을 논하는 데 필요한 능력이다. 그리고 이성은 진리의 인식 배후에서 우리 마음을 하나의 방향으로 지휘하는 역할을 한다. 변증론에서 칸트는 이 동일한 이성이 적극적으로 진리의 인식을 주장하고자 하는 것을 논박하고 있다. 상상력, 판단력, 지성, 이성 자체가 어떤 내용을 갖는 표상은 아니지만, 칸트가 자신의 인식론에서 이 능력들을 통해서 논하고 있다는 점에서, 이 능력들에 대해 우리

12 A 24/B 38.
13 A 25/B 39.
14 A 31/B 46.

는 어떤 식으로든 표상할 수밖에 없다는 것을 칸트는 인정한 것이다.

그리고 마음(Gemüt)을 칸트는 별다른 규정 없이 매우 느슨한 의미로 사용하고 있다. 그것은 공간, 시간, 논리학을 논할 때 더불어 언급된다. 예를 들어 "('우리 마음'의 성질인) 외관을 매개로 해서 우리는 대상들을 우리 바깥에 있는 것으로, 그리고 이것들 모두를 공간 안에서 표상한다."[15] 그리고 "내관을 매개로 해서 '마음'은 자기 자신이나 자신의 내적 상태를 직관한다."[16] "우리 인식은 '마음'의 두 인식 원천에서 생긴다."[17]

그리고 범주의 기원 문제와 연관에서 칸트는 절대적 통일체인 지성 능력에 대해 말하고 있다. 칸트가 근원적 개념으로 12개의 범주를 말하고 있는데, 이 12개는 어디에서 비롯하는가 하는 문제가 발생한다. 칸트가 말하는 범주는 우리가 살아가면서 경험적으로 얻게 되는 개념들이 아니다. 범주는 우리의 선험적 능력에서 비롯하는 것이다. 그 선험적 능력이 지성인데, 지성은 '하나의' 원리에 따라서, '하나의' 개념, 또는 이념에 따라서 12개의 범주를 연결하며, 나아가 개별 경험적 상황과 연결한다. 지성은 우리 사고의 통일적 지휘 본부인 '하나의 체계'인 것이다.[18] 칸트가 범주의 기원과 관련하여, '하나의 이념', '하나의 원

---

15 A 22/B 37.

16 A 22/B 37.

17 A 50/B 74.

18 "한 학문의 완전성(sie)은 아프리오리한 지성 인식의 **전체라는 하나의 이념**을 매개로 해서만, 그리고 그 학문(sie)을 형성하는 개념들을 이 하나의 이념에서(daraus) 일정하게 도출함으로써, 따라서 그 개념들을 **한 체계 안에서 연관시킴**으로써만 가능하다." A 64-65/B 89.
"그러므로 순수 지성 인식의 총체는 '하나의 이념' 아래서 포괄되고 규정되는 '한 체계'를 이룰 것이다." A 65/B 90. (강조는 필자가 함)
"선험철학은 개념들을 '하나의 원리'에 따라 찾아내는 장점과 더불어 의무도 있다.

리', '하나의 체계', '하나의 규칙'(Regel), '하나의 그러한 관계(연결)'
에 대해 말하는 이유는, 각기 다른 12개의 범주가 어떤 통일적 원리에
서 발생한 것이 아니라면, 그러한 것은 근원적인 개념인 범주라고 표현
할 수도 없기 때문이다. 12개의 범주는 서로 필연적으로 연결되어야 하
고, 또 이 12개의 범주는 하나의 근원에서 비롯해야 한다. 그렇지 않다
면 칸트는 자기가 정립하고자 하는 선험철학을 정당화할 수 없다. 그러
므로 칸트가 12개의 범주의 발생지인 지성을 하나의 원리에 따라 서술
하고자 할 때, 자신의 철학이 경험적으로 추상한 방식으로 생기는 개념
들의 바탕 위에 서 있지 않다는 것을 주장하는 것이 중요하다. 저자는
이 『순수이성비판』 중, 12개의 범주의 기원과 관련하여 '하나의' 원리
에서 작용하는 지성능력에 대해 서술하고 있는 부분에서 칸트의 논의
가 명확하지 못하다고 생각한다. 하지만 적어도 칸트는 선험적 사고능
력인 지성이 우리가 대상을 인식할 때 어떤 식으로 작동하는지에 대해
논함으로써, 칸트는 지성능력이 어떤 능력인지에 대해 우리로 하여금
표상할 수 있도록 한다고 말할 수 있다.

그리고 칸트철학에서 도덕 문제에 대한 논의는 매우 중요한 위치를
지닌다. 칸트를 따를 때 도덕은 인간의 본성과 관련한 문제이며, 사람
이 사람의 격을 실현하는 방법이기도 하고, 나아가 사람들이 사회에서
살아나가는 방향과 관련해서도 중심의 역할을 한다. 우리는 일상으로
도덕에 관련한 표상을 떠올리며 살아간다. 내가 어떻게 살아야 바람직
한 인생을 살아갈지에 대해 스스로 묻기도 하고, 자신이나 남의 행위가
옳은지 그른지에 대해 평가를 내리기도 하고, 또는 남들의 잘못된 행위

왜냐하면 그 개념들은 '절대적 통일체인 지성'에서 순수하고 다른 것과 섞이지 않은 채
발생하기 때문이다. 그러므로 그 개념들 자신은 '하나의 개념 또는 이념'에 따라서 서
로 연결되어야만 한다." A 67/B 92. (강조는 필자가 함)

에 대해 비난을 하기도 하고, 또 자신의 과오에 대해 양심의 가책을 느끼기도 한다. 그리고 어느 때는, 과연 도덕 문제에서 객관적, 보편적 잣대가 있는지에 대해 의문시하기도 한다. 이보다 더 나아간 질문으로, 우리는 도대체 왜 도덕적이어야 하는가에 대해 묻기도 한다.

칸트는 『도덕형이상학정초』에서 도덕 표상을 "법칙 자체에 대한 표상"[19]이라고 말하고 있다. 이 법칙 자체에 대한 표상은 오로지 이성적 존재에서만 생겨나는 것이라고 말한다. 다시 말해서 우리가 어떻게 행해야 하는지, 어떻게 살아야 바람직한지에 대해 생각하는 것 자체가 이미 도덕 표상이다. 우리는 삶의 많은 부분을 이기적인 본능에 따라 채워가면서도, 다른 한편으로 그렇게 살아가고 있는 자신이 제대로 살고 있는지에 대해 스스로 묻기도 한다. 이러한 물음은 인간 자신이 도덕 표상을 갖고 있는 데서 비롯한다. 칸트는 진정한 도덕 표상은 결과를 계산해서 생각해낸 표상이 아니라, 오로지 그 자체로 선한 의지에서 비롯한 표상이라고 말한다.

그리고 우리 삶에서 미 표상은 독특한 위치를 지닌다. 미 표상은 일상을 살아가는 데 필요한 지각과도 다르고, 바람직한 삶을 살아가고자 하는 데 필요한 도덕 표상과도 다르다. 그리고 우리 삶에서 많은 부분을 차지하는 다양한 감정과도 다르다. 칸트는 미 표상[20]과 관련하여 특

---

19 "Vorstellung des Gesetzes an sich selbst". I. Kant, *Grundlegung zur Metaphysik der Sitten*(도덕형이상학정초), AA IV 401: Wilhelm Weischedel판 10권 전집(Darmstadt), 제6권 BA 15(27쪽). 이제부터 이 책을 인용할 때 제목은 GMS로 표기하고, 앞에는 베를린 학술원판 전집(*Kant's gesammelte Schriften*: Akademie-Ausgabe)(AA로 생략), 권수 다음에 쪽수, 그리고 바로 다음에 바이셰델판 10권 전집, 권수 다음에 쪽수를 표기한다.

20 "어떤 것이 아름다운가 아름답지 않은가를 판별하기 위해서, 우리는 그 **표상**을 지성을 통해서 인식을 위해 대상에 관계시키는 것이 아니고, 상상력(아마도 지성과 결합되어 있는)을 통해서 주관과 주관의 쾌나 불쾌의 감정에 관계시킨다." I. Kant, *Kri-*

히 『판단력비판』에서 논하고 있다. 아름다움을 느끼는 우리 마음은 무엇이고, 우리는 어떤 경우에 아름다움을 느끼는지, 그리고 아름다움을 느끼는 마음 상태는 다른 마음 상태들과 어떻게 다른지에 대해 칸트는 논한다.

　그리고 우리는 자신이 처한 다양한 상황에서 다양한 감정을 체험한다. 이러한 감정의 종류를 우리는 각기 다르게 표상한다. 기쁨, 슬픔, 분노, 즐거움, 사랑, 우울감, 허무감, 무력감, 시기심, 질투심, 부러워함, 미움, 두려움, 불안, 공포 등의 감정을 우리는 구별해서 표상한다. 물론 어느 경우는 자신의 마음속에서 일어나는 감정을 명확하게 표상하지 못할 수도 있다. 그리고 자기가 체험하는 감정들의 규칙을 인식하기 어려울 수도 있고, 또 비슷한 상황인데도 다른 감정을 체험하기도 한다. 이 말은 자기가 체험하는 감정들을 법칙에 따라 인식하기 어렵다는 뜻이다. 그래서 우리는 동일한 사람이 비슷한 상황에서 이전과 완전히 다른 감정을 드러낼 때 당혹해하기도 한다. 그렇기 때문에 칸트는 우리가 체험하는 다양한 감정이나 심리를 법칙에 따라 인식하기 어렵고, 이것을 학문으로 정초하는 것도 어렵다고 생각했다. 이것은 심리 상태의 성격에서 기인한다. 칸트는 영혼론의 오류추리에서 외적 현상과 내적 현상이 둘 다 현상이라고 말하면서도, 이 양자에서 현상의 성격이 다르다고 말하고 있다. 외감의 현상에는 정적인 것, 지속적인 것이 근저에 놓여 있는 데 비해, 내감의 현상은 끊임없이 변화하는 흐름 속에 있기 때문에, 우리는 내감에 대해 결코 지속적인 것을 인식할 수

tik der Urteilskraft(판단력비판), AA V 203(3-4, §1): Hamburg, Felix Meiner Verlag, 1974, 39쪽. (강조는 필자가 함) 다음에 이 책을 인용할 때 제목은 KU로 표기하고, 앞에는 베를린 학술원판 전집(AA), 권수 다음에 쪽수를 표기하고, 뒤에는 펠릭스 마이너판, 쪽수를 표기한다.

없다는 것이다. 칸트는 인간의 다양한 감정에 대해서는 선험적 학문의 정초 가능성을 인정하지 않았다고 보아야 한다.[21]

---

21 칸트는 내감의 자연학(Physiologie)인 영혼론과 외감 대상의 자연학인 물체론을 비교하면서, 둘 다에서 많은 것이 경험적으로 인식될 수 있지만, 후자에서는 많은 것이 선험적으로 인식되는 데 비해, 전자에서는 전혀 어떤 것도 선험적으로 인식될 수 없다고 말하고 있다. "우리가 영혼이라고 부르는 것에서는 모든 것이 끊임없이 흐르고 있고, 어떤 불변적인 것도 없다."(A 381) 여기서 '영혼'은 사후까지도 지속된다고 하는 정신을 말하는 것이 아니라, 현실에서 진행되는 심리인 마음을 말한다.
이렇게 볼 때 우리는 다음과 같이 추론할 수 있다. 칸트는 심리학을 경험적 학문으로는 인정해도 선험철학으로는 인정하지 않는다고.

2 ___

표상의 종류들

1. 대상 표상

우리의 일상은 사물이나 사태[1]를 지각하는 것으로 점철된다. 하루의 일상을 예로 들어 보자. 아침에 일어나서 지금이 몇 시인지를 확인하고, 외출하려면 몇 시간이 남아 있는지를 생각하고, 집을 나서서 어디로 가야 하는지를 생각하고[2], 가다가 아는 이를 만나게 되면, 그 사람이 누구인지를 알아차린다. 이러한 작용을 지각이라고 표현할 수도 있고, 동일시나, 인식, 또는 판단이라고도 표현할 수 있다. 이러한 작용이 제대로 안 되는 경우의 예로 치매를 들 수 있다. 치매 상태에 놓여 있는 사람은 사물이나 사태를 지각하는 작용에서 그렇지 않은 사람들의 경우와 차이를 보인다. 치매 상태에 있는 이들도 사물이나 사태에 대해

---

1 사태에는 물리적 사태와 심리적 사태가 포함된다.
2 매일 동일한 곳으로 가야 할 경우에는 거의 무의식적으로 움직이는 것 같아도, 사실은 여기에도 '생각'(판단)이 들어간다. 다른 생각을 골똘히 하다가 길을 잘못 들어섰을 경우, 우리는 '아차, 길을 잘못 들어섰구나'라고 생각하고는 다시 바로 잡는다.

어떤 지각 작용을 보이기는 한다. 하지만 그들의 지각 작용은 일관적인 지각의 흐름에서 벗어나 있다. 지각 작용에 문제가 없는 사람들은 사물이나 사태를 알아차릴 때 일관적인 지각과 사고의 흐름을 보인다. 물론 이들도 착각하기도 하고, 아직 잠이 덜 깬 경우나 술에 취했을 경우에서처럼 의식의 혼미함을 보이기도 하지만, 다시 의식이 명료한 상태로 되면, 자신이 조금 전에 착각했다는 것을 알아차리게 되고, 의식이 혼미했다는 것을 알아차리게 된다. 결국, 착각한 시간이나 의식이 혼미했던 시간도 그 이전과 그 이후의 시간 관계에서 하나의 시간 흐름에 속하는 것으로서 다시 '연결' 되어 지각된다.

일상생활뿐 아니라 학문도 사물과 사태의 인식 과정으로 점철된다. 그것이 어떤 학문 분야이건 모든 학문에는 각각의 분야에 해당하는 연구 대상이 있다. 그리고 각 학문은 해당 분야의 인식 체계를 세우는 것을 추구한다. 오늘날 학문들은 세분화되어 있고, 또 각 학문에 적합한 하나의 통일적인 인식 체계를 세우는 일이 매우 어렵다는 것을 인정한다고 해도, 학문을 탐구하는 자로서는 자기가 연구하고 있는 학문 분야에 적합한 인식론을 정립할 것을 희망하는 것은 당연하다. 이러한 의미에서 볼 때, 각 학문에는 연구 영역에 대한 논의(존재론)와 이 영역을 어떻게 인식할 수 있는가에 대한 논의(인식론)가 필수적이라고 말할 수 있다. 존재론과 인식론은 철학에만 필요한 것이 아니라, 자연과학에도 필요하다. 예를 들어, 생물학에서는 어떤 존재 영역을 다루며, 그 존재 영역을 어떠한 방법에 의해 다루는가의 문제는 필수적이다. 천문학에 종사하는 이는 빅뱅의 시점에서 지금에 이르기까지 이 세계 존재의 형성 과정을 어떻게 보느냐 하는 존재론의 관점과 이 존재 세계를 어떤 방법에 따라 인식해야 하는가 하는 방법론, 인식론의 관점을 가져야만 한다. 아니면, 빅뱅 이론을 받아들이지 않고 정상우주론(定常宇宙論,

2장 표상의 종류들　33

steady state theory)을 받아들이는 사람이라면, 이에 따를 때 이 세계는 어떻게 형성되어 왔으며, 어떤 구조를 가지고 있고, 또 이 세계를 인식 하려면 어떠한 방법에 의해 가능한가에 대한 입장을 가지고 있어야 한 다. 철학에도 탐구 대상이 있고(존재론), 또 이 대상을 탐구하는 방법 (논리학 및 인식론)이 있어야 한다. 철학의 입장에 따라 존재론과 인식 론의 방향이 다양하게 분기한다.

이와 같이 일상생활뿐 아니라 학문에도 인식 대상이 있고, 그 대상을 탐구하는 방법이 있다. 다시 말해서 우리는 일상생활과 학문에서 어떤 대상이 **있다**고 전제하고, 그 대상을 **아는, 인식하는** 방법을 사용하는 것 이다. 대상이 없는데 있다고 착각하거나, 또는 어떤 대상에 대해 잘못 판단함으로써 오류가 생길 수도 있다. 그러나 우리는 착각이나 오류도 진리(지식)를 판단하는 기준에 따라, 다시 말해서 진리의 논리학[3]에 따 라 착각이나 오류로 판단한다.

그런데 사물이나 사태를 인식하는 데는 인식 재료와 인식 형식이 필 요하다. 인식 형식은 감성 형식과 사고 형식이다. 칸트는 시간 형식과 공간 형식을 감성 형식으로 보며, 사고 형식으로는 12개 범주를 인정하 고 있다.

사물이나 사태를 인식하는 데 두 가지 방식이 근본적으로 중요하다. 하나는 실체 개념이고 다른 하나는 인과법칙이다. 우리가 어떤 사물을 지각할 때 우리는 그것을 실체 개념과 관계 지어 지각한다. 그리고 우 리가 어떤 사태를 지각할 때 우리는 실체 개념 외에 또 인과법칙과 관 계 지어 그것을 지각한다. 칸트가 대상 인식과 관계해서 말하는 실체 개념은 물자체인 실체 개념과 다르다. 칸트는『순수이성비판』분석론에

3　진리의 논리학은 가상의 논리학과 관계에서 뒤에 또 언급한다.

서 12개의 범주를 말하고 있는데, 범주는 경험적 대상 인식과 관련한 근본적 사고 형식이다. 이 중에 실체 개념과 인과법칙[4]이 포함되어 있다.

칸트철학과 그 이전의 철학은 실체 개념에 대한 입장에서 커다란 차이를 보인다. 실체 개념을 통해 칸트는 근대 이전의 철학자들과 다르고, 또 근대 이성론철학과, 경험론철학과도 사고의 방향에서 근본적 상위 점을 보인다.

플라톤, 아리스토텔레스 이후 서양철학에서 실체 개념은 그 중심에 서 있었다고 말할 수 있다. 실체 개념에 대해 어떠한 입장을 갖고 있느냐에 따라 그 철학자의 철학을 설명할 수도 있다. 그리고 중세 시대의 서양철학에서 이 세계를 설명하는 근거인 절대적 존재자는 그 자체로 실체이다. 이 세계의 모든 존재자는 변화를 겪더라도 그 자신은 전혀 변화를 겪지 않으면서 다른 모든 존재자들의 변화의 원인인 신은 참으로, 실제로(實) 있는 존재자(體)이다. 그 외 다른 존재자들은 있다가 사라지고, 새로이 생겨나 소멸하기 때문에, 그것들은 참으로 있다고 말할 수 없고, 단지 우연적으로 있는 존재자들에 불과하다. 반드시 기독교 사상을 배경으로 하는 철학이 아니더라도, 서양철학자들은 변화하는 자연의 근거를 설명하기 위해 변화하지 않는, 영원한 존재자를 필요로 했다. 변화하지 않고 영원히 존재하기 때문에 그것은 **참으로, 진짜로 존재하는 실체**(實體)이며 이것은 또한 우연적이 아니라 필연적으로 있는 존재자이다.

우리가 살아가는 자연 세계를 설명하기 위해 실체 개념을 필요로 한 것은 자연과학자들에서도 마찬가지였다. 자연현상에서 변화하지 않고

4　칸트가 말하는 12개 범주는 4개 범주 군으로 분류되는데, 실체 개념과 인과 개념은 **관계** 범주 군에 포함된다.

영원히 동일한 형태를 지니고 있는 것은 하나도 없다. 무한히 변화를 겪는 자연현상을 설명하는 일은 자연과학자들의 근본적인 관심사였다. 자연은 부단히 변화하지만, 그럼에도 여기에서 변화를 겪지 않는 어떤 지지대를 찾아내 이것을 통해 변화하는 현상을 설명하고자 했다. 이것이 원자이다. 원자는 변화를 겪지 않는 근본적인 존재자이다. 서양인들은 변화하는 자연현상을 설명하기 위해 더 이상 변화를 겪지 않는 원자 개념을 만들어냈다. 더 이상 변화를 겪지 않는 것은 더 이상 생성소멸 과정을 거치지 않는 것이며, 그렇기 때문에 그것은 더 이상 나뉘지 않는 것이다. 더 이상 나뉘지 않는(a-toma) 존재자들의 이합집산 규칙을 통해 이 세계 만물의 전개 현상들을 모두 설명할 수 있다고 생각했다. 원자는 자연현상의 실체[5]로 자연과학에서 자연을 탐구하는 기본 개념이다. 그런데 원자나 실체 개념은 이미 고대 서양철학자들이 만들어냈다. 원자는 고대 그리스 자연철학에 속하는 데모크리토스가 최초로 만들었으며, 실체 개념은 플라톤과 아리스토텔레스가 자신의 철학에서 주요한 개념으로 사용하기 시작했다.[6]

중세 시대 이후의 서양철학에서도 한동안 실체 개념은 중요한 위치를 차지했다. 이것은 이성론철학에서나 경험론철학에서나 마찬가지였

---

5   실체(substance)는 자연과학에서 물질이나 근원적인 물질을 가리킨다. 철학에서는 정신적 실체에도 사용하고 물질적 실체에도 사용한다.

6   근대 이후의 자연과학에서 자연현상을 설명하기 위한 근본 개념인 원자는 이미 고대 그리스 시대에 형성되었으나, 그 이후 중세 시기까지 서양인들이 자연현상을 원자 개념을 통해 분석적으로 탐구하고자 하는 태도는 사회·문화적 상황으로 인해 적극적으로 형성될 수 없었다. 그리고 실체 개념을 자신의 철학에서 적극적으로 사용한 사람은 아리스토텔레스이지만, 플라톤에게도 실체 개념은 중요한 역할을 했다. 예를 들어, 이데아, 에이도스, 우시아, 참된 존재 개념 등을 통해서. 그리고 더 소급해 올라가면 고대 그리스의 자연철학자들도 의미상으로 볼 때는 이미 실체 개념을 사용했다고 할 수 있다. 예를 들어, 자연의 근본 요소, 원질의 개념을 통해서 그러하다.

다. 스피노자와 라이프니츠는 물론이고, 흔히 근세철학의 아버지로 불리는 데카르트에서도 실체 개념은 중심에 있었다. 데카르트는 정신은 사고를 속성으로 하는 실체로 보며, 물질은 연장(크기)을 속성으로 하는 실체로 본다. 이러한 속성을 통해 양자는 실체적으로 구별된다는 것이다. 사고 속성을 통해 나는 내 안의 정신 실체를 **직접적으로** 인식하는 데 비해, 내 밖의 물체 실체는 **간접적으로** 추론할 수 있을 뿐이며, 그렇기 때문에 물체에 대한 인식은 **불확실하다**고 말한다. 그리고 근대 경험론자 중 극단적 회의주의자로 인정되는 데이비드 흄에서도 실체 개념에 대한 입장은 중요하다. 우리는 우리의 감각기관에 찍힌 인상을 통해 관념을 갖게 되며, 이를 통해 비로소 어떤 것을 생각할 수 있을 뿐, 우리의 인상과 완전히 무관한 존재 자체, 즉 실체에 대해서는 전혀 인식할 수 없다. 흄은 인상들을 거쳐 우리에게 잔존하는 관념들을 그때그때 이리저리 묶어 사용하는 능력을 사고능력으로 보는데, 관념들의 다발이 묶이는 방식에 필연성은 없다. 우리에게 감각과 무관하게 독립적으로 존재하는 이성 자체는 없다. 있다고 해도 우리는 그것을 인식할 수 없다. 당연히 물질 자체도 인식할 수 없다. 흄은 이와 같이 존재 자체에 대한 우리의 인식 가능성에 대해 회의적이었는데, 그가 이렇게 회의적이었던 것은 바로 우리의 인식을 실체 개념과의 관계를 통해 생각했기 때문이다. 우리의 능력은 본래 사물 자체, 실체에 대해 인식할 수 없기 때문에, 우리의 인식은 상대적 지식에 그칠 뿐이라는 것이다. 다시 말해서 흄이 말하는 상대적 지식은, 우리는 정신 실체도 물질 실체도 전혀 인식할 수 없다고 본 데서 온 결과이다.

칸트는 이전의 다른 철학 이론들을 검토함으로써 새로이 철학을 정립한다. 이때 종래의 철학자들이 논한 실체 개념을 해석하고 반박하는 것이 그의 주요한 출발점이 된다. 우리의 인식구조로는 사물 자체, 실

체를 결코 인식할 수 없다. 우리는 우리의 인식구조에 따라 생기는 표
상들만을 알 뿐이다. 그렇다면 여기서 흄과 칸트의 차이는 무엇인가?
칸트는 비판기[7] 이후 자신의 철학을 정립하는 데 주력하는데, 대상 인
식에 관한 이론철학으로 말하자면, 흄의 회의주의적 입장을 벗어나서
어떻게 필연적 인식 이론을 정립하느냐가 관건이다. 다시 말해서 사물
에 대한 우리의 인식이 사물 자체에는 도달할 길이 없지만, 그럼에도
이것이 어떻게 필연적인 것이 될 수 있는가를 논하는 것이 칸트의 핵심
과제이다. 칸트 자신이 순수이성의 원래 과제라고 표현하고 있는 "어떻
게 선험적 종합판단이 가능한가?"[8]라는 물음은 '순전히 우리 주관의 **표
상**인 것이 어떻게 필연적 **대상** 인식이 될 수 있는가?' 라는 말로 바꿀
수 있다.

　그런데 이 문제는 뒤에서 **병발**(竝發) 개념과 **종합** 개념과의 관계에서
심층적으로 다룰 것이다. 여기서는 실체 개념과 관계해서 표상의 의미
에 대해 논하고자 한다. 『순수이성비판』에서 칸트는 경험 가능한 대상
에 대한 우리의 인식 근거에 대해 논하고 있다. 이 책에서 칸트가 경험
(Erfahrung)이나 자연(Natur)이라고 말할 때, 그것이 대상 인식과 관
계하는 것이라면 그것은 언제나 현상인 대상이며, 현상인 대상은 우리
의 표상인 대상이다. 이 표상은 경험의 근거인 실체에도, 자연을 초월
하는 사물 자체에도 이르지 못한다. 우리의 인식능력을 아무리 예리하
게 도야한다고 해도 우리는 실체, 사물 자체에 도달할 수 없다. 그렇다
면 이 표상은 무엇인가? 앞에서 Vorstellung 개념에 대해 바리히(Wah-
rig) 사전에서 열거한 것 중 개념, 생각, 의식 안의 상, 의식 자체의 네

7　많은 이들은 『순수이성비판』의 처음 출판년도인 1781년보다 10년 전 즈음으로 본다.
8　B 19.

가지의 의미를 인용했다. 그런데 이것은 Vorstellung이라는 말의 다양한 의미로는 타당하지만, 칸트가 **대상 인식**에 대해 말할 때의 의미에는 적확하게 들어맞지 않는다. 왜냐하면 칸트에서 대상 인식과 관계하는 표상은 정적인 개념, 생각, 의식 안의 상, 또는 의식 자체라기보다, 동적인 과정의 개념(Begriff), 생각(Denken, Gedanken), 의식(Bewußt-sein), 상(Bild) 등이라고 말해야 하기 때문이다. 이때 동적인 과정이라함은, 표상은 우리 주관의 감성 형식과 사고 형식의 종합이며, 감성 형식을 촉발하는 상황에서 어떤 객체와 감성 형식의 **만남**이며, 그리고 이러한 만남과 더불어 상상력, 사고 형식, 판단 작용이 역동적으로 일어나는 과정의 통일체라는 것을 의미한다. 표상은 일순간 우리의 의식에 떠오른 정적인 그림으로 그치는 것이 아니다. 표상은 주관과 객관 사이의 줄다리기 상태에 있는 긴장 **관계**라고 말할 수 있다. 표상은 단지 주관적인 상도 아니고, 단지 객관에 관한 상인 것만도 아니다. 표상은 주관적이면서 동시에 객관적이다. 칸트에서 표상은 우리의 주관 형식과 관계없이 있을 수 없지만, 또 우리 주관 바깥의 사물과도 관계없이 있을 수 없다. 그리고 표상 바깥의, 표상을 초월하는 주관 자체도, 객관 자체도 칸트의 대상 인식에서는 말할 수 없다. 대상과 관계없이 주관 자체가 단독으로 작동하지 않으며, 따라서 주관 자체는 독립적인 대상으로 인식될 수 없으며, 주관과 관계없이 대상 자체가 실체로서 우리에게 인식될 수도 없기 때문이다. 이러한 논의는 후설의 현상 개념을 선취하고 있다.

  칸트가 여기서 말하는 실체는, 우리가 경험적으로 지각할 때 그 지각표상이 관계하는 대상 개념이다.[9] 우리는 어떤 대상을 실체와 관계해서

---

9   최인숙, 「칸트의 이론철학에서 대상 개념에 대한 연구」, 『철학연구』 51집, 철학연구회, 2000 겨울, 115~144쪽 참조. 저자는 이 논문에서, 칸트 인식론에서 핵심적인 문제를 실체, 현상, 선험적 대상, 물자체, 감각, 객관적 실재성(관계) 등의 의미를 중심으

만 표상할 수 있다. 내 앞에 있는 어떤 대상을 완전히 독립적으로 뚝 떼어서 지각할 수 없다. 내 앞에 있는 대상을 지속적인 대상의 상(象)과 관계 속에서 지각한다. 내 앞의 어떤 대상이 지각하는 바로 그 순간 툭 튀어나오듯이 생겨난 것으로 지각할 수는 없다. 예를 들어, 나를 이전에 알고 있던 어떤 사람이 20년이 지나 나를 **동일시**할 때, 그 사람은 나를 알아보는 그 순간, **이전부터 지속적으로 있었다고 생각하는 나**의 상과 관계 지어 나를 지각하는 것이다. 비록 수 년 동안 나를 못 만난 채 살아왔다고 해도, 그 사람은 나를 이전부터 그 시간까지 **지속적으로** 존재를 유지해온 것으로 전제하고 나를 지각하는 것이다. 내가 외면으로 볼 때 모습이 매우 변했다고 해도, 그 사람은 나를 지속적으로 유지해온 **동일한** 나와 관계 지어 지각한다. 여기서 우리는 데카르트의 『제일철학을 위한 성찰』 제 2부에 나오는 **밀랍의 예**를 생각해볼 수 있다. 데카르트는 여기에서, 조금 전 밖에서 따온 밀랍과 난로에 가까이 놓은 후 모양, 냄새, 촉감 등에서 달라진 밀랍을 우리가 **동일시**하는 과정을 서술하고 있다. 아니, 밖에서 딴 상태의 밀랍과 난로에 가까이 놓은 상태에서 변화한 밀랍이 동일한 밀랍인지를 묻고 있다. 우리는 이 두 상태의 밀랍이 같은 것이 아니라고 말할 수 없다. 감각 요인으로 볼 때 모든 사항이 달라졌는데도 우리는 이 두 가지의 밀랍이 동일한 것이라고 말한다. 형태도 달라졌고, 향기도 달라졌고, 손으로 만지거나 그것을 바닥에 내려칠 때 촉감도 달라졌는데 무슨 근거로 우리는 이 두 가지의 밀랍이 동일한 것이라고 말할 수 있는가?

우리는 사물을 지각할 때 감각 요인으로 쉽게 구별하고 지각한다고 생각한다. 그러나 밀랍의 예를 통해서 볼 때 우리는 사물의 감각 요인

로 논했다.

으로 그 사물을 다른 사물과 **구별**하고, 다른 한편으로 그 사물을 그 사물 자신과 **동일시**하는 것이 아니다. 사실, 우리는 난로에 가까이 놓은 후 모양, 냄새, 촉감으로는 변화했는데도, 다시 말해서 이전의 밀랍과 이후의 밀랍이 **다른데도** 우리가 이전과 이후의 밀랍이 동일한 밀랍이라고 인정하는 근거는 우리의 사고방식에 놓여 있다. 우리는 이전의 밀랍과 이후의 밀랍이 동일한 밀랍이라고 **생각한다**. 물체 지각에서 사물과 사물을 구별하고, 그 사물을 그 사물 자신과 동일시하는 근본적 근거는 다양한 감각 요인에 있다기보다 생각의 방식에 있다. 데카르트는 이 밀랍의 예를 우리의 정신이 물체보다 인식하기 쉽다는 것을 증명하는 예로 사용하고 있는데, 우리가 데카르트가 말하는 정신의 존재 증명을 전적으로 받아들이지는 않는다고 해도, 적어도 이 밀랍의 인식 과정에 대한 서술은 우리에게 매우 중요한 시사점을 제시하고 있다. 물체 지각에서 다양한 감각 요인이 물체를 지각하는 데, 다시 말해서 그 물체를 그 물체로 동일시하는 데 가장 확실한 근거는 아니라는 점이다. 그 물체가 그 물체라고 **생각하는, 동일시하는** 현상이 우리 인간에게 더 근본적 인식 근거이다. 이 점은 데카르트에서나 칸트에서나 마찬가지이다. 비록 데카르트가 말하는 실체와 칸트가 자신의 범주표에서 말하는 실체가 같은 의미를 말하는 것은 아니지만, 물체 지각에서 **생각**이 **감각** 요인보다 더 근본적이라고 본 점에서는 이 두 사람이 일치한다.

그리고 인과법칙은 철학과 자연과학에서 자연현상을 설명하는 근본 법칙이다. 오늘날 사람들은 인과법칙을 자연과학에서 사용하는 전용 법칙으로 알고 있지만, 근대 자연과학의 전성기 이전까지만 해도 인과 법칙 문제는 철학의 중심 문제였다. 아리스토텔레스는 자신의 형이상학에서 존재를 탐구하는 기본적 방식으로 인과적 사고를 들고 있다. 논리학의 근본적 탐구 방식은 생각의 근거를 찾는 일이라면, 형이상학의 근본적 탐구 방식은 존재의 원인을 찾는 일이다. 현재 발생한 사물이나 사태의 원인을 소급해 찾아가다 보면, 우리는 최초의 원인을 발견할 수밖에 없다고 아리스토텔레스는 생각했다. 아리스토텔레스는 형이상학을 제일 첫 번째 것과 원인에 관한 학문이라고 정의하며, 제1철학인 형이상학은 움직여지지 않는 자, 스스로 존재하는 자에 관한 학문이라고 말한다. 스스로 존재하는 자는 제일 원인으로 부동의 원동자이다. 자신은 움직이지 않으면서 자신 외의 모든 존재들을 움직이는 근본 원인이다.[10] 이 세계를 하나의 체계로 보고, 이 체계를 원인과 결과 사이의 관계로 보는 사고방식은 아리스토텔레스 형이상학의 기본 틀이다. 이러한 형이상학의 기본 틀이 근대 이전까지 철학과 신학에서 유지되었다. 그러나 근대 경험론과 더불어 이 바탕이 흔들리게 되었다. 흄은 종래의 형이상학적 사고를 근본적으로 의문시하게 되었다. 흄은 정신적 존재든 물리적 존재든 형이상학적 실체와 체계를 인정하지 않는다. 우리가 정신과 물질에 대해 인식하는 것은 우리가 생각하는 개념들의 연결망, 다시 말해서 관념들의 다발일 뿐이다. 자연현상에 대해 말하는 인과법칙도 인간의 생각 습관이 만들어낸 허구일 뿐이다. 물론 지금까지 우리

---

10   아리스토텔레스는 자신의 『형이상학』에서 변화하는 자연현상에 대해 알고자하는 욕구를 인간의 본질적인 것으로 인정했으며, 이 앎은 원인에 대한 탐구라고 보았다. 다시 말해서 자연에 대한 탐구는 현상의 원인을 추적하는 것으로 보았는데, 원인에 대한 추적은 계속 그 이전의 원인으로 소급해 갈 수밖에 없다. 원인을 계속 추적하다 보면 우리는 제1원인에 도달할 수밖에 없고, 제1원인은 우리의 모든 지식의 원리라고 말했다. 아리스토텔레스에 따르면 원인과 원리는 같은 의미라고 말할 수 있다. 그리고 제일 원인에 대한 탐구는 신적 원인에 대한 탐구라고 말할 수 있다. 신적 원인은 자연의 모든 존재의 원인이지만, 신 자신은 그 이상 다른 원인을 필요로 하지 않는다. 이러한 의미에서 아리스토텔레스의 형이상학은 그 이후 신학으로 해석되기도 한다. *Aristoteles' Metaphysik* I(A)-VI(E), Felix Meiner Verlag Hamburg, 1982, 특히 (Buch I) 980 a 21-985 a 참조.

눈앞에 펼쳐지는 자연현상이 인과적으로 전개되었다는 것을 부정할 수 없지만, 이것은 결코 필연적 법칙에 따라 전개되는 현상이 아니다. 그리하여 흄은 자연현상에 대해 실체 개념도 필연적 인과법칙도 적용하기를 거부한다.[11]

칸트는 흄이 실체 개념과 인과법칙에 대해 이와 같이 문제를 제기하는 것을 알고 있었다.[12] 우리는 『프로레고메나』에서 칸트가 한 말을 통해서, 칸트가 한편으로는 흄의 이론에서 자신의 철학을 정초하는 데 새로운 착상을 얻었지만, 다른 한편으로는 그 착상을 통해 새로운 길을 향한 발걸음을 감행할 수 있었다는 것을 알 수 있다.[13] 그리고 칸트는 인과관계를 정당화하는 문제와 관련해서 『프로레고메나』와 『순수이성비판』에서 누차 흄을 언급한다. 그러나 칸트는 흄과 다른 방식으로 실체 개념과 인과법칙 문제를 풀어간다. 우리가 지각하는 현상들은 언제나 시간의 과정 속에 있다. 시간 속에서 어떤 물체는 천천히 변화하고, 어떤 물체는 빠르게 변화한다. 변화가 빠르든 느리든 이 세상에 언제나 동일한 모습으로 변하지 않은 채 있는 것은 하나도 없다. 그런데 사물 지각에서 우리는 한 가지 사고를 전제하고 있다. **변하는 것을 변하지 않**

---

11 흄은 『인성론』(*A Treatise of Human Nature, Book 1: of the Understanding*)과 『인간 지성에 대한 탐구』(*An Enquiry concerning Human Understanding*)에서 종래 철학에서 중심 문제라고 할 수 있는 실체 개념과 필연적 인과법칙에 대한 논거를 적극적으로 논박하고 있다. 아리스토텔레스 이후 근대 이성론철학에 이르기까지 필연적 인과법칙은 이성에 따라 인식할 수 있는 법칙으로 인정되었다. 이성론철학자에 속하는 데카르트는 자연의 인과법칙을 우리가 인식하는 관념을 통해 **추론**하는 것으로 본다는 점에서 예외도 있다.

12 흄은 인과법칙을 중심으로 논하지만, 이 법칙의 근저에는 실체 개념이 전제되어 있다. 인과관계는 실체인 원인과 실체인 결과 사이의 문제이기 때문이다.

13 I. Kant, *Prolegomena zu einer jeden künftigen Metaphysik, die als Wissenschaft wird auftreten können*(학문으로 등장할 수 있는, 미래의 모든 형이상학을 위한 서언)('프로레고메나'로 생략함), AA IV, 특히 머리말(Vorrede)을 참조할 수 있다.

는 것과의 관계에서 지각한다는 점이다. "**변화**는 오로지 **실체**에서만 지
각될 수 있다."[14] "**고정불변성**은 **현상**이 사물이나 대상으로서 가능한 경
험에서 규정될 수 있는 필연적 조건이다."[15] 변하지 않는 것을 칸트는
고정불변한 것(das Beharrliche), 항상적인 것(das Bleibende)이라고
표현한다. 종래 철학에서 실체 개념을 물자체 의미로 사용했다면, 칸트
는 이러한 실체 개념을 지속적인 것, 고정불변한 것, 항상적인 것으로
바꿔 사용하고 있다. 전통적인 의미의 실체는 우리 경험과 관계없이 그
자체로 동일성을 유지하는 존재인 데 비해, 칸트가 말하는 지속적인 것
은 우리가 어떤 것을 경험적으로 지각할 때 그 지각과 관계 지어 상정
하는 그러한 것이다. 우리가 시시각각 지각하는 대상을 지속적인 것과
연관 짓지 않는다면 그 지각은 단지 머릿속에서 부유하는 상으로 그칠
것이다. 칸트에서 지속적인 것의 의미를 선험적 대상과 연결할 수 있
다. 칸트가 말하는 선험적 대상을 물자체와 동일한 것으로 해석하는 사
람도 있고, 다른 것으로 해석하는 사람도 있다. 그러나 칸트의 글 속에
는 선험적 대상과 물자체의 구분이 애매한 곳이 있기도 하지만, 적어도
칸트는 선험적 대상과 물자체를 구분하려고 했다고 보아야 한다. 선험
적 대상은 우리가 지각하는 현상의 근거인 대상이기 때문에, 선험적 대
상은 시·공적으로 우리가 지각하는 대상과 어떤 식으로든 **연결**되어 있
어야 한다. "선험적 대상은 선험적 통각의 통일에 대응하는 존재로서,
감성적 직관의 잡다(Mannigfaltiges, 雜多)의 통일을 위해 필수적인 요
소이며, 잡다의 통일에 의해 하나의 대상 개념이 가능하게 된다."[16] 그

---

14 A 188/B 231. (강조는 필자가 함)
15 A 189/B 232. (강조는 필자가 함)
16 최인숙, 「칸트의 이론철학에서 대상 개념에 대한 연구」, 『철학연구』, 51집, 철학
연구회, 2000년 겨울, 127쪽.

에 비해 물자체는 우리가 시·공적으로 지각하는 대상과 전혀 **연결** 끈이 없다. 물자체는 현상과 전혀 **관계**없다. 선험적 대상과 물자체를 구분하는 문제에 관해서는 뒤에서 더 논의하겠다.

이렇게 볼 때 칸트 자신이 말하는 지속적인 것과 선험적 대상의 의미는 유사하다고 보아야 한다. 그리고 지속적인 것이나 선험적 대상은 우리가 지각하는 현상과 필연적 관계에 있다. 우리가 인식하는 현상이 단지 우연적이고 임의적인 상으로 그치지 않게끔 보증하는 의미가 바로 지속적인 것, 선험적 대상이다. 그리고 지속적인 것, 선험적 대상은 칸트가 12개의 범주표에서 말하는 실체 개념과 연결 선상에 있다. 실체는 우리가 사물을 인식할 때 필수적으로 필요한 사고의 방식이듯이, 지속적인 것, 선험적 대상 또한 이와 같다.

그리고 인과법칙도 실체 개념과 연관이 있다. 이 두 가지가 범주표에 속하기 때문만이 아니다. 인과법칙과 실체 개념은 그 의미상 필연적으로 연관이 있을 수밖에 없다. 인과법칙은 원인과 결과 사이의 보편적인 법칙을 말한다. 인과관계는 우리가 사물과 사태를 지각하면서 전제하는 관계이다. 내 앞에 놓여 있는 사물이나 사태는 어떤 원인에 따라 그렇게 있다고 우리는 상정한다. 이 세상에 원인 없이 있는 사물이나 사태는 없다고 우리는 생각한다. 우리는 사물이나 사태를 대할 때 이러한 생각을 당연시한다. 전통적 형이상학이 실체 개념의 바탕 위에 성립했듯이, 전통적 형이상학은 또한 인과의 무한한 연결 관계에서 성립했다. 앞에서 말했듯이, 아리스토텔레스는 자신의 형이상학에서 존재의 원인을 추적해가는 것이 형이상학이라고 말했다. 그러나 그는 이러한 원인 추적에 끝이 있다고 했고, 그것은 제1원인의 존재이다. 이러한 사고가 중세 신학적 사고에서는 창조적 신 개념과 연결된다. 그리고 자연과학에서 변화하는 자연현상을 인과관계에 따라 설명하고자 하는 것은 당연한 일이었다. 자연현상을 법칙에 따라 설명하고자 했을 때 인과법칙보다 우월한 법칙은 없었다. 그리고 흄은 『인간 지성에 관한 탐구』에서 인간이 자연 세계를 인식할 때 관념들을 연결하는 세 가지 법칙을 말하는데, 그것은 유사성 법칙, 시간이나 공간에서 근접성 법칙, 그리고 원인과 결과의 법칙이다.[17] 흄은 이 세 가지 중 인과관계를 가장 중시하며, 인과관계에 대해 사람들은 필연적 관계를 인정해왔다고 그는 말하고 있다. 그리고 사람들의 이러한 관점을 비판하는 것을 이 책에서 주요한 논제로 삼고 있다.

아리스토텔레스 전통의 형이상학, 흄의 이론, 그리고 자연과학에는 공통적인 전제가 있다. 이 세 가지 사고가 매우 다른 바탕 위에 서 있는 것 같지만, 한 가지 점에서는 동일한 바탕 위에 서 있다. 이 세 가지 사고는 모두 실체 개념과 인과 개념을 중시하고 있다. 물론 흄은 실체 인식 가능성을 부정하고 있고, 나아가 필연적인 인과법칙이 인식 가능하다는 것을 부정하고 있지만, 자신의 인식론에서 실체와 필연적인 인과법칙에 대한 논의를 중심에 두고 있다는 점에서 흄은 종래의 실체 개념과 인과법칙 개념에 매어 있다고 할 수 있다. 그리고 자연과학은 물질로 이루어진 이 세계에 관해 논하며, 자연과학은 물질이 이 세계를 이루는 근본 존재, 다시 말해서 실체라고 보는 바탕 위에 서 있다. 자연과학은 이러한 바탕에서 자연현상의 인과법칙을 추적하는 것을 주 과제로 삼고 있다. 그리고 아리스토텔레스 형이상학은 실체 개념과 인과관계[18]를

---

17 David Hume, *Enquiries concerning Human Understanding and concerning the Principles of Morals*, Oxford, 1986(1902 2.ed., 1975 3.ed.), p. 24, "To me, there appear to be only three principles of connexion among ideas, namely, *Resemblance, Contiguity* in time or place, and *Cause* or *Effect*." 참조.
18 아리스토텔레스는 존재의 원인을 네 가지로 구분하는데, 그것은 질료, 형상, 운동, 목적의 원인이다. 아리스토텔레스, 『형이상학』, 983a-983b(1권 3장) 참조.

추적하는 것을 중심으로 논하고 있다. 물론 이때의 인과관계는 자연현상을 궁극적으로는 부동의 원동자인 신이라는 제1원인과 관계 지어 논의한다는 점에서 자연과학과도 다르고 흄의 이론과도 다르다.

칸트의 이론은 종래의 실체 개념, 인과법칙 개념과는 다른 전제 위에 있다. 칸트에게 실체와 인과법칙은 우리의 표상일 뿐이다. 다시 말해서 우리가 사물이나 사태를 대할 때 떠올리는 표상이라는 뜻이다. 그렇다고 해서 이 표상이 그때그때 마음대로 만들어내는 생각이라는 의미는 아니다. 우리는 사물을 지각할 때 그 사물을 지속적인, 고정불변한 실체 표상과 연관 지어 지각하며, 그 사물은 그것의 원인과 필연적인 관계에 있다는 표상과 연관 지어 지각한다. 칸트는 이 문제를 특히 경험의 유추(Analogien der Erfahrung) 중 첫 번째 유추와 두 번째 유추에서 논하고 있다. 첫 번째 유추는 실체의 고정불변성 원칙[19]이고, 두 번째 유추는 인과성 법칙에 따른 시간계기 원칙[20]이다. 칸트에게 실체나 인과법칙은 우리가 자연 세계에서 사물이나 사태를 지각할 때 필연적으로 전제하는 표상이다. 우리는 이러한 표상 없이는 일상생활에서 일관성을 유지할 수 없다. 일상생활에서 일관성을 유지할 수 없는 경우는 예를 들어 치매나 정신분열증의 상태에 있는 경우이다. 이러한 상태에서는 다양한 표상을 떠올릴 수는 있지만, 표상의 일관성을 유지할 수 없다. 우리가 자신의 오류를 알아차리는 것도 표상과 표상 사이의 흐름의 일관성 속에서 가능하다. 하지만 앞에서 예를 든 질병 상태에 있는 사람은 표상과 표상 사이의 흐름에 일관성이 깨졌기 때문에 오류의 표상조차 떠올리지 못한다. 다시 말해서 자신이 생각에서 오류를 저지르

---

19   A 182–189/B 224–232.
20   A 189–211/B 232–256.

고 있다는 것을 알아차리지 못한다. 오류 표상조차 떠올리지 못한다는 것과 오류를 저지른다는 말은 다르다. 오류 표상을 떠올리지 못하는 사람은 지각 기능에서 장애 상태에 있는 사람이고, 오류를 저지르는 사람은 지각 기능에는 문제가 없으나 순간적으로 착각을 하는 사람이다.

우리는 일상에서 수시로 오류, 착각, 실수라고 부를 수 있는 상태에 빠진다. 이러한 경우 우리는 잘못된 표상, 맞지 않는 표상을 만들어낸다. 하지만 곧 자신의 오류, 착각, 실수를 알아차리면 우리는 오류, 착각, 실수 이전과 이후의 상황을 연결하여 생각할 수 있다. 또는 자신은 알아차리지 못했을지라도, 남이 그것을 지적할 경우 알아차릴 수 있다면 그 사람도 그 이전과 이후를 연결하여 생각할 수 있다. 건망증도 이러한 경우에 속한다. 그런데 경험상의 오류가 아니라, 경험을 뛰어넘는 정도의 오류가 있다. 초경험적인 영역에 속하는 문제에 대한 오류이다. 칸트는 이것을 가상(Schein)이라고 부른다. 물론 우리는 경험적인 영역에 속하는 오류도 가상이라고 부를 수는 있지만, 여기에서는 가상을 초경험적인 문제에 한정하기로 한다.[21]

칸트는 가상의 문제를 『순수이성비판』 변증론에서 다룬다. 이 책의 앞부분에 있는 분석론에서는 진리의 논리학[22]을 다루고, 변증론에서는 가상의 논리학[23]을 다룬다. 진리와 가상은 판단의 결과이다. 판단은 감관과 지성 사이의 **관계**에서 생긴다. 감관 혼자서는 오류에 이르지 않는

---

21 칸트는 『순수이성비판』 변증론의 서문에서 가상(Schein)과 개연성(Wahrschein-lichkeit)을 구분하고 있다. 개연성은 결점이 있는 인식이긴 하지만, 분석론(경험 가능한 영역의 인식에 관한 논의)에 속하는 데 비해, 가상은 변증론에 속한다. 그리고 여기에서 칸트는 현상과 가상도 구별하고 있다. 현상은 진리인 인식에 속한다면, 가상은 거짓에 속한다는 것이다. A 293/B349-350 참조.

22 A 62/B 87, "Logik der Wahrheit".

23 A 293/B 349, "Logik des Scheins".

다. 감관은 맞는 판단도 틀린 판단도 만들어낼 수 없다. 왜냐하면 감관은 판단하지 않기 때문이다. 그리고 지성도 자신의 형식에 따라서만 생각한다면 오류에 이르지 않는다. 오류는 감성이 부지불식간에 지성에 영향을 미침으로써 발생한다.[24] 우리의 지각 판단은 감성과 지성 사이의 합작으로 일어나는데, 이 합작이 적절한 절차에 따라 진행되는가 그렇지 않은가에 따라 맞는 인식, 실재적 인식이 될 수도 있고 오류가 될 수도 있다. 그런데 우리는 여기서 가상 개념에 집중하기로 한다. 경험상의 오류를 유비적으로 초경험적인 영역의 가상에 적용해보자.

산에 오르다가 도중에 뱀을 보았다고 하자. 우리는 즉시 놀라고 두려워하며 자기도 모르게 뒤로 물러선다. 하지만 잠시 후 자세히 보니 그것은 뱀이 아니고 새끼줄이라는 것을 확인하게 되었다고 하자. 이 상황을 복기해보자면, 우리는 등산 도중 마주친 어떤 물체(감관의 대상)에 뱀이라는 개념을 적용한 것이다. 감관의 대상과 개념을 잘못 연결한 것이다. 다시 말해서, 어떤 물체를 보는 즉시 그 물체에 어떤 개념을 덮어씌움으로써 그 개념이 가리키는 물체로 잘못 판단한 것이다. 우리의 지각 작용은 순전히 감관 작용으로만 이루어지지 않는다. 시각, 청각, 후각, 미각, 촉각에 전혀 문제가 없다고 해도 사고 작용이 동반하지 않으면 이 감관들은 제대로 작동하지 않을 수 있다. 예를 들어 시력이 매우 좋은 사람이 눈앞 1미터 정도에 매우 친한 사람이 서 있다 해도, 다른 생각에 몰두해 있으면 그 사람을 보지 못할 수도 있다. 그리고 자기 눈앞에 있는 사람을 다른 사람으로 착각할 수도 있다. 우리의 지각 작용은 사고 작용과 관계해서만 일어난다.

---

24 A 293-294/B 350-351 참조. 그리고 본 저자는 「칸트철학과 불교철학에서 마음과 물질의 관계」(『철학』, 한국철학회, 106호, 2011 봄)에서 감성이 지성에게 '부지불식간에' 영향을 미침으로써 오류가 발생하는 과정을 심도 있게 추적한 바 있다.

그런데 우리는 실제로는 감각할 수 없는 대상에도 개념을 적용하는 경우도 있다. 우리는 자신의 정신이 시시각각 심리적으로 변화를 겪지만, 정신 자체는 절대적으로 하나이며 나뉘지 않기 때문에 살아서나 죽어서나 동일성을 유지한다고 **생각한다**. 물론 모든 사람이 이렇게 생각하는 것은 아니지만, 적어도 이렇게 생각하고자 하는 경향이 많은 사람들에게 있다. 그런데 우리가 이렇게 **생각하는** 정신(개념 또는 이념)에 **존재**를 덧씌움으로써 **실체화**한다. 이것이 칸트가 말하는 오류추리(Paralogismen)이며, 오류추리에 따라 **가상**이 생긴다. 변증론에서 칸트는 오류추리에 따라 발생하는 가상을 타파하기 위한 것에 대해 논하고 있다. 오류추리에 따라 우리가 만들어내는 가상은 경험을 뛰어넘는 영역에 관한 표상들이지만, 이 표상들도 우리의 삶에서 어떤 역할을 한다. 이러한 표상들이 일상생활의 과정에서 실질적 역할을 하는 것은 아니지만, 사람으로 사는 한 이 표상들을 우리가 **생각할 수밖에 없다**[25]는 점에서 그 나름의 역할을 한다는 뜻이다. 칸트는 이러한 표상들로 영혼, 절대적 자유의지, 신의 개념을 열거한다. 우리가 죽은 후에도 우리 정신은 존속할 것이라고 생각하고 싶은 성향을 많은 이들은 갖고 있다. 그리고 우리가 사는 이 세계는 최초에 어떤 절대적 자유의지에 따라 생겨났다고 생각하는 성향을 갖고 있는 이들도 많다. 그리고 그러한 절대적 자유의지를 지닌 자는 인간과는 근본적으로 구별되는 궁극적 신일 수밖에 없다고 생각하는 성향을 지닌 이들도 많다. 이러한 것들이 경험

---

25 칸트는 '불멸의 영혼', '절대적 자유의지를 지닌 존재', '신' 개념에 상응하는 대상은 경험상으로 존재하지 않지만, 그럼에도 인간은 이러한 존재에 대해 '생각할 수밖에 없도록' 태어났다고 본다. 그렇다고 해서 이러한 존재를 인식하는 것이 가능하다는 것을 인정한 것은 아니지만, 적어도 인간이 그러한 존재들을 생각하도록 본성적으로 태어났다는 점을 인정한 것이다. 다시 말해서 우리는 이러한 존재들을 '표상할' 소질을 지니고 태어난 것이다.

적으로 증명될 수는 없지만, 우리가 살아가면서 자신의 마음속에서 이러한 표상들을 체험한다는 점에서는 이러한 표상들도 우리 삶의 일부분이라고 말할 수 있다.

이렇게 볼 때 우리가 살아가면서 생각하는 대상들은 경험적 대상들도 있고 초경험적 대상들도 있다. 어쨌든 경험적 대상이든 초경험적 대상이든 모두 우리의 표상에 속한다.

2. 도덕 표상

칸트는 인간은 본성적으로 도덕원리[26]를 인식할 수 있는 가능성을 지닌 존재로 본다. 그러나 현실의 삶에서 우리는 자신이 인식하고 있는 도덕원리를 실행으로 옮기지 못하는 경우가 허다하다. 심지어 우리는 자신이 옳다고 인정하고 있는 도덕원리를 현실의 개별적 상황에서 준수하기를 종종 **원하지 않는다**. 자신이 처한 상황에서 어떻게 행위하는 것이 옳다는 것을 알면서도 그렇게 알고 있는 바에 따라 행하기를 실질적으로는 **바라지 않는** 것이다. 여기서 우리는 인식과 실행 사이에 괴리를 체험한다.

어떤 것이 옳다는 것을 알면서도 그것에 따라 행하기를 **바라지 않는**, **좋아하지 않는** 현상은 왜 일어나며, 이 현상은 우리에게 어떠한 의미를 지니는가?

칸트가 말하는 도덕원리는 많은 이들이 생각하는 도덕원리와 다르

---

26   도덕원리란 어떻게 행하는 것이 옳은지에 대해 생각할 때 최고로 높은 근본적 원리를 말한다. 칸트가 말하는 도덕원리는 최고로 높은 근본적 원리이기 때문에 이것보다 상위 원리는 있을 수 없다.

다. 우리 대부분은 자신의 이익을 우선시하지만, 사회 속에서 다른 사람들과 함께 살고 있기 때문에 다른 사람들의 이익과 상충하지 않도록 행하는 것이 바람직하다고 생각하며, 나아가 다른 사람들에게 도움이 되는 방향으로 살아간다면 그것은 매우 바람직하다고 생각한다. 이때 우리가 따를 수밖에 없는 행위의 방향을 도덕적 행위라고 생각하는 경향이 크다. 그러나 칸트는 근본적 도덕원리는 이러한 행위 이치와 전혀 다르다고 말한다. 도덕원리는 사람이 사람의 격을 비교적으로가[27] 아니라 근본적으로, 절대적으로, 단적으로 높이는 이치이다. 칸트는 인간의 행위 법칙을 두 가지로 구분한다. 하나는 자신의 이익과 행복을 목표로 삼아서 하는 행위이고, 다른 하나는 인간의 격을 높이는 행위이다. 칸트는 후자만을 도덕적 행위로 인정한다. 이 구분의 근거는 무엇인가?

　칸트는 인간이 자신 속에 두 가지 서로 다른 본성을 갖고 있다고 본다. 하나는 경향성이고, 다른 하나는 이성이다. 경향성은 자신의 마음이 기울어지는 대로 행하려고 하는 쪽이고, 이성은 어떤 방향으로 행하는 것이 옳은지를 생각하면서, 반성적(反省的)[28]으로 행하려고 하는 쪽이다. 일상생활에서 우리는 감정이 기울어지는 대로 행하고 싶어 한다. 이 감정은 자신의 이익, 편안함, 행복을 좇는다. 그런 데 비해 우리가 옳다고 생각하는 방향으로는 마음이 **저절로** 기울어지지 않는다. 우리는 옳다고 생각하는 쪽으로 우리의 마음을 **의식적으로** 향하게 하려고 노력할 때만 간신히 그쪽으로 행하게 된다. 그러다가도 자신의 이익에 손상을 입게 되면, 우리 마음은 흔들린다. 어느 쪽이 옳은지는 잘 알지만,

---

27　현실 사회에서 살아나가면서 다른 사람들과 관계에서 상대적으로 대하는 태도.
28　反省은 '바깥으로' 향하는 마음을 구부려(反) 자기 자신으로 돌아가 생각하는 (省) 마음이다. 또한 반성은 자기 마음 '바깥'에 초월자를 상정하고 그 초월자를 생각하는 마음과도 다르다.

현실에서는 어쩔 수 없다는 식으로 자신을 정당화하며, 수시로 이성의 방향을 거슬러 행한다.

　칸트는 인간이 두 가지 마음 사이에서 갈등하는 존재라는 것을 인정한다. 인간은 본래 이 두 가지 마음을 갖고 있기 때문에 어느 쪽으로 행하든 그 행위는 인간 자신의 행위이다. 그럼에도 이 양자의 마음 중 한쪽은 인간의 격을 높이는 쪽이고, 다른 쪽은 인간을 자연의 다른 존재들과 동격으로 놓는다. 인간의 격을 높이는 쪽은 인간이 자신을 자연의 본성에서 벗어나 마치 자연의 인간이 아닌 듯이 격상시킨다. 인간 자신을 마치 인간이 아닌 듯이 격상시키는 본성도 인간 안에 내재한다. 인간은 자신의 내면을 들여다볼 때 **인간 이상의 존재**라는 것을 안다. 그리하여 인간은 자신뿐 아니라 다른 사람들도 인간 이상의 존재로 격을 높여 대해야 한다는 것을 안다. 이러한 인식의 바탕에서 우리는 자기 자신이든 다른 사람이든 인간이라는 목적 자체로 대해야 한다고 생각한다. 실무적인 일 문제가 아니고 사람이 문제인 경우, 우리는 사람을 오로지 사람으로 대해야 한다는 것을 직접적으로 안다. 이러한 앎은 지식의 많고 적음과도 관계없고, 지위의 높고 낮음과도 관계없다. 사람이라면, 자신의 내면을 들여다볼 때 누구나 이것을 직관적으로 인식한다. 이것은 인간이 처음부터 이성적인 존재이기 때문에 가능하다. 인간 안의 이성이 인간을 인간 이상이게끔 만든다. 그런데 인간은 누구나 이성을 갖고 있고, 또 인간의 지식이나 지위의 높고 낮음에 관계없이 그 사람의 격을 인정해야 한다는 것을 알면서도 현실에서 우리는 왜 자주 이것을 지키지 못하는가?

　이것은 현실에서 경향성의 힘이 이성의 힘보다 막강하기 때문이다. 이성은 어떤 것이 옳다는 것을 인식하는 힘이라면, 경향성은 우리의 감성이 자신에게 이익이 되는 쪽으로 본능적으로, 저절로 기울어지는 성

향이다. 경향성은 본능적으로 저절로 기울어지는 힘이기 때문에 막무가
내로 자신에게 이익이 되는 쪽을 선택한다. 반성적으로 생각하여, 다시
말해서 경향성의 방향을 뒤틀어 다시 자신의 내면으로 향함으로써 이성
이 옳다고 인식한 방향을 선택하고자 해도, 이때 이성의 힘은 미약하게
작용하는 것이 일상이다. 어떤 것이 옳다는 것을 알면서도 많은 사람들
은 왜 그것과 다른 방향으로 행할까에 대해 우리는 의문을 제기하곤 하
지만, 사실 왜 그런지를 우리는 자기 자신 속에서 수시로 체험한다.

　칸트는 사람들이 이익을 계산하여, 합리적으로 서로 합의하여 행하
는 방식의 삶은 도덕에 집어넣지 않는다. 사람들이 각자의 이익을 위해
서로 싸우는 것만을 도덕에 포함시키지 않는 것이 아니다. 각자의 이익
을 우선시하면서도, 싸우지 않고 서로 합의 아래 적정하게 서로의 이익
을 배분하는 방식도 도덕에 포함시키지 않는다. 이러한 삶은 영특하게
삶을 영위하는 방식일 뿐이다. 도덕은 이와 전혀 다른 차원의 삶의 방
식이다.

　칸트는 대부분의 사람들이 높이 평가하는 삶의 덕목들을 매우 다른
시각에서 보고 있다. 예를 들어, 우리는 이해력, 판단력, 기지, 용기, 결
단력, 뜻한 바에 대한 지구력[29] 등을 높이 평가하고, 이러한 능력들을
갖고 싶어 하며, 만일 이러한 능력들을 현재 흡족할 만큼 갖추고 있지
않다면, 열심히 노력하여 그러한 재능을 함양하고자 한다. 또 우리는
권력, 부, 명예, 건강, 평안함, 만족감, 행복[30]의 항목들을 높이 평가하

29　칸트는 『도덕형이상학정초』에서 이해력, 기지, 판단력, 그 밖의 정신의 능력들,
용기, 결단력, 뜻한 바에 대한 지구력(Verstand, Witz, Urteilskraft, Talente des
Geistes, Mut, Entschlossenheit, Beharrlichkeit im Vorsatze)을 직접 예로 들고 있다.
GMS, AA IV 393 : Weischedel판 제6권 BA 1(18쪽) 참조.
30　칸트는 『도덕형이상학정초』에서 권력, 부, 명예, 건강, 평안함, 자신의 상태에 대
한 만족감 등, 행복이라고 부를 수 있는 것들(Macht, Reichtum, Ehre, Gesundheit,

고, 이러한 항목들을 채우는 것을 인생의 목표로 삼기도 한다. 사실, 우리 자신을 살펴볼 때, 어려서부터 우리는 이러한 항목들을 목표로 삼아 공부하느라 시간을 보냈다고 할 수 있다. 많은 이들이 성실하게 사는 것을 삶의 태도로 중시하는데, 성실하게 사는 것은 결국 앞에서 말한 항목들을 채워나가는 과정이라고 할 수 있다. 성실함은 무엇이며, 성실함은 우리 삶에서 **근본적으로** 중요한가(인간의 격을 높이는 데 필수적인 요인인가)?

칸트는 뛰어난 머리(이해력), 판단력, 기지, 용기, 결단력, 지구력이라는 정신의 능력은 **좋은 것**이고, 대부분의 사람들이 원하는 것이지만, 이러한 능력은 그 자체로 좋은 것은 아니라고 한다. 권력, 부, 명예, 건강, 평안함, 만족감, 행복 또한 우리 대부분이 갖고 싶어 하는 것이지만 이러한 요인들도 **그 자체로 좋은 것**은 아니라고 한다. 이것들은 모두 **어느 면에서 좋은 것**일 뿐, 그 자체로 좋은 것은 아니다.

여기서 우리는 **좋음, 좋은 것**이 무엇인지에 대해 생각해보아야 한다.

우리는 각자의 성향이나 취향에 따라 좋은 것을 추구하며 원한다. 사람, 물건, 음식, 다양한 취미, 예술, 지위, 재물, 유복한 가정, 건강한 삶, 오래 사는 것 등을 우리는 사회 속에서 긍정적으로 평가하면서, 이 요인들을 얻기 위해 살아간다고 말할 수 있다. 사실 우리의 일생은 이 요인들을 획득하기 위해 공부하고 경쟁하는 과정이라고 말할 수 있다. 그리고 공부하고 경쟁하는 데는 의지력이 중요하다. 우리는 어려서부터 공부를 아주 중시하며 살아왔고, 또 공부하기 위해 의지력을 향상시키는 것을 매우 긍정적으로 평가하며 살아왔다. **공부와 의지**는 우리의 인

Wohlbefinden, Zufriedenheit mit seinem Zustande, unter dem Namen der Glückseligkeit)을 예로 들고 있다. GMS, AA IV 393: Weischedel판 제6권 BA 1-2(18쪽) 참조.

생에서 핵심적 요소가 된 것으로 보인다. 그런데 우리가 생각하는 공부
와 의지는 사람의 격을 높이는 데 반드시 필요한 요인인가? 공부와 의
지는 그 자체로 좋은 것인가?

오늘날 공부는 현실 사회에서 직업, 지위, 경제적 부, 배우자 등을 얻
기 위한 매개이다. 그리고 공부를 잘 하기 위해서는 의지력을 쌓아야
한다. 공부는 하기 싫지만, 자신이 원하는 목표에 도달하기 위해서는
공부를 해야 하는데, 공부를 하는 것은 저절로 기울어지는 마음을 통해
이루어지는 것이 아니다. 공부하기 싫은 마음을 다잡아 정좌하고 앉아
공부의 내용에 집중하는 데는 특별한 마음의 기술이 필요하다. 이것이
의지이다. 이때 의지력을 단련하고자 하는 마음은 자신이 바라는 목표
를 향해 있다. 공부 자체는 마음이 좋아하고 원하는 것은 아니지만, 공
부를 통해 이룰 수 있는 목표는 마음이 좋아하고 원한다. 이 목표가 직
업, 지위, 경제적 부, 배우자 등이다. 우리가 좋아하는 이 항목들은 어
떤 점에서, 어떤 면에서 좋은 것이다. 그러나 이 항목들은 또 다른 면에
서는 해로운 것일 수도 있고, 악한 것일 수도 있다. 예를 들어 남들이
부러워할 만한 직업, 지위, 경제적 부, 배우자를 획득한 사람들은 그렇
지 못한 사람들을 무시할 수도 있고, 자신이 갖고 있는 이러한 요인들
을 남들에게 횡포를 부릴 수 있는 수단으로 사용할 수도 있다. 그리고
이 항목들을 갖지 못한 사람들에게는 시기심, 질투심, 불행감을 초래할
수도 있다. 그러므로 우리 대부분이 갖고 싶어 하는 이 항목들은 어떤
면에서 좋은 것이지, 언제나 그 자체로 좋은 것은 아니다.

칸트는 그 자체로 좋은 것을 선의지(좋은 의지: ein guter Wille)[31]라
고 말한다. 말 그대로 의지가 좋은 것이다. 이때 의지가 좋다는 말은,

---

31   GMS, AA IV 393: Weischedel판 제6권 BA 1(18쪽).

의지가 어떤 다른 목표를 위한 것이 아니라는 뜻이다. 의지가 다른 어떤 것을 목표로 하지 않기 때문에, 이 의지를 발휘하는 사람 자신에게나 다른 사람에게나 해를 끼치지도 않고, 다른 사람에게 시기심, 질투심, 불행감을 초래하지도 않는다. 이 의지는 그 자체로 좋은 것이며, 따라서 절대적으로, 단적으로 좋은 것이다. 이 의지는 다른 의지들과 비교해서 좋은 것이 아니다.

칸트는 도덕적 행위를 그 자체로 좋은 의지, 단적으로 좋은 의지에서 비롯한 행위에만 인정한다. 칸트의 도덕철학에서 그 자체로 좋은 의지에서 비롯한 행위는 근본적으로 중요한 의미를 지닌다. 어떤 이들은 옳음과 좋음을 구별하면서, 칸트가 말하는 선의지의 잣대를 통한 도덕철학을 곡해하기도 한다. 도덕적 행위 문제는 옳음의 문제이지 좋음의 문제가 아니라는 것이다.

그러나 이러한 이해는 칸트의 도덕철학을 잘못 이해하고 있는 데서 기인한다. 칸트는 그 자체로 **좋은** 의지를 왜 도덕적 행위를 판단하는 잣대로 여기는 것일까? 옳음도 좋음도 인간이 판단한다. 그런데 칸트를 따를 때 인간에게 그 자체로 **좋은** 의지에서 비롯한 행위만이 **옳은** 행위이다. 그 자체로 좋은 의지에서 비롯한 행위만이 도덕적이다. 칸트가 생각할 때 인간의 격은 도덕적으로 행위를 할 수 있음에서 비롯한다. 도덕적 행위는 이성 원리를 인식한 바탕에서 그 원리를 준수하게끔 자신의 의지를 몰아가 행했을 때에 결과하는 행위이다. 여기에 다른 의도가 없어야 도덕적 행위이자 옳은 행위이다. 이렇게 볼 때 칸트의 도덕철학에서 옳음은 오히려 좋음에 포함된다. 좋음은 크게 두 영역, 다시 말해서 어떤 면에서 좋은 것과 그 자체로 좋은 것으로 구분된다.

칸트가 옳음과 좋음을 구별하지 못한 것이 결코 아니다. 칸트는 인간의 마음을 있는 그대로 보고자 했다. 인간에게 **참으로 좋은 것**은 도덕적으로 좋은 것이고, 도덕적으로 좋은 것은 그 자체로 좋은 의지에서 비롯한 행위이다. 그 외의 좋은 것들은 모두 어떤 면에서 좋은 것이다. **어떤 면**의 폭이 매우 넓을지라도, 어떤 면에서 좋은 것은 결코 그 자체로, 다른 것들과 전혀 비교하지 않은 채로, 절대적으로, 단적으로 좋은 것일 수가 없다. 칸트는 인간이 지상에서(저 세상에서가 아니라) 최고로 좋은 것을 추구할 수 있는 가능성을 지닌 존재로 보았고, 인간이 지상에서 최고로 좋은 것을 획득할 수 있는 길을 도덕적 행위로 보았다. 칸트에게 도덕적 행위는 다른 동물들과 구별되는 본질을 지니고 있는 인간을 현시하는 유일한 방법이다. 도덕을 통해서만 인간은 비로소 인간이될 수 있는 것이다. 칸트에게 도덕은 인간과 같은 의미이다.[32] 도덕적으로 옳은 행위야말로 인간이 지상에서 **최고로 좋은 삶**을 사는 길이다.

　도덕원리를 칸트와 다르게 생각하는 이들도 많이 있다. 친절, 착함, 자비심, 예의를 갖춘 태도, 측은지심과 같은 직접적 공감[33], 중용의 이치[34], 자신이 처한 상황을 합리적으로 판단하여[35] 행하는 것, 등을 도덕이라 생각하는 사람들을 예로 들 수 있다. 칸트의 견해를 따를 때 이러한 예들은 도덕원리에 바탕을 두고 있지 않다. 칸트에서 도덕원리에 바탕을 둔 도덕 판단은 무엇이고, 도덕 판단은 어떤 과정을 거쳐 내려지고, 또 개별 상황에서 도덕 판단을 제대로 내린다는 것은 어떤 의미를

32　GMS, AA IV 435: Weischedel판 제6권 BA 78(68쪽) 참조. "그런데 도덕성은 그 조건 아래에서만 이성적 존재가 목적 자체일 수 있는 그러한 조건이다. 왜냐하면 도덕성을 통해서만 목적의 나라에서 입법하는 구성원이 되는 것이 가능하기 때문이다."
33　불쌍한 사람이나 어려운 처지에 놓여 있는 사람을 보는 '즉시' 애처로움을 느끼는 마음.
34　지나치지도 부족하지도 않은 방식으로 행동하는 것이 옳다고 판단하는 잣대.
35　어떻게 행하는 것이 자신이 처한 상황에서 최선의 선택인지에 대해 적절하게 계산하는 태도.

지니는지 살펴보자.

　앞에서 말했듯이, 도덕원리는 최고의 근본적 원리를 말한다. 최고의
근본적 원리보다 더 높은 원리는 있을 수 없다. 칸트에게 도덕원리는
인간의 격을 최고로 높이는 원리로, 어떤 경우에나 어떤 사람에게나 보
편적으로 적용되는 원리이다. 인간을 목적 자체로 대해야 한다는 원리
는 어떤 경우든지 어떤 사람이든지 보편적으로 적용되어야 한다. 그런
데 위에서 든 여러 가지 예는 그보다 상위의 원리를 생각할 수 있는 예
들이다. '친절', '착함', '예의 바름' '공감 능력 ' 등을 우리는 일상생
활에서 중시한다. 다른 사람의 태도를 우리는 친절하다, 착하다, 예의
바르다, 공감 능력이 풍부하다 등으로 판단하곤 한다. 그리고 우리는
이러한 판단을 은연중에 도덕 판단으로 여긴다. 그러나 이러한 예들은
도덕 판단에서 하위 판단이다. 왜냐하면 이 예들은 이성의 근본원리에
따른 판단이 아니라 개별 경우에 다른 사람들의 기분이나 감정을 고려
한 판단에서 결과한 행위이기 때문이다. 우리는 어떤 사람이 매우 예의
바르다고 판단할 때, 그 예의 바름은 다른 사람의 기분을 거스르지 않
고, 다른 사람의 기분을 흡족하게 만드는 수단으로 행하는 경우들을 체
험할 수 있으며, 평소 매우 예의 바르다고 평가를 받는 사람이 다른 경
우에는 남을 해치거나 악한 행위를 하는 경우도 종종 알게 된다. 또 자
신이 처한 상황에서 합리적으로 판단을 내린다는 것은 종종 자신에게
이익이 최대로 될 수 있는 경우를 판단하는 것과 같고, 이러한 판단은
사실 도덕 판단이 아니다. 이러한 판단은 현실을 이익에 따라 계산한
결과이다. 또 우리는 어떤 사람에 대해 '그 사람은 본래 법 없이도 살
사람'이라는 말을 하기도 한다. 그런데 '본래 법 없이도 살 사람'은 이
성에 따른 인식에서 행하는 사람을 말하는 것이 아니라, 흔히 태생적으
로 성정이 그러한 사람을 일컫는 말이다. 다시 말해서 '자연적으로' 그

렇게 태어난 사람이나 살아가면서 그렇게 습관이 된 사람을 의미한다.

칸트의 도덕철학에서 도덕적 행위는 이성에 따라 최고의 도덕원리를 인식한 바탕에서 행함을 말한다. 그러므로 어떤 사람이 친절한가, 착한가, 예의 바른가, 지나치지도 부족하지도 않게 중용을 지키는가 등은 그 사람의 행위를 최고의 도덕원리에 따라 판단하는 것과 다르다. 물론 친절, 착함, 예의 바름, 중용에 따른 행위가 좋지 않다, 선하지 않다고 말하는 것이 아니다. 단지, 이러한 행위들은 상황에 따라 달라질 수도 있는 것으로, 우연적인 태도에 불과하다는 것을 말한다.

칸트는 왜 도덕원리에 따라 판단하여 행하는 경우만을 도덕적 행위로 인정하는가? 칸트는 인간의 격을 최고로 높이는 삶은 도덕원리에 따라 판단하여 행하는 삶이라고 보았고, 이렇게 살아가는 사람들의 공동체를 인간다운 삶을 살 수 있는 사회로 보았다. 그러므로 도덕원리가 아니라, 그보다 하위 원리, 예를 들어 '친절함'이나 '예의 바른 태도'에 따른 판단은 나중에 동일한 사람에 대한 판단으로서 맞지 않는 기준으로 밝혀질 수도 있다. 그러므로 어떤 사람의 개별적 행동을 위에서 열거한 하위 법칙에 따라 판단하지 말고, 그 사람이 이성에 따른 최고의 도덕원리에 따라 행동하는가를 판단해야 한다.[36]

칸트는 사람들이 이성의 보편적 원리에 따라 행위하는 공동체에서 사는 삶을 인간에게 최고의 바람직한 삶으로 보았다. 사람은 유전적으로, 또는 후천적으로 덜 친절할 수도 있고, 예의를 덜 갖출 수도 있고,

---

36 그러나 우리는 남이 이성에 따라 도덕 판단을 내리는지, 선의지에 따라, 다시 말해서 어떤 동기에 따라 행하는지를 엄밀히 말해서는 판단할 수 없다. 아무리 열심히 다른 사람들의 행위 동기를 있는 그대로 파악하려고 애써도 우리는 다른 사람들의 외양을 통해서 그 사람의 행위를 판단할 수밖에 없다. 그렇더라도 우리는 공동체 안에서 그러한 도덕 판단이 자신에서나 남들에서나 실현되도록 노력할 수밖에 없다.

교양을 덜 갖출 수도 있지만, 이러한 공동체에서는 이러한 사람들도 최고의 도덕원리에 따라 이성적으로 행할 수 있다. 그리고 후자의 측면을 칸트는 더 중시했다. 왜냐하면 우리는 유전적으로, 또는 후천적으로 차이가 있으며, 또 동일한 사람이 어떤 경우에는 친절하지만, 다른 경우에는 그렇지 않을 수도 있기 때문이다. 그에 비해 이성에 따른 도덕원리는 보편적이기 때문에, 시간적으로나 공간적으로나 보편적으로 적용될 수 있다. 그러므로 내가 나 자신이든 다른 사람이든 인간 자체가 문제인 경우에 나의 수단이 아니라 목적 자체로 대해야 한다는 것은 언제나, 어떤 사회에서나 보편적으로 적용되어야만 한다. 이것은 지식의 많고 적음에 관계없이 인간이 자신의 내면을 들여다보면 인식할 수 있다.

칸트는 모든 인간은 이성을 본질적으로 갖추고 있는 존재로 보기 때문에, 모든 사람은 지식의 차이에 관계없이 이러한 도덕원리를 인식할 수 있는 가능성이 있다고 보았다. 하지만 사회에 따라, 시대에 따라, 또는 철저히 성찰하지 않은 이유로 해서 사람들이 실제로 이러한 도덕원리를 정확히 인식하지 못하는 경우도 허다하다. 그리고 칸트는 도덕원리에 대해 철저히 숙고함으로써 각자 실질적으로 자신의 행위에 그 원리를 적용할 수 있어야 한다고 보았다. 이것을 위해서는 순수한 이성에 따라 도덕법칙을 인식하는 것을 넘어서는 과정이 필요하다. 이러한 의미에서 칸트가 말하는 도덕 판단은 분석적 이성 판단이 아니라, 선험적 종합판단이다.

도덕원리를 칸트와 달리 생각하는 경우와 칸트가 말하는 도덕원리를 인정하면서도 실제의 경우에서 이 원리를 제대로 적용하지 못하는 경우로(준칙을 잘못 사용하여) 구분하여 생각해보자. 도덕원리를 칸트와 다르게 생각하는 몇 가지의 생각을 위에서 열거했다. 사람들은 흔히 남들의 기분을 좋게, 흡족하게 만들어주는 태도를 도덕적 행위로 평가한

다. 1)친절하다, 착하다, 예의 바르다, 인사성이 있다, 점잖다, 얌전하
다는 표현의 예, 2)남들을 적극적으로 돕는다, 남들을 위해 희생적이다
등의 표현의 예, 3)성실하다, 모범적이다, 부지런하다, 열심이다 등의
표현의 예, 4)그리고 공감 능력이 있는 사람이라든가 없는 사람이라든
가 하는 표현의 예, 5)중용이나 중도를 도덕 판단의 기준으로 보는 경
우, 6)어떤 개별 상황에서 어떻게 행하는 것이 가장 합리적인가 하는
문제를 도덕 판단의 문제로 보는 경우, 7) '그 사람은 법 없이도 살 사람
이다'라는 표현 등을 열거할 수 있다.

　여기서 1)은 사람들과의 관계에서 남들의 기분을 흡족하게 하거나
거스르지 않거나 하는 경우이고, 2)는 나보다 남을 우선하는 게 더 훌륭
하다는 판단이 전제되어 있다. 3)은 무언가를 지속적으로 열심히 하는
것이 그렇지 않은 것보다 훌륭하다는 판단이 전제되어 있다. 4)는 다른
사람과의 관계에서 그 사람의 마음을 직접적으로 느끼는 능력을 말한
다. 5)는 어떤 상황에서 넘치지도 부족하지도 않은 것이 더 바람직하다
는 판단이 전제되어 있다. 이런 전제는 우리 사회에서 사람의 행위를
평가할 때 '원만한' 성격, '둥글둥글한' 성격이 더 낫다는 평가를 당연
한 것으로 여기는 요인이기도 하다. 6)은 개별적 상황에서 각자 가장 합
리적으로 행동하는 게 가장 바람직하다는 판단이 전제되어 있는데, 이
때 '합리적으로 행동한다'는 흔히 개별 상황에서 각자에게 가장 유리하
게 행동하는 것을 뜻한다. 물론 이 경우 '유리'는 단지 경제적 이익만이
아니라 복합적으로 다양한 면의 이익의 합을 말한다. 7)은 도덕 판단으
로 착각하기 쉬운 판단이다. '그 사람은 법 없이도 살 사람이다'는 '그
사람은 천성적으로, 태어날 때부터 그렇게 태어났다'는 의미이다. 다시
말해서 그 사람은 어떻게 행위를 하는 게 바람직한가를 최고의 도덕원
리에 따라 인식한 바탕에서 그렇게 행하는 게 아니라, 천성적으로 법을

거스르지 않고 산다는 말로서, 천성적으로, 자연적으로 그렇게 태어난 것은 도덕 판단에 따른 행위라고 말할 수 없다. 물론 법 없이도 살 수 있도록 그렇게 태어나, 실제로 도덕과 법을 거스르지 않고 산다는 것이 나쁘다는 것을 말하는 것이 아니다. 단지, 도덕원리를 인식한 바탕에서 도덕 판단을 내리는 것이 도덕적 행위라는 것을 말하고자 한다.

　1), 2), 3), 4), 5), 6), 7)이 동일한 유형을 말하는 것은 아니지만, 이 일곱 가지에서 몇 가지 공통점을 말할 수 있다. 이 경우들은 최고의 도덕원리에서 도출된 도덕 판단이 아니라, 개별 상황에서 외면적으로, 또는 심리적으로 평가할 수 있는 면들이라는 점이다. '외면적', '심리적'으로 평가한다는 것 자체가 나쁘다는 말은 아니다. 단지, 이러한 평가는 도덕 판단으로 최고의 원리에 바탕을 두고 있지 않기 때문에, 우연적, 일시적 평가에 그칠 수 있다는 것을 말하고자 한다. 그리고 '직접적' 공감 능력 자체가 나쁘다는 것이 아니다. 그보다는, 직접적으로 느끼는 마음은 상황에 따라 유동적일 수 있기 때문에, 이러한 마음이 도덕 판단을 내리는 데 최고의 원리 역할을 할 수 없다는 것을 말하고자 한다. 그리고 사람들 사이에서 자신의 이익을 가장 크게, 그리고 가능하면 다른 사람들의 이익을 해치지 않으면서, 또한 장기적으로 다른 사람들과 좋은 관계에서 잘 지내기 위해 '합리적으로 행한다'는 것은 결코 도덕 판단에 포함되지 않는다. 이러한 합리적 판단은 단지 꾀 있게, 영리하게 살아나가는 방법일 뿐이다. 그리고 우리 사회에서 사람들이 크게 잘못 판단하는 항목으로 '성실하다', '부지런하다', '열심이다' 등의 판단이 있다. 이러한 판단은 결코 도덕 판단이 될 수 없음에도, 사람들은 이러한 서술을 도덕 판단으로 착각하며, 심지어는 그렇지 않은 사람들을 문제시·죄악시하기조차 한다. '성실하지 않다', '부지런하지 않다'는 것은 어떤 사람의 특성일 뿐, 이러한 성질이 **도덕적으로** 옳지

않음을 말하지 않는다. 이러한 잘못된 판단이 우리 사회에 만연하여 있기 때문에, 많은 이들이 부당하게 외면당하고, 사회에서 아웃사이더로 취급되기도 한다. 더욱 나쁜 것은, 자신이 성실하고 부지런하고 매사에 열심인 사람이라고 생각하는 사람은 그렇지 않은 사람들을 부당하게 대하고, 심지어 그런 사람들을 폭력적으로 대할 수 있다는 점이다. 이러한 태도가 오히려 도덕적으로 나쁜 태도이다.

칸트가 말하는 도덕원리를 인정하면서도 실제의 상황에서 이 원리를 제대로 적용하지 못하는 경우에 대해 말해보자. 칸트가 말하는 최고의 도덕원리로서, 사람을 목적 자체로 대해야 한다는 것을 정확히 인식하면서도, 현실의 개별 상황에서 자신의 행위에 이 원리를 제대로 적용하지 못할 수 있다. 상황이 복합적이어서 제대로 판단하지 못할 수도 있고, 아니면 사람은 한편으로 이기적이기 때문에 칸트의 도덕원리를 준수하고자 하면서도 자기도 모르게 자기에게 유리하게 판단하는 경우도 있다. 최고의 도덕원리에 따라 자신의 행위에 적용하는 판단을 준칙(Maxime)이라고 한다. 준칙은 최고의 도덕원리에 맞게 자신의 행위를 결정하려는 상황의 판단이다. 칸트의 도덕철학을 형식 윤리학이라고 많은 이들이 부를 때, 이 말을 부정적으로 사용하는 경우들이 있다. 하지만 칸트의 도덕철학이 형식 윤리학이라고 부를 때 우리는 이 말의 긍정적인 의미를 정확히 이해하는 것이 중요하다. 도덕 판단을 내릴 때 우리는 최고의 도덕원리를 인식하는 게 우선이다. 그런데 최고의 도덕원리는 그보다 상위에 다른 원리가 없기 때문에, 이 원리는 형식적일 수밖에 없다. 다시 말해서 다양한 실질적 내용을 지닐 수 없다는 말이다. 하지만 도덕적 상황은 언제나 개별적이고 구체적이다. 개별 상황에서 내가 어떻게 행하는 것이 바람직한지를 생각하면서, 최고의 도덕원리를 따르고자 하지만, 개별 상황과 최고의 도덕원리를 **연결**하는 것은 결코 용이한 일이 아니다. 세상에 완전히 동일한 상황이란 것은 없고, 또 비슷한 상황이라 할지라도 사람이 다르다. 그렇기 때문에 칸트의 도덕원리를 철저히 준수하고자 하는 사람이라고 해도, 개별 상황에서 판단을 내린다는 것은 획일적으로 공식을 적용하는 것처럼 되지 않는다. 도덕 판단은 언제나 개별 상황에서 일어나는 일이며, 더욱이 도덕 판단은 개별 상황에서 아주 빠른 순간에 내려야 하는 경우가 허다하다. 그러므로 최고의 도덕원리에 따라 도덕 판단을 쉽게 내리지 못하는 것은 당연하다고 할 수 있다. 칸트의 도덕철학이 형식 윤리학이라고 해서 천편일률적 형식, 동일한 공식에 따르는 윤리학이라는 말은 아니다. 개별 상황에서 순간순간 우리가 어떻게 올바른 판단을 내릴 수 있는가 하는 문제는 그 상황에 속한 사람의 고독한 결단과 같은 것이라고 말할 수 있다. 올바른 판단을 내리려는 확고한 마음을 갖고 있어도 실제로는 그런 판단을 내리지 못하는 결과가 생길 수도 있는 것이다.

　여기서 **도덕적 상황**의 의미에 대해 말해보자. **사람의 격**에 관계하는 상황이면 그것은 언제나 도덕적 상황이다. 사람의 격은 인간의 존엄성을 인정하고, 인간을 목적 자체로 인정하는 데서 나온다. 사람의 격을 인정하지 않아도 되는 상황은 자연적 상황이다. 인간은 자연법칙에 속하면서도 동시에 자연 외의 법칙에도 속한다. 자연 외의 법칙은 도덕법칙을 말한다. 인간을 오로지 자연법칙에만 속하는 존재로 볼 경우, 우리는 인간의 격인 존엄성을 인정하기 어렵다. 그리고 다른 사람들과 함께 살아가는 세상에서 우리가 어떻게 살아가는 것이 바람직한가 하는 문제에도 답하기 어렵다. 그러므로 우리가 내세라는 것을 인정하지 않더라도 현실 세계에서 자연의 일부로만 살지 않기 위해서는 자연법칙 외의 법칙을 우리 자신에게 부과할 수밖에 없다. 칸트가 말하는 불멸의 영혼, 절대적 자유의지, 신의 현존을 요청하지 않더라도[37], 사람들이 사람의 격을 지닌 존재로 살기 위해서 우리는 자연법칙과 다른 인간의 법칙, 다시 말해서 도덕법칙을 만들어 우리 자신에게 부과할 수밖에 없다는 것이다. 그렇지 않다면, 우리는 사람들이 서로 약육강식의 법칙에 따라 사는 것에 대해 문제를 제기할 수 없다.

자연에 속하는 인간에게 적용되는 자연법칙은 유전자, 혈액 순환, 맥박, 모발의 생성과 소멸, 피부의 생성과 소멸, 음식물의 소화 작용 등, 우리의 의지와 관계없이 돌아가는 법칙이다. 우리는 이러한 현상들에 대해 도덕적으로 좋다 나쁘다, 옳다 그르다는 판단을 내릴 수 없다. 그러나 이 동일한 인간은 도덕적 상황에 놓이게도 된다. 음식을 먹는 것이 자연법칙에 속하기도 하고, 또 어떤 경우는 도덕법칙에 속하기도 한다. 내위가 비어 배고픔을 느끼고, 내 앞에 있는 음식을 섭취하는 행위는 자연법칙에 속한다. 하지만 몇 사람이 함께 있는데 음식의 양은 매우 적을 때 우리가 그 음식을 어떻게 배분해 먹을지에 대한 문제는 도덕적 문제에 속한다. 예를 들어 10명이 배를 타고 가다 대양의 한 가운데서 난파를 당했는데, 음식은 하루 분밖에 없다고 하자. 더욱이 이 10명 중에 신체가 매우 허약한 사람, 어린이, 노인이 있다고 하자. 이 음식을 어떻게 나눠 먹어야 하는가? 10인분을 완전히 동일한 양으로 나눠야 하는가? 아니면 달리 어떻게 해야 하는가? 사람들 사이에 문제 상황이 복잡할수록 도덕 판단을 내리기도 어려워진다. 칸트의 최고 도덕원리를 정확히 인식하여 그것을 자기의 법칙으로 받아들인 사람이라고 해도, 실제의 개

---

37 칸트는 이론철학의 입장에서는 불멸의 영혼, 절대적 자유의지, 신의 현존을 오류추리의 결과라고 말하는 데 비해, 도덕철학의 입장에서는 이것들을 '요청'한다. 우리가 이성 법칙인 정언명법에 따라 도덕적으로 행해야만 한다고 말할 수 있기 위해서는, 우리는 우리 자신이 절대적 자유의지를 지닌 존재라는 것을 요청할 수밖에 없다.

별 상황에서 어떤 판단을 내려야 할지에 대해서는 어려움을 겪을 수밖에 없다. 앞에서 말했듯이 도덕원리와 그 개별 상황을 어떻게 **연결**해야 할지, 다시 말해서 어떤 준칙이 그 상황에 맞을지를 단박에 판단을 내리기 어려울 수도 있고, 또한 칸트의 도덕원리를 받아들이는 사람이라고 해도 순간 자신의 이익을 우선으로 삼는 마음이 들기도 할 것이기 때문이다. 그 10명 모두 칸트의 도덕원리를 받아들이는 사람이라고 해도 이것은 마찬가지이다. 이 10명이 각기 다른 준칙을 내릴 수도 있다.

칸트의 윤리학이 최고의 도덕원리에 토대를 둔 형식 윤리학이라고 해도, 실제 상황에서 각자 준칙을 생각해내는 데는 실질의 내용이 포함되기 때문에 도덕 판단을 내린다는 일이 형식적으로 단순명료하게 일어나지 않는다. 칸트의 윤리학은 결코 단순한 형식 윤리학이 아니다. 여기에 가장 커다란 이유는, 칸트가 인간 존재를 그렇게 단순히 형식에 따라, 즉 이성의 법칙에 따라 행위를 하는 존재로 인정하지 않았기 때문이다. 칸트는 인간의 감성, 감정의 능력이 현실에서는 이성보다 막강한 힘을 발휘함을 정확히 알고 있었을 뿐 아니라, 심지어 그는 인간이 이 막강한 힘을 거부하고 이성의 법칙을 따른다는 것이 얼마나 어려운 일인지를 잘 알고 있었다. 사실, 칸트의 윤리학은 최고 원리의 관점에서는 형식 윤리학이지만, 개별 상황에 처한 개별 인간이 판단을 내리고 행동하는 데는 경향성이 엄청난 힘을 발휘함을 논하는 윤리학이라고 말할 수 있다. 다시 말해서 칸트는 근본적 이치에서는 이성의 윤리학을 말하지만, 개개인이 처한 실제 상황에서는 인간의 복잡하면서도 사악한 심리의 과정을 거역하면서 인간 자신이 자신을 강제해가는 과정을 논하고 있다. 그리고 이 후자의 과정 때문에 칸트의 윤리학이 오늘날에도, 아니 오늘날에 더욱 더 적합하게 적용될 수 있는 윤리학이라고 말할 수 있다.

2장 표상의 종류들 67

  칸트는 우리가 인간으로서 존엄성을 지키며 사는 것이 불가능할 정
도로 어려운 일이라는 것을 잘 알고 있다. 칸트가 말하는 최고의 도덕
원리는 아니더라도, 우리 대부분은 인간이 지켜야 할 도리에 대해 암묵
적으로 인정하고 살아간다. 하지만 현실에서 우리는 그러한 도리를 마
음속에서 우러나오는 방식으로 진정으로 준수하는 경우는 드물다고 말
할 수 있다. 그러나 인간이 자신의 경향성의 막강한 힘에 매몰되어 자
연의 인간으로만 살아간다면, 그런 삶은 인간의 삶이 아니라는 것을 잘
알고 있다. 그리하여 의식적으로, 강제적으로 자신의 자연성의 방향을
이성의 방향으로 틀어 이성 법칙을 자신에게 부과하여 살아갈 것을 결
단해야만 한다고 생각한다. 그것이 바로 칸트의 윤리학에서 말하고자
하는 핵심이다. 결코 형식 윤리학, 엄격한 윤리학을 주장하는 것이 칸
트의 핵심은 아니다.

  칸트의 윤리 이론은 인간의 본성에 대한 낙관주의라기보다는 비관주
의[38]에 토대를 두고 있다고 볼 수 있다. 인간 본성은 사악함에 경도되는
것이 더 쉽다고 본 것이다. **경향성**과 **정언명령·정언명법**이라는 개념을

---

38 칸트의 도덕철학은 인간의 선한 본성을 찬양하는 것보다, 인간의 악의 경향성을
정확히 포착하여 이에 대응하는 이론을 정초하는 데 더 방점을 찍고 있다고 평가할 수
있다. 이것은 실정법에서도 유비적으로 인정할 수 있다. 현실의 인간들을 전적으로 신
뢰하기보다는 오히려 불신함으로써 그에 따라 결과할 수 있는 사악한 행위들에 대처
할 수 있는 제도를 마련하는 것이 사람들이 실제적으로 더 신뢰할 만한 사회로 나아가게끔
하는 방법이라고 말할 수 있다. 그러므로 오늘날 우리가 가장 바람직한 사회제도로 인
정하는 민주주의도 불신에 토대를 두고 점점 더 나은 방향으로 나아가는 과정의 제도일
뿐이다. 다시 말해서 개인의 근본적 선함보다, 개인의 가능한 부도덕성을 염두에 두고
제도를 확립해 나아감을 말한다.
  우리가 우리 안에 근본적 선한 본성을 인정하는 것만으로는 우리 삶을 선한 삶으로
실현할 수 없다. 오히려 우리는 우리 안의 악의 경향성을 솔직히 인정하고, 악의 경향
성에 대처해 나가는 철저한 실천 방법을 수행하는 것이 우리 삶을 좀 더 선한 것으로
만들어가는 방편이다.

통해서 칸트는 인간의 이러한 본성을 매우 잘 표현하고 있다. 경향성은 독일어 Neigung을 번역한 말이다. Neigung은 neigen이라는 동사의 명사형이다. neigen은 기울다, 굽다, 기울이다, 굽히다라는 의미를 표현한다. 기울다, 굽다는 …경향이다, …성향이라는 의미로도 변형되어 사용된다. 이때 '기울다', '굽다'는 우리의 마음이 **저절로** 기울어지는 성향을 표현한다. 우리 마음은 이성 법칙의 방향으로는 저절로 기울어지지 않는다. 이성 법칙의 쪽으로는 자신의 의지를 의식적으로, 강제적으로 행사할 때만 겨우 향한다.[39] 그리고 일상생활에서 지속적으로 자기의 의지를 수련하듯이 정진할 때야 비로소 이성 법칙의 방향으로 행하는 것이 가능해진다. 그러다가도 자신의 이익이 손상당할 가능성이 있거나, 자신의 고통과 불행이 커질 가능성이 있는 경우에는 우리는 또다시 이성 법칙에서 멀어진다. 그리고 감성과 감정이 이끄는 쪽으로 쉽사리 **기울어진다**. 그리고 높은 지식의 단계에 이른 사람일수록 이러한 상황에서 자신을 정당화하기 위해 애쓴다. 그리하여 많은 지식을 갖고 있는 사람, 높은 지위에 오른 사람이 실제적 행위 면에서 볼 때는 더 사악할 수도 있다. 이러한 점을 우리는 현실 세계에서 수시로 접한다. 그럴 때, 많은 이들은 그렇게 학식이 많은 사람, 그렇게 높은 지위에 있는 사람들이 도대체 왜 그렇게 사악할까 하며 의아해한다. 하지만 이렇게 의아해하는 사람들은 인간 본성을 잘못 이해하고 있을 수 있다. 왜냐하면 도덕 판단, 도덕적 행위 문제는 원래부터 지식이나 지위와 관계가

---

39   정언명법은 자기가 자기 자신에게 강제적으로 부과하는 도덕법칙이지만, 이 법칙은 동시에 절대적으로 **자율적인** 법칙이다. 다른 사람이나 또는 타율적 법칙에 자신을 종속시키는 것이 아니라, 자기 자신에게 스스로, **자율적으로** 정언명법을 부과하는 명령자가 자기 자신이기 때문이다. 다시 말해서 자기 자신이 지킬 도덕법칙을 자기 스스로 입법하여 자기에게 그 법칙을 부과한다.

2장 표상의 종류들 69

없기 때문이다.

그렇다고 해서 칸트가 도덕 판단을 내리고 도덕적 행위를 실천하는 일에서 지식이 전혀 필요 없다고 말했다는 것은 아니다. 실질적으로 도덕 판단을 내리고 도덕적 행위를 실천하는 데는 매우 섬세한 사고가 필요하다고 칸트는 논하고 있다.[40] 여기서 지식의 문제를 두 가지 면에서 구별해보자. 현실 사회에서 살아나가기 위해 우리가 쌓는 지식, 예를 들어 학교 공부나 시험을 위해서 하는 공부가 하나이고, 다른 하나는 진정으로 인간의 존엄성을 중요시하며 자신이 실질적으로 인간의 존엄성을 높이는 삶을 살고자 시시각각 정진하는 삶을 살고자 하는 사람의 공부이다. 칸트는 자신의 도덕철학에서 논하는 삶을 살기 위해서는 후자의 공부가 필요하다고 말하고 있다. 다시 말해서 칸트가 말하는 도덕 원리에 따라 실천하는 삶을 살기 위해서는 매우 정치한 사고가 필요한 것이다. 거기에는 인간의 본성에 대한 정확한 이해가 우선해야 하고, 그 다음에는, 인간 본성에 대한 이해에 따라 어떻게 살아야 하는가, 즉 현실의 감성적 본성의 바탕에서 그럼에도 그러한 바탕을 초극하는 삶이 어떻게 가능한가, 그리고 왜 그러한 초극이 필요한가, 또 이러한 초극을 위해서 어떠한 사고가 필요한가 등을 인식하기 위해 치밀한 논증이 필요한 것이다.

어떤 이들은 도덕은 인간이 저절로 아는 것이라고 생각하며, 그렇기

---

40 『도덕형이상학정초』중 '1장 도덕에 대한 **일상적** 이성 인식에서 **철학적** 이성 인식으로 넘어감' (Übergang von der gemeinen sittlichen Vernunfterkenntnis zur philosophischen)과 '2장 **통속적** 도덕철학에서 **도덕형이상학**으로 넘어감' (Übergang von der populären sittlichen Weltweisheit zur Metaphysik der Sitten)이라는 제목 아래, 칸트는 최고의 도덕원리를 통해 우리가 현실에서 도덕 판단을 내리는 일은 면밀한 통찰 없이 일상적·통속적 행동 규범에 따라 행하는 것과 구별된다는 것을 인식토록 해준다.

때문에 도덕을 행하기 위해 치밀한 사고가 필요하지 않다고 말하기도 한다. 이미 인간으로 태어났기 때문에 인간은 짐승의 마음이 아니라 인간의 마음에서 자연적으로 도덕을 행할 수 있다고 보는 이들이 많다. 칸트는 이러한 입장에 대해 다른 생각을 갖고 있다. 1)도덕의 최고 원리에 대한 정확한 인식이 앞서야 하고, 2)그 다음에는 그러한 인식을 자신의 의지에 적용하려고 끊임없이 수련해야 하고, 3)이러한 과정을 거쳐 자신의 준칙이 최고의 보편적 도덕원리가 되기를 **바랄 수 있어야,** **원할 수 있어야**[41] 한다. 보편적 도덕원리를 자신의 행위에 적용하기를 모든 상황에서 바랄 수 있는 것, 소망할 수 있는 것은 지속적인 수행의 단계를 거쳐서 비로소 가능하다. 왜냐하면 우리는 어떤 것이 올바른 도덕원리인지를 정확히 인식한 후에도 수시로 그것과 다른 길을 가려고 하기 때문이다. 이 다른 길, 감성과 감정이 '바라는', '원하는' 길은 우리 마음이 쉽사리 '기울어지는' 쪽이다. 그러므로 우리는 보편적 도덕원리를 인식한 후에도 시시각각 자신의 마음을 훈련함으로써 나중에는 이 도덕원리에 따라 행하기를 스스로 **소망할 수 있어야** 한다. 칸트는 이 지난한 과정을 거쳐서도 우리는 현실 사회에서 도덕적 삶을 실현하는 데 어려움을 겪는 존재로 보았다. 그리하여 칸트는 도덕을 인간 개인에

---

41 "그러므로 정언명법은 단 하나인데, 바로 다음과 같다. 그 준칙이 보편적 법칙이 될 것을 네가 **동시에 바랄 수 있는**(zugleich wollen kannst : wollen＝원하다, 바라다, 소망하다, 기대하다, 열망하다) 그러한 준칙에 따라서만 행위를 하라." 참조. GMS, AA IV 421 : Weischedel판 제6권 BA 52(51쪽). (강조는 필자가 함)

　이 명법은 크게 두 가지 의미를 포함하고 있다. 첫째로, 자신이 옳다고 생각하는 준칙이 칸트가 말하는 최고의 보편적 도덕법칙에 합당한지를 성찰해야 하고, 둘째로, 자신이 생각하는 준칙이 보편 법칙에 맞아떨어지는지에 대한 판단 외에, 나아가 실제 상황에서 보편적 도덕법칙에 따라 행하는 것을 **자신의 마음속에서 바라야 한다.** 이 두 번째 것은 우리 대부분에게 어렵다. 어떻게 행하는 것이 옳은지는 잘 알면서도, 실제로 옳다고 생각하는 행위를 하는 것을 **마음속에서 원하지는 않는** 경우가 허다하다.

서 뿐 아니라 사회, 국가, 나아가 세계시민사회에서 연대를 통해서 실현해야 할 과제로 인정했다.[42]

　이러한 의미에서 칸트는 도덕의 문제를 공적인 문제로 본다. 사람들은 도덕을 흔히 개인의 행위 문제로 본다. 특히 동양 사회에서는 도덕을 개인의 수신, 수양, 수행의 문제로 보았다고 말할 수 있다. 다른 사람들이 전혀 모를지라도 스스로 자신의 행위를 올바르게 가다듬는 것, 나아가 일생동안 흐트러지지 않은 자세로 자신의 삶을 만들어가는 도덕적 삶을 이상적인 것으로 그렸다. 칸트도 도덕의 문제를 개인의 도덕에서 출발한다. 인간이 자신의 내면을 들여다보면서 도덕의 최고 원리를 인식할 수밖에 없기 때문이다. 다시 말해서 다른 사람들이 어떻게 살아가는지를 살펴봄으로써 도덕원리를 인식하는 것이 아니기 때문이다.

　하지만 이렇게 개인의 내면적 통찰에서 시작하는 도덕은 두 가지 면에서 **밖으로** 나아가야 한다. 첫째로, 개인이 각자 내면적으로 갖고 있는 이성 법칙을 인식할 수 있는 존재이지만, 이 가능성으로서 이성적 존재는 현실 세계에서 살아나가면서 자신의 이성 법칙이 **전개**되는 것을 체험해야 한다. 한데 이러한 체험은 저절로 이루어지는 것이 아니다. 자신이 본질적으로 이성적 존재일지라도, 이 본질은 삶 속에서 밖으로 전개되어 나와야만 비로소 자기 자신의 것이 된다. 칸트는 인간은 누구나 본질적으로 이성적 존재, 도덕적 존재이지만, 이 본질이 전개(밖으로

---

42 칸트를 따르면 도덕은 이성적 존재인 인간의 본질을 실현하는 길이다. 그런데 인간의 본질인 이성도 밖으로 전개되어야만 한다. 인간이 자신의 이성을 전개하는 것은 사회, 국가, 세계시민사회를 통해서 가능하다. 이렇게 볼 때 칸트는 헤겔의 역사 발전의 의미를 선취했다고 말할 수 있다. 저자는 헤겔의 역사철학과의 관계에서 칸트의 역사철학의 의미를 이전에 한 논문을 통해서 논했다. 최인숙, 「칸트의 역사철학의 현실성 – 헤겔의 역사철학과의 관계에서」, 『칸트연구』 한국칸트학회, 제17집, 2006.06. 339–368쪽.

드러남, 현시)되어야만 어떤 개인이 도덕적 존재로 **된다**고 보았다. 그런데 이렇게 도덕적 존재로 되는 과정은 사회 속에서만 가능하다. 이런 의미에서 칸트는 교육을 중시한다. 교육을 통해서 인간은 도덕적 존재로 된다. 그리고 교육에서도 도덕교육을 가장 중시하는데, 도덕교육은 어떤 개별적 덕목을 훈육하는 것이 아니라, 인간의 이성적 본성을 일깨우는 과정으로 보았다. 다시 말해서 도덕교육은 인간을 인간이게끔 만들어가는 과정이다.

둘째로, 인간의 도덕화는 단지 개인의 수양의 의미로 그치는 것이 아니라, 다른 사람들과 관계 속에 살면서 자신을 객관화하는 과정이다. 그리고 자신을 객관화(헤겔에서 '교양' '소외' 개념과 연관)하는 과정에서 **공적, 공공의**(öffentlich: 1. '사적'의 반대말, 2. '비밀의'의 반대말)의미가 중요하다. 우리는 자신이 충분히 보편적 법칙을 인식할 수 있다고 자인하지만, 그러한 생각이 개인적 자만으로 그치는 경우를 체험하기도 한다. 자신이 보편적, 객관적 법칙을 제대로 인식하는지를 검증하는 과정이 필요하다. 그러기 위해서 우리는 자신의 생각을 만인 앞에 내놓을 수 있는 태도를 지녀야 한다. 현실적으로는 이 세상의 모든 사람에게 다 제시할 수는 없겠지만, 적어도 자신의 생각을 제시하는 것을 자기가 편한 사람들에게만 제한해서는 안 된다는 의미이다. 이러한 의미를 칸트는 「계몽이란 무엇인가」에서 적절하게 표현하고 있다. 칸트는 여기에서 학자·지식인은 자신의 생각을 글로 표현해서 세상의 모든 독자에게 공적으로 제시해야 한다고 말한다.[43] 칸트가 여기에서 학자·지

---

43 I. Kant, ˝Beantwortung der Frage: Was ist Aufklärung?˝(계몽이란 무엇인가에 대한 답변) AA VIII 40-41: Weischedel판 제9권 492-493(60쪽) 참조. 다음부터 이 글을 인용할 때 Aufklärung으로 표기하기로 함. ˝그러한 군주의 치하에서는 존경받을 만한 성직자들은 자신의 직무상의 의무와 관계없이, 기존의 교의에서 볼 때 이곳저

식인이라고 말할 때 이것은 보편적, 객관적, 공적 사고를 할 수 있는 사람, 또는 이런 사고를 하기를 지향하는 사람을 말한다. 다시 말해서 자신이 속해 있는 사회, 직업, 신분 등에 제한을 두지 않고, 인간에게 보편적으로 적용되어야 하는 사고를 공적으로 표현하는 것을 의무로 생각하는 사람을 말한다. 학자·지식인이 자신의 생각을 세상의 모든 독자에게 제시할 수 있어야 하는 이유는, 그는 이미 공적인 삶을 지향하는 사람이기 때문이다. 학문, 지식은 보편적, 객관적이어야 하며 공적인 성격을 지녀야 한다. 학문, 지식이 어떤 제한된 사람들에만 속한다면, 그것은 이미 학문, 지식이기를 포기해야 한다.

그런데 여기서 학자·지식인의 공적인 태도가 도덕과 어떤 관련이 있는가? 칸트가 말하는 도덕은 개인의 수양이 아니라, 인간 자체의 실현 과정이며, 인간이 정신적으로 성숙해가는 과정이다. 개인이 정신적으로 성숙해가는 과정을 칸트는 계몽이라고 표현하고 있다. 계몽은 인간의 이성적 본성이 깨어나는 과정이며, 이성적 본성은 도덕적 본성이다. 그리고 도덕적 본성은 개인의 내면적 수양에 머물지 않고, 다른 사람들과의 관계에서, 그리고 사회 속에서 인간으로서 자신의 본질적인 의무를 다하는 데서 실현된다. 더욱이 인간으로서 의무인 도덕적 본성은 공적 장(場)에서 공적인 언어로 표현되어야 한다.

학자·지식인의 공적 태도는 사고의 **공개성**, **투명성**, 그리고 **공정성**과 관련이 있다. 도덕이 사적 도덕으로 그치지 않고, 공적 의미를 지니는 도덕이려면 다른 사람들과 관계에서 그것을 서로 검증할 수 있어야 한다. 도덕의 최고 원리뿐 아니라, 개별 도덕 판단도 공적인 장에서 검증

곳에서 어긋나는 판단이나 견해를 **학자의 자격으로 자유롭고 공적으로** 검증을 위해 세상 사람들에게 발표하는 것이 허용된다. 더욱이 어떠한 직무상의 의무를 통해서도 제한받지 않는 사람들이라면 더더욱 그러하다."(강조는 필자가 함)

될 수 있어야 한다. 그러기 위해서 그것은 글로 공표되어야 한다. 그냥
말이 아니고 글이어야 하는 이유는 도덕에 대한 그 생각을 남들이 쉽사
리 접할 수 있어야 하기 때문이다. 칸트 당대에는 인쇄되어 나온 글이
어야 그것이 공적 검증 대상이 될 수 있기 때문에, 칸트는 세상 사람들
앞에 내놓을 저술[44]을 공적 표현의 형식으로 중시했다. 그리고 칸트가
세상 앞에 내놓을 저술을 얘기할 때, 그 저술을 영원불멸한 성격을 갖
는 것으로 말한 것은 아니다. 여기서 저술의 공적 요소가 중요한 이유
는, 저술을 통해서 사람들은 그 생각을 다양하게 검증할 수 있기 때문
이다. 매우 저명한 사람의 글이라고 해도 오류가 있을 수 있고, 또 불충
분하게 표현될 수도 있다. 자신의 글을 저술로 세상에 내놓음으로써,
그 저술은 독자들에게나 저자 자신에게나 검토할 수 있는 객관적인 자
료의 성격을 띠게 된다. 그리하여 저자는 자신의 생각을 다양한 과정을
통해서 수정하기도 하고 보완하기도 하고, 또는 이전의 생각을 취소할
수 있는 계기를 갖게 된다. 칸트가 학자, 지식인의 **글의 공공성**을 중시
한 이유는 그 **생각의 공공성** 때문이다. 학자, 지식인은 자신의 생각에
대해서 전제적인 태도를 지녀서는 안 된다. 스스로 보편적, 객관적 생
각을 가질 수 있도록 끊임없이 자신의 생각을 공적인 장에 내놓을 수
있어야 한다. 이것이 학자, 지식인의 생각의 공개성, 투명성이다.

---

44   바로 앞의 각주 참조하기. 앞의 각주에서 "기존의 교의에서 볼 때 이곳저곳에서
어긋나는 판단이나 견해를 학자의 자격으로 자유롭고 공적으로 **검증을 위해 세상 사람
들에게 발표**하는 것이 허용된다"는 말을 통해 볼 때, 칸트는 공적으로 견해를 표명하는
사람들은 글을 써서 남들 앞에 제시하는 것을 중시했다. 칸트 당시에 자신의 의견을 공
적으로 표현하는 것은 글이라는 매체일 수밖에 없다. 좋은 생각, 옳은 생각을 혼자 자
신의 마음속에서 갖고 있는 것으로 그치지 않고, 나아가 다른 사람들에게 공표함으로써
알리는 것은 동시에 자신의 생각을 검증받는 길이다. 이러한 방식을 통해 개인의 생각
은 공적인 생각으로 인정받을 수 있게 된다.

학자, 지식인은 이러한 공적 과정을 거치면서 **공정성**을 지향해야 한다. 공정성은 자신이나 남들에게 동일한 잣대를 들이대야 하며, 어떤 문제에 대해 편파적인 태도를 지녀서는 안 된다. 아무리 공정한 생각을 가지려 해도, 사람은 자기도 모르게 자기 위주로 되기 때문에, 학자, 지식인은 자신의 생각을 공론의 장에 내놓아, 수시로 자신의 생각이 검증되는 것을 허용해야 한다. 공개성, 투명성은 공정성과 관련된다. 그리고 공개성, 투명성은 지속적인 과정을 거쳐 공정성을 높인다. 칸트는 사람들의 생각도 사회 속에서 그리고 역사의 과정에서 발전하는 것으로 보았고, 사람들의 생각 중에 삶에서 가장 중요한 요인, 아니 사람들의 삶 자체인 도덕도 사회 속에서 그리고 역사의 과정에서 발전하는 것으로 보았다. 사람의 내면 속에서 인식한 도덕원리가 현실의 삶에서 살아가는 원리인 도덕으로 발전해가는 것이다. 그리하여 사회 자체가 도덕적 사회로 발전해나가는 것이다. 칸트는 이것을 이상 사회로 보았다. 칸트는 이러한 생각을 사회, 국가, 세계시민사회와 관계에서 논한다. 이러한 연관에서 칸트는 세계 평화를 필수적인 요인으로 보았다.[45]

우리는 자신이 처한 상황에서 가능하면 많은 이익과 만족을 누리는 삶을 최선으로 삼기보다 도덕적으로 최선인 삶을 사는 것이 왜 필요한가? 아니, 도대체 우리는 왜 도덕적이어야 하는가?[46] 칸트에게도 이것은 근본적 물음이었지만, 오늘날의 우리에게도 이 물음은 매우 중요하

45 최인숙, 「칸트의 역사철학의 현실성 – 헤겔의 역사철학과의 관계에서」, 『칸트연구』 17집, 한국칸트학회, 2006.06. 339–368쪽 참조.
46 쿠어트 바이어츠, 『도대체 왜 도덕적이어야 하는가?』, 박창용·심지원 옮김, 솔과학, 2009. 이 책은 제목을 통해 이미 도덕에 대한 우리의 근본적 물음을 잘 표현하고 있다.

다. 사실, 오늘날 이 물음은 더 불확실하지만, 다른 면으로는 더욱 절실한 물음이 되었다. 이 물음을 아예 불필요한 것으로 여긴다면, 우리는 점점 폭력이 다양하고 커지는 사회 속에서 속수무책으로 살아가게 될 것이다.

칸트가 살았던 사회는 기독교 사상이 커다란 역할을 하고 있었고, 칸트 자신의 철학 배경에도 기독교 사상이 숨 쉬고 있다. 그래서 칸트는 인간의 실천철학의 원리를 위해 영혼 불멸, 절대적 자유의지, 절대적 존재를 **요청**한다. 이런 존재가 존재한다는 전제 아래, 인간은 현실 사회 속에서 자신의 도덕적 삶이 보상받지 못한다 할지라도 도덕적 행위를 해야만 한다고 자신에게 명령할 수 있었다. 그러나 오늘날 우리는 이런 것들의 요청 없이[47], **우리는 왜 도덕적이어야 하는가**에 대해 답해야 한다. 그렇지 않는 한, 우리는 경제적으로나 폭력적 힘으로나 약육강식의 사회에서 살아가는 데 대해 근본적 반론을 제기하지 못할 것이고, 또 달리 해결책을 제시하기도 어려울 것이다.

나는, 칸트에서 영혼 불멸과 절대적 자유의 존재를 '요청'하는 것을 제외하면[48], 우리가 왜 도덕적이어야 하는가에 대한 답을 칸트가 주고 있다고 생각한다. 칸트의 실천철학은 인간이 현실 사회에서 인간으로서 도덕적 삶을 살지 않는 한 짐승과 같은 삶 속에서 헤어나지 못할 것이라는 것을 보여주고자 했다. 외면적으로 최악까지 이르지 않았다고

---

47   오늘날 우리는 사람들의 생각이 매우 다양한 사회 속에서 살고 있다. 그러므로 우리는 사람들의 생각에서 다양하게 분기하는 지점—예를 들어, 다양한 종교인, 또는 무신앙인—을 제외하고, 공통적으로 모아지는 방향으로 생각할 수 있는 방식으로 도덕 문제를 논하도록 노력해야 한다.

48   칸트는 기독교 문화를 배경으로 하는 사회 속에서 산 사람으로서 영혼 불멸과 절대적 자유의지를 '요청'했다는 점에서 볼 때, 이러한 '요청'이 다른 모든 사회에도 '당연한' 요청인 것은 아니다.

해도, 인간 사회는 그렇게 될 가능성은 언제나 가지고 있다고 칸트는 생각했다. 왜냐하면 인간의 경향성이 이미 그러한 가능성을 품고 있기 때문이다. 우리가 이 세상에서 왜 도덕적인 삶을 지향해야만 하는가 하는 문제에 대한 궁극적 답은 아무도 말할 수 없다. 우리는 우리의 존재가 어떤 존재여야 하는지를 전제함으로써 살 수밖에 없다. 한데 그것을 전제하는 데에 또 다른 전제가 있다. 그것은 우리 자신이 인간으로서 바람직한 삶을 살고자 하는 관심을 갖고 있다는 점이다. 칸트는 우리가 존엄성을 지닌 존재로 살 수 있는 유일한 방법을 정언명법에 따라 행하는 삶으로 보았고, 그것이 칸트의 도덕적 '관심'이다. 칸트는『도덕형이상학정초』중 "도덕성의 이념에 붙어 있는 관심에 대해"[49]라는 장에서 이러한 의미를 논하고 있다. 우리는 자신이 갖고 있는 이러한 도덕적 관심을 통해서 정언명법의 선험성, 필연성, 보편성을 스스로에게 부과하고 있는 것이다. 정언명법의 선험성, 필연성, 보편성은 인간으로서 우리 자신에 대한 무한한 자존감에서 비롯된 것이다. 우리가 왜 도덕적이어야 하는지에 대해 최고의 근본원리를 인식한 바탕에서, 순간순간의 상황에서 도덕 판단을 내리기를 수련하듯이[50] 사는 길 외에 인간에게 인간다운 삶은 가능하지 않다고 칸트는 생각했다. 나는 이 문제를 다음 기회에[51] 현대 사회 문제와 관련지어 논할 것이다.

---

[49]   GMS, AA IV 448 : Weischedel판 BA 101(84).

[50]   칸트는 자신의 도덕철학에서 '수련', '수행' 등의 표현을 별로 사용하지 않았지만, 칸트가 말하는 도덕은 삶의 긴 과정 속에서 실현되는 것으로, 이러한 과정은 '수련', '수행'의 의미를 내포한다고 말할 수 있다.

[51]   이것을 저술로 발행할 것을 계획하고 있다.

3. 미 표상

우리가 아름다움을 느끼는 상황은 어떤 대상을 지각하는 상황이나 도덕적 판단을 내리는 상황과 다르다. 아름다움의 표상은 어떤 표상이고, 아름다움을 느끼는 우리의 마음은 어떻게 발생하며, 아름다움을 느낀다는 것은 우리 자신에서 어떤 의미를 지니는가?

칸트는 우리가 아름다움을 느끼는 마음은 논리적 판단이 아니라고 말한다. 논리적 판단이란 어떤 개념 아래서 어떤 표상을 떠올리는 것을 말한다. 어떤 대상을 지각하는 경우와 도덕 판단을 내리는 경우에 우리는 우선 어떤 개념이나 원리를 알고 있어야 한다. 예를 들어 우리가 산에 걸어가다 '이것은 소나무다'라는 판단을 내릴 수 있으려면, 우리는 먼저 소나무가 어떻게 생겼는지를 알고 있어야 한다. 그래야 우리는 내 눈앞에 있는 어떤 나무를 소나무에 귀속시켜 판단할 수 있는 것이다. 그리고 어떤 사람이 다른 사람을 비인격적 태도로 대할 때, 우리가 그 사람이 다른 사람을 대하는 태도가 도덕적이 아니라고 판단할 수 있으려면, 우리는 우선 도덕적인 행위가 어떤 것인지에 대해 **알고 있어야** 한다. 그래야 눈앞에 전개되고 있는 태도를 도덕적인 행위와 연관 지어 판단을 내릴 수 있다. 이 두 경우에 우리는 우선 개념이나 원리[52]를 알고 있어야 한다. 이미 알고 있는 개념과 원리와 관계 지어 어떤 개별 상황에 대해 판단할 때 이 판단을 논리적 판단이라고 한다. 칸트는 『판단력비판』 서두에서 논리적 판단과 미감적(ästhetisch)[53] 판단

---

52   앞의 경우, 소나무라는 개념, 나아가 나무라는 개념, 그리고 뒤의 경우, '우리는 다른 사람들을 인격적으로 대해야 한다', '우리는 다른 사람들을 인간 자체로 대해야 한다'는 원리를 말한다.

53   『판단력비판』에서 나오는 ästhetisch는 미감적, 심미적, 미적이라고 번역할 수

을 구별한다.

칸트가 여기서 논리적 판단이라고 말할 때, 여기서 '논리적'은 형식 논리를 말하는 것이 아니다. 이것은 '미감적', '심미적', '미적'과 구별되는 마음의 작용을 말하는 것으로, 논리적 판단에는 대상에 대한 사고, 생각의 과정이 포함된다.[54] 사고, 생각은 다른 생각과 연관 지어서만 작동한다. 내 눈앞에 있는 어떤 물건에 대해 생각할 때, 예를 들어 이 물건(particular)이 무엇인지에 대해 생각할 때 나는 이 물건을 어떤 보편적(universal) 개념과 관계 지어야만 한다. 우리는 그 물건을 그 물건 자체로 알 수는 없다. 그리고 어떤 행위가 옳은지 그른지에 대해 판단할 때, 나는 이미 우리가 어떻게 행하는 것이 옳은지에 대해 알고 있어야 한다. 예를 들어, '우리는 모든 사람을 인격을 지닌 존재로 대해야 한다'는 원리를 미리 인식하고 있어야 한다. 그래야 개별 상황에서 어떤 사람의 행위가 옳은지 그른지에 대해 판단 내릴 수 있다. 이것은 개별 물건이나 개별 상황을 보편개념이나 보편 원리와 관계 지어 판단을 내리는 과정을 필요로 한다. 이 과정은 즉각적 느낌이 아니고, 간접적 사고 과정이다. 이러한 간접적 사고의 과정을 칸트는 '논리적'이라고 표현하고 있다.

그런데 우리가 어떤 것에서 아름다움을 느낄 때, 이것은 전혀 간접적 사고의 과정이 아니다. 우리가 아름다움을 느끼는 대상들을 예로 들어 보자. 우리는 일상생활에서 사람, 풍경, 그림, 음악 등에서 아름다움을 느낀다. 어떤 때는 약하게, 어떤 때는 강열하게 우리는 아름다움을 느낀다. 그런데 이러한 느낌이 왜 일어나는지, 어떤 경우에 일어나는지를

있다.

54   KU, AA V 203-204(4-5): Felix Meiner Verlag(Hamburg), 1924, 39-40(4-5) (§1)에서 특히 logisch와 ästhetisch 개념 구별 참조하기.

어떤 개념이나 원리에 따라 설명할 수가 없다. 단지 그렇게 느낄 뿐이라고 서술할 수 있다. 칸트는 이것을 미감적 판단이라고 표현한다. 그렇지만 미감적 판단은 감각적 느낌과 다르다. 감각적 느낌은 대상에 대한 질료적 관심에서 생기는 데 비해, 미감적 판단은 대상의 형식에 대한 느낌이라고 칸트는 말하고 있다. 대상에 대한 질료적 관심에서 비롯하는 감각적 느낌은 때에 따라 다를 수밖에 없으므로, 여기에는 법칙에 따른 인식이 성립하지 않는다. 그러나 대상의 형식에 대한 느낌인 미감적 판단은 법칙에 따른 인식으로 인정된다. 그리하여 칸트는 미 판단을 선험적 종합판단으로 인정한다.[55]

무엇이 아름답다고 판단할 때, 우리 마음은 어떻게 작동하는가? 우리는 무엇이 아름답다고 느낄 때 기분이 좋으며 만족을 느낀다.[56] 어떤 대상을 보면서 만족감을 느끼는 동시에 우리는 그것이 '아름답다'라고 '판단한다'.[57] 아름답다는 판단과 기분 좋은 만족감이 동시에 일어나는 것이다. 아름다운 대상에서 느끼는 만족감을 칸트는 다른 두 가지 만족

---

55 칸트는『순수이성비판』까지만 해도(A 21/B 35 각주 참조) 미 판단을 선험적 판단으로 확정하지 않았지만,『판단력비판』에서는 미 판단을 선험적 종합판단에 포함시킨다. KU, V 288-289(148-149): Felix Meiner판 139(148-149)(§36) 참조. "취미판단이 종합판단이라는 것은 쉽게 알 수 있다. 왜냐하면 취미판단은 대상 개념은 물론 대상의 직관도 넘어서서, 전혀 인식이 아닌 것, 다시 말해서 쾌(또는 불쾌)의 감정을 술어로서 이 직관에 덧붙이는 것이기 때문이다. 그러나 비록 그 술어(그 표상과 결합되어 있는 **자기자신**의 쾌라는 술어)는 경험적이지만, 그럼에도 취미판단은 **모든 사람**의 동의를 요구한다는 점에서 선험적 판단이거나 또는 선험적 판단으로 간주되기를 원한다고 하는 사실은, 마찬가지로 이미 취미판단의 권리 요구(Anspruch)의 표현 속에 포함되어 있다. 그러므로 판단력비판의 이 과제는 '선험적 종합판단이 어떻게 가능한가?'라는 선험철학의 보편적 문제에 속한다."

56 칸트가 여기에서 사용하는 단어는 Wohlgefallen이다.

57 칸트는 이러한 판단을 취미판단(Geschmacksurteil)이라고 표현한다.

감과 구별한다. 그것은 '쾌적함'[58]과 '선함'[59]에서 느끼는 만족감이다. 쾌적함과 선함은 '관심'과 결부되어 있는 데 비해, 아름다움을 느끼는 마음은 '관심'과 결부되어 있지 않다. '쾌적함'에 연결되어 있는 관심은 감관의 감각과 관계있는 느낌을 말한다. 감관의 감각과 관계있는 쾌적함이란 우리의 다양한 감각을 기분 좋게 만들어주는 느낌을 말한다. 이러한 느낌은 사람마다 취향에 따라, 또는 동일한 사람에서도 그 사람의 상태에 따라 다를 수 있다. 그러므로 이러한 느낌에는 법칙이 없다. 말 그대로 그때그때 다를 수 있다. 그렇지만 이러한 느낌이 전혀 중요하지 않다는 의미는 아니다. 왜냐하면 우리의 일상생활은 수시로 변하는 감정과 감각으로 점철되기 때문이다. 그러나 이 모든 것을 법칙에 포함시키는 것을 인생의 목적으로 삼을 필요는 없다. 그런데 일상의 우연적인 기분, 느낌도 우리의 삶에 생동감을 부여해주기도 한다. 이것을 조금 더 적극적으로 표현한다면, 이러한 느낌은 '매력'이라고 표현할 수 있다. '매력'은 인생의 본질적인 요인은 아니지만, 그럼에도 우리 인생에서 중요한 활력소 역할을 한다. 자기 자신을 위해서나 다른 사람을 위해서나 '매력'은 우리의 '관심'을 끌어당기는 요소이다. 다른 사람의 매력이 나의 관심을 끌기도 하고, 내가 다른 사람들에게 매력 있는 사람이 되기 위해 마음을 쓰기도 한다. 매력은 우리의 관심을 끌면서 동시에 우리의 기분을 좋게 만든다.

그리고 '선함'에서 비롯하는 만족감이 있다. 우리는 다른 사람의 선한 행위를 볼 때 기분이 좋다. 그리고 내 자신이 선행을 했을 때도 기분이 좋다. 여기에서는 위에서처럼 감각에서 오는 관심은 아니지만, 그럼

58　독일어로 das Angenehme이다.
59　독일어로 das Gute이다.

에도 일종의 관심이 작동한다. 이 관심은 어떤 목적을 향한 관심이다. 우리는 남들에게나 자신에게나 이미 바람직한 삶을 살아야 한다는 과제를 부과하고 살아간다. 사람이라면 그래서는 안 되지, 또는 사람이라면 반드시 그래야지, 이런 식으로 우리는 인간다운 삶을 규정하고 살아가는 것이 일반적이다. 이러한 삶을 목적으로 우리는 살아간다고 말할 수 있다. 이러한 의미에서 칸트는 우리는 선한 삶에 '관심'을 갖고 있으며, 다른 사람들이나 내 자신이 선한 행위를 했을 경우, 거기에서 기분 좋은 만족감을 느낀다고 말하고 있다.

그런데 아름다움에서 느끼는 만족감은 이러한 만족감과 다르다. 다시 말해서 그것은 감각적인 매력에서 느끼는 만족감과도 다르고, 선한 행위에서 느끼는 만족감과도 다르다. 구체적인 대상에 대한 관심도 아니고, 선한 행위에 대한 관심도 아닌 것으로, 아름다움에 대한 만족감은 어떤 특정한 관심과도 결부되어 있지 않다고 칸트는 말하고 있다. 칸트는 아름다움을 느끼는 마음을 네 가지 방식으로 구분한다. "**취미**는 어떤 대상이나 어떤 표상 방식을 **일체의 관심을 떠나** 만족이나 불만족을 통해 판정하는 능력이다. 그러한 만족의 대상이 **아름답다**고 일컬어진다."(취미판단의 제1계기인 '성질'에 대한 설명)[60] "**아름다움**이란 개념을 떠나서 보편적으로 만족을 주는 것이다."(취미판단의 제2계기인 '분량'에 대한 설명)[61] "합목정성이 **목적의 표상을 떠나서** 어떤 대상에서 지각되는 한에서, **아름다움**은 그 대상의 합목적성의 형식이다."(취미판단의 제3계기인 '관계'에 대한 설명)[62] "**아름다움**은 개념을 떠나서 **필연적** 만족의 대상으로 인식되는 것이다."(취미판단의 제4계

---

60 KU, AA V 211(16): Felix Meiner판 48(16)(§5).
61 KU, AA V 219(32): Felix Meiner판 58(32)(§9).
62 KU, AA V 236(61): Felix Meiner판 77(61)(§17).

기인 '양상'에 대한 설명)[63] 『순수이성비판』에서 말하고 있는 4개 범주 군인 분량, 성질, 관계, 양상의 순서 대신, 칸트는 『판단력비판』에서는 취미판단의 특징을 논하기 위해 성질, 분량, 관계, 양상의 순서로 논하고 있다.

아름다움을 느끼는 마음은 우리가 먼저 보편적 개념을 인식한 바탕에서 이 보편적 개념과 관계 지어 결과적으로 느끼는 마음이 아니다. 아름다움은 개별적 주관이 자기 앞에 놓여 있는 어떤 대상에서 '직접적으로' 느끼는 심정이다. 이 느낌은 보편적 개념과의 연관에서 일어나는 지각, 지식, 인식이 아니다. 이 느낌은 말 그대로 직접적 느낌이다. 이 느낌은 이 느낌을 느끼는 주관만이 의식할 수 있다. 이 사람 외에 다른 사람들은 그 느낌을 똑같이 느낄 수 없다. 만일 다른 사람이 그 느낌을 안다고 말할지라도 그 앎은 그 느낌을 직접적으로 느끼는 사람의 마음에 대한 추측일 뿐이다. 아름다움을 느끼는 마음은 주관적 느낌이다. 그럼에도 칸트는 아름다움을 느끼는 마음에 대해 보편성을 인정하며, 나아가 선험성도 인정한다.

취미판단은 개별적 표상이다. 그러나 취미판단은 다른 개별적 표상들과 다르다. 다른 개별 표상들은 보편개념과의 관계에서 우리 마음에 떠오른다. 예를 들어, 내 앞에 있는 책은 책 일반의 표상과의 관계에서 성립한다. 두께가 매우 두꺼운 책도 있고 얇은 책도 있고, 크기가 매우 큰 책도 있고 작은 책도 있고, 종이의 질이 매우 좋은 책도 있고 그렇지 않은 책도 있고, 한글로 쓰인 책도 있고 영어로 쓰인 책도 있고, 등등 우리는 책이 어떤 것인지에 대해 이미 알고 있으며(보편적 인식), 내 앞

---

63   KU, AA V 240(68): Felix Meiner판 82(68)(§22).

에 놓여 있는 것을 책의 한 사례로 인식한다. 내 앞에 놓여 있는 한 권의 책에 대해 나는 개별 표상을 갖는다. 그러나 아름다움에 대한 표상은 개별 표상이지만, 책과 같이 보편적 개념과의 관계에서 일어나는 개별 표상이 아니다.

이러한 의미에서 생각할 때 **아름다움**은 개념이 아니다. 우리가 다른 말이 없기 때문에 피치 못하게 사용하는 술어일 뿐이다. 무수히 많은 경우에 사용하는 **아름답다**는 술어(Prädikat der Schönheit)[64]는 그 무수히 많은 경우에서 추상한 공통적인 성질인 개념이 아니다. 그런데 '아름답다'라는 판단이 보편성을 지닌다는 것은 어떻게 가능한가? 칸트는 그것을 사람들 사이에서 서로 요구하는 보편적 찬동일 뿐이라고 말한다. 어떤 것이 아름답다고 생각하면서 만족감을 느낄 때, 우리는 그러한 생각과 만족감을 다른 사람들도 동일하게 느껴야 한다고 요구한다는 것이다. 이러한 요구는 보편개념을 바탕으로 둔 요구가 아니라, 다른 사람들의 찬동을 기대하는 데서 오는 요구라고 말하고 있다. 그리고 이러한 요구는 보편적 찬동에 대한 요구이다. 그런데 이러한 요구는 하나의 이념에 지나지 않는다고 칸트는 말하고 있다.[65]

그리고 취미판단의 보편성은 대상의 질료가 아니라 형식과 관계한다. 앞에서 논했듯이 아름다움에 관한 취미판단은 대상의 질료에 대한 감각이 아니다. 질료에 대한 감각은 주관의 신체나 심리에 따라 다를 수 있고, 또 사람에 따라 동일한 질료에 대한 감각이 다를 수 있다. 여기에서는 보편적 인식이 성립할 수 없다. 그에 비해 취미판단은 다른

64   KU, AA V 215(24): Felix Meiner판 53(24)(§8).
65   KU, AA V 216(26): Felix Meiner판 54쪽(26)(§8) 참조.

보편적 판단들과 다르지만, 그럼에도 보편적 판단이다. 이것은 취미판
단은 대상의 형식에 관계하기 때문에 가능하다. 나아가 칸트는 이 형식
을 대상의 합목적성의 형식이라고 말하고 있다. 그렇지만 여기에서 합
목적성의 형식은 어떤 구체적 목적의 표상이 아니다. 우리가 어떤 대상
에서 아름다움을 느낄 때 그것은 그 대상이 어떤 특정한 목적에 따라
만들어졌기 때문이 아니라, 자연의 궁극목적에 합치하게끔 느껴지는
데서 오는 것이라는 것이다. 그러므로 합목적성의 형식은 자연 전체의
이념과 관계가 있다. 우리가 아름다움을 느낄 수 있는 것은 이념의 이
상[66]을 추구하는 우리의 마음에서 기인한다고 할 수 있다.

　아름다움에 대한 느낌은 보편적 개념에 따르는 인식은 아니지만, 그
럼에도 필연적 인식에 속한다. 다시 말해서 어떤 대상에 대해 아름답다
고 판단할 때, 이 판단은 그렇게 판단하는 주관에서나 다른 사람들에서
나 반드시 그렇게 판단해야 함을 요구하고, 또 아름답다고 판단할 때
필연적으로 만족함을 느껴야 한다. 아름답다는 판단과 기분 좋은 만족
감은 '함께' 일어난다.

　우리가 느끼는 다양한 감정 중 아름다움과 숭고함을 느끼는 감정은
특이하다. 우리가 느끼는 감정으로 칠정을 우선 예로 들 수 있다. 칠정
은 앞에서 말했듯이, 기쁨, 노여움, 슬픔, 즐거움, 사랑, 미움, 욕심, 또

66　아름다움의 이상(Ideal)은 이념과 관계있다. 이상은 "이념에 적합한 개별적 존재
표상"이다(Vorstellung eines einzelnen als einer Idee adäquaten Wesens). 칸트는 아
름다움을 느끼는 우리 마음은 이성 이념에 따라 이상을 표상하는 우리의 본성에서 기인한
다고 본 것이다. KU, AA V 231-236(53-61) : Felix Meiner판 72-77(53-61)쪽(§17)
참조.

는, 기쁨, 노여움, 근심, 생각, 슬픔, 놀람, 두려움, 또는, 기쁨, 노여움, 근심, 두려움, 사랑, 미움, 욕심으로 보기도 한다. 그리고 욕망, 싫음, 혐오, 질투심, 시기심, 공포, 절망, 낙담, 불안, 우울, 허무감, 권태 등으로 표현할 수 있는 감정도 있다. 이 감정들도 세부적으로는 서로 구별될 수 있는 감정이지만, 아름다움이나 숭고함을 느끼는 감정은 여기에 열거한 감정들과 매우 다른 특성을 보인다. 칸트는 이러한 특성을 『판단력비판』에서 논하고 있다. 앞에 열거한 감정들과 비교해서 아름다움이나 숭고함을 느끼는 감정은 칸트의 생각에 따르면 선험적이고 순수하고 보편적이다. 선험적이라 함은, 아름다움이나 숭고의 감정은 개별 대상을 경험함으로써 느끼게 되는 우연적 경험이 아니라는 뜻이다. 순수하다고 함은, 아름다움이나 숭고의 감정은 개별 대상의 내용이나 질료에서 비롯하는 성질이 아니라는 뜻이다. 그리고 보편적이라 함은, 아름다움이나 숭고의 감정은 개별 대상을 접하는 개인에 따라 다른 느낌이 아니라, 그 대상을 접하는 사람들 사이에서 인정할 수 있는 공통적인 판단이라는 의미이다. 그런데 칸트는 숭고의 감정도 넓게는 미감적 판단에 포함시키지만, 좁게는 아름다움의 감정과 숭고의 감정을 구별한다.

  아름다움의 감정이든 숭고의 감정이든 논리적 판단이 아니라는 점에서는 같다. 다시 말해서 아름다움을 느끼든 숭고함을 느끼든 우리는 그 느낌을 위해 미리 어떤 개념을 전제하지 않는다. 이러저러한 경우에 우리는 아름다움을 느낀다든지, 저러저러한 경우에 숭고함을 느낀다든지 하는 개념을 전제하지 않는다는 의미이다. 사람은 키가 얼마 정도여야 하고, 신체의 비율이 얼마 정도여야 하고, 얼굴에서 눈썹, 눈, 코, 귀, 입의 위치가 어떨 때 우리가 아름답다고 느낀다는, 또는 느껴야 한다는 개념이나 원리를 미리 알 필요는 없다. 우리는 어떤 사람, 자연, 예술작품을 대하는 순간 그냥 아름답다고 느끼고, 자연의 어떤 경관을 보는 순간 숭고함을 느끼는 것이다. 그러면 숭고함을 느끼는 마음과 아름다움을 느끼는 마음은 어떤 차이가 있나?

우리가 어떤 대상에서 아름다움을 느끼는 순간 우리는 마음속에서 순간적으로 어떤 동요를 느낀다. 이때의 동요는 일률적으로 표현하기는 어렵지만, 일종의 기쁨, 만족감, 행복감이라고 할 수 있다. 물론 이것도 적합한 표현이 아닐 수 있다. 왜냐하면 아름다움을 느낄 때 우리는 일종의 슬픔을 느낄 수도 있고, 또 다른 어떤 감정을 느낄 수도 있기 때문이다. 그럼에도 아름다움을 느낄 때 우리의 마음은 불행하거나 비참한 것과는 거리가 멀다. 아름다움을 느낄 때 우리는 어떤 만족감을 느낀다. 칸트는 우리가 어떤 대상에서 아름다움을 느낄 때 우리가 만족감을 느끼는 이유는 상상력과 지성 사이에 조화, 일치가 일어나는 데 있다고 보았다. 어떤 대상을 마주하는 순간 우리의 상상력은 저절로 동요를 일으키면서 마냥 자유롭게 노닐며 날아간다. 상상력에는 어떤 제한도 없다. 어디까지 상상해야 하고, 그 이상은 상상해서는 안 된다는 말 자체가 부적합하다. 그러나 우리의 상상이 무한히 날아가기만 하고, 어떤 쉼이 없을 때 우리는 한편으로 허무감, 허망함, 막막함 등의 기분을 느낄 수 있다. 우리는 어떤 안정감을 바란다. 아름다움을 느낄 때 동시에 만족감을 느끼는 이유는, 상상력이 무한히 자유롭게 활동하는 가운데, 다른 한편으로 지성 개념에 저절로[67], 자연스럽게 맞아떨어지기

---

[67]　아름다움을 느낄 때, 지성 개념이 우선으로 활동하는 것이 아니라, 상상력이 우선 노닐며(spielen) 활동한다. 그런데 이때 상상력만이 단독으로 활동하지 않고, 상상력이 활동하는 동시에 다른 한편으로 지성 개념에 '저절로' 맞아떨어지게 된다는 것이다. 다시 말해서 상상력과 지성 간에 서로 조율(Stimmung, Einstimmung)이 일어난다. KU, AA V 238-239(65-66): Felix Meiner판 80(65-66)(§21) 참조. 상상력은 자유로이 놀면서도 저절로 합법칙적으로(freie Gesetzmäßigkeit) 되는 것이다. KU, AA V 240-241(68-69): Felix Meiner판 82(68-69)(§22) 참조. 그러나 이와 달리 상상력

때문이라는 것이다. 물론 이때 지성 개념은 논리적 개념인 그러한 지성 개념이 아니다. 아름다움을 느낄 때, 우리는 그에 해당하는 어떤 지성 개념도 미리 인식하고 있어야 할 필요가 없다. 그럼에도 아름다움을 느낄 때 어떤 지성 개념이 작동한다는 것은 무슨 의미인가?

앞에서도 말했듯이, 아름다움을 느낄 때 우리는 **아름답다**는 술어 외에 다른 술어나 개념으로 표현할 수 없다고 했다. 그러면 아름다움을 느끼면서 상상력이 저절로 지성 개념에 합치한다고 할 때 지성 개념은 어떤 개념인가? 이것은 합목적성 개념과 연관해서 생각할 수 있다. 우리가 어떤 대상에서 아름다움을 느낄 때, 우리의 상상력은 자연의 합목적성에 저절로 합치하게 된다. 만족감은 이러한 합치, 일치 순간에 일어난다.

숭고의 감정을 느끼는 이치는 이와 다르다. 내 앞에 펼쳐지는 자연의 웅장한 광경을 보고 있노라면, 우리는 독특한 감정을 느낀다. 그 광경이 나의 감정을 압도하여 처음에는 일종의 두려움을 느끼게 되는데, 이것은 결코 만족감이라고 표현하기는 어렵다. 나를 압도하는 광경은 나를 극도로 왜소하게 만들며, 나는 일종의 불쾌감을 체험한다. 검은 구름으로 순식간에 뒤덮이는 하늘, 검을 정도로 짙푸른 색으로 무한히 펼쳐진 대양을 바라보고 있으면, 우리는 그 하늘, 그 대양이 실제적으로 나에게 위험하지 않을 것이라는 것을 잘 알고 있으면서도, 어떤 두려운 느낌을 체험하게 된다. 그러한 느낌 자체는 결코 기분 좋은 느낌이나 만족감이라고 할 수 없다. 이런 순간 우리는 일종의 불쾌감을 느낀다.

이 '저절로' 지성 개념에 맞아떨어지지 않는 경우에는, 우리는 어떤 대상에서 아름다움을 느끼지 않고, 오히려 추함, 불쾌함 등을 느낄 수 있다.

그러나 그 상황이 실제적으로 위험하다고 생각하지는 않기 때문에, 점차 안정감을 찾으면서, 자연의 엄청난 위력 앞에 우리는 외경심을 느끼게 된다. 칸트는 이것을 숭고의 감정이라고 표현하며, 이것은 상상력과 이성 사이의 역동적인 작용이라고 본다. 이때 역동성은 아름다움을 느낄 때처럼 조율(Stimmung)을 통해서가 아니라, 서로 밀쳐내듯이 저항함(Widerstreit)으로써 작용한다. 숭고함을 느낄 때 상상력과 이성은 서로 저항하지만, 결국에는 서로를 받아들인다고 말할 수 있다.[68] 이 경우에도 아름다움을 느낄 때처럼 상상력이 우선 작동한다. 나를 압도하는 듯한 자연 광경은 순간 내 상상력을 작동시키는데, 이때 상상력의 활동에 '저절로' 지성 개념이 대응하지 않는다. 상상력은 말 그대로 '무한히' 날아갈 수밖에 없다. 이 순간 우리의 마음은 두려움, 외경심, 막막함 등의 심정을 느끼며, 안정감을 체험할 수 없다. 이것은 자연의 무한성을 체험하는 데서 오는 현상이다. 하지만 이 체험은 단지 우리 바깥의, 외적 자연의 광경에서 비롯한 체험으로 그치지 않는다. 자연의 광경의 **무한성**, 다른 말로 표현해서 **몰형식성**[69]은 우리 이성의 무한성, 몰형식성에서 기인한다. 지성 개념으로 인식한다는 말은 지성 개념으로

---

68 KU, AA V 258(99): Felix Meiner판 103(99)(§27) 참조. "그러나 이 경우에 판단 자체는 언제나 미감적일 뿐이다. 왜냐하면 이 판단은 대상에 대한 규정된 개념을 근저에 갖지 않은 채로 단지 **마음의 능력들(상상력과 이성)** 자체의 주관적인 놀이를 **이 능력들의 대비를 통해 조화를 이루는 것으로** 표상하기 때문이다. 마치 아름다운 것을 판정할 때는 상상력과 지성이 **이 능력들의 일치를 통해** 마음의 능력들의 주관적 합목적성을 산출듯이, 이 경우에는[숭고를 판정할 때는] 상상력과 이성이 **이 능력들 서로간의 저항을 통해** 마음의 능력들의 주관적 합목적성을 산출하는 것이다."(강조는 필자가 함)

69 KU, AA V 244(75): Felix Meiner판, 87(75)(§23) 참조. "자연의 아름다움은 대상의 '형식'에 관계하는데, 대상 형식은 한정됨에 있다. 그에 반해 숭고는 또한 '몰형식적' 대상에서 찾아볼 수 있다. 이 경우, 대상에서나 또는 대상이 계기가 되어 **무한정성**이 표상되는데, 하지만 무한정성의 총체가 덧붙여 사유되는 것이다."(따옴표는 저자의 표기임)

한정한다는 말이다. 달리 표현하면, 내 앞의 대상의 직관은 지성 개념에 포함 또는 포섭된다. 이때 우리의 마음은 '한정된다.' 그리고 우리 마음은 '편안해진다.' 그런데 내 앞의 압도적인 광경의 무한성은 내 마음의 무한성을 일깨우며, 이때 우리는 불편한 마음을 체험한다. 우리는 일정한 형식으로 한정할 수 있을 때를 편안해 하고 좋아한다. 무한함을 체험한다는 것은 마음을 불편케 한다.

하지만 우리는 자신의 마음속에서 자신의 무한성을 체험하면서 점차 마음의 안정을 되찾게 된다. 밖의 자연 광경의 무한성은 내 이성의 무한성을 일깨우고, 내 자신의 무한성을 들여다보면서, 되돌아와, 반성적으로 자신의 마음의 크기를 인식하게 된다.[70] 아름다움을 체험하는 마음과 다르게, 숭고를 체험하는 마음은 무한성 개념과 직접적으로 연관된다. 그리고 여기에 독특한 현상이 있는데, 그것은 무한성의 '현시'의 체험이다. 숭고의 감정을 통해 우리는 무한성이 자신의 마음속에서 현시되는 것을 체험한다. 그러나 '무한성의 현시'는 그 자체로 모순된 개념이다.[71] 무한성은 현시될 수 없다. 현시되려면 그것은 한정되기 때문에, 그것은 이미 무한이 아니다. 지성 개념에 따르면, 우리는 무한한 것을 절대 현시할 수 없다. 우리는 오로지 미적 감정, 그것도 숭고의 감정에서 무한한 것을 현시할 수 있다. 우리는 특히 낭만주의자들이 '무한

---

70 KU, AA V 246(78): Felix Meiner판 90(78)(§23) 참조. "자연의 아름다움을 위해서 우리는 우리 바깥에서 근거를 찾아야 하지만, 숭고를 위해서는 오로지 우리 안에서만, 그리고 자연의 표상에 숭고성을 집어넣는 사고방식에서만 그 근거를 찾아야 한다."

71 무한한 것을 현시한다고 할 때, '현시'는 어떤 것을 내 앞에 직관으로 '주어진 것'으로 상을 떠올린다. 다시 말해서 '주어진 것'의 표상을 만든다는 의미인데, '무한한 것'은 결코 내 앞에 직관 표상으로 '주어질 수' 없기 때문에, '무한한 것'을 '현시한다'는 것은 개념적으로나, 표상으로 만드는 의미에서나 서로 모순되는 표현이다.

성'과 '현시'를 예술 창조를 통해서 종합하려고 했던 역사를 알고 있다. 칸트는 『판단력비판』에서 예술가의 창조 활동[72]에서 '무한성'과 '현시'의 결합을 인정하고, 나아가 숭고의 감정에 대한 논의에서 그것을 논하고 있다.

칸트는 무한한 존재, 절대적인 존재, 예를 들어 우주 전체에 대한 표상의 문제를 『순수이성비판』 변증론에서 안티노미 장에서 집중적으로 다루는데, '안티노미'는 이율배반, 모순의 의미를 지닌다. 우주 전체를 표상으로 떠올리려 할 때, 우리는 우주 전체가 시간상으로 시초가 있는지 없는지, 공간상으로 경계가 있는지 없는지, 다시 말해서 우주 전체 '바깥'에도 또 무엇이 있는지 아니면 우주 전체가 유일한 공간인지에 대하여 생각하게 되며[73], 이 생각에 따라 상을 만들려고 하고, 표상하려고 한다. 그러나 이러한 표상은 불가능하며, 만일에 표상을 만들어낸다면, 그것은 모순을 불러일으키게 된다.

『순수이성비판』 변증론에서 이론적으로 볼 때, 무한한 공간, 무한한 시간의 문제를 야기하는 논의에 대해 칸트는 우리는 이러한 대상을 인식할 수 없다고 부정적으로 결론 내리는 데 비해, 『판단력비판』 숭고론에서는 무한한 대상의 표상을 느낄 때 우리는 숭고함을 '느낀다'고 말

72　개념의 논리적 관계를 통해 학문을 수행하는 철학자와 달리 예술가는 자신의 천재를 통해 절대적인 이념(무한성)을 현시해내는 자이다. 예술가는 그렇게 해서 예술에 규칙(근원적 범례-일반적 규칙이 아님)을 부여한다. 그러나 천재는 자신 속에 그러한 이념이 어떤 식으로 놓여 있는지를 알지 못하며, 또한 그것을 계획에 따라 밖으로 창조해내는 것도 아니다. KU, AA V 307-308(181-183): Felix Meiner판 160-161(181-183)(§46) 참조.

73　이것은 칸트의 철학에서만 논의되는 게 아니라, 오늘날 천체론에서도 논의된다. 특히 빅뱅 이론에 대한 서술과 정상(定常)우주론에서도 이러한 생각을 할 수밖에 없다. 최인숙, 「칸트와 우주론」, 『철학사상』 제16집, 동국대학교 철학회, 1995, 123-155쪽 참조.

하고 있다. 개념에 따라, '논리적' 이론으로는 무한한 표상을 인식하는
것이 불가능하지만, '미감적', '미적' 느낌에 대한 숭고 판단으로는 가
능하며, 또한 이 판단은 우리 안의 심성의 무한성을 '반성적으로' 되돌
아가 알게끔 한다는 것이다.

4. 다른 종류의 표상들

우리가 칸트의 선험철학을 인간과 세계를 설명하는 이론으로 전적으
로 받아들인다고 해도, 우리는 칸트 선험철학의 범위에 들어가지 않는
다양한 현상들도 체험하며 살아간다. 예를 들어, 우리의 여러 가지 감
정들이 있다. 그런데 이러한 감정들이 우리 삶에서 중요한 부분을 차지
하기도 한다. 그리고 자기 자신이나 다른 사람들의 다양한 감정에 대해
명확히 알수록 우리 삶이 좀 더 나은 삶이 될 수도 있다. 칸트는 선험철
학에 포함되지 않는 다양한 감정에 대해서는 어떠한 입장을 갖고 있었
을까? 기쁨, 슬픔, 화남, 울분, 분노, 즐거움, 미움, 혐오, 증오, 두려움,
공포, 경악, 놀람, 불안, 우울, 허무감, 지루함, 권태, 비겁, 용감, 소심,
자만, 자존심[74], 모욕감, 사랑, 애착, 질투심, 시기심, 복수심, 경멸, 멸
시, 적대감, 좌절감, 억울한 심정 등. 우리는 살아가면서 자신도 예기치
못한, 또는 자세히 서술하기 어려운 감정들을 자신 속에서 발견하고 놀
랄 때도 있다. 그리고 우리 자신이 이러한 감정들에 대해 불명확하게
알고 있다는 점도 기이한 일이다. 왜냐하면 이러한 감정들은 매우 일상

---

74   자존심은 이성과 감정 사이에 놓일 수 있는 심정이라고 말할 수 있다. 자존심과
비슷한 용어로 자존감이 있는데, 자존감은 자존심보다 이성에 더 가까운 의미로 사용된
다고 볼 수 있다.

적이고[75], 일반적인[76] 감정들인데도 우리는 마치 자기 자신은 이러한 감정들로 인해 별로 동요를 일으키지 않을 것으로 전제하고 살아가는 경우도 허다하기 때문이다. 이보다 더 문제인 것은, 이러한 감정들에 대해 잘못 알고 있거나, 자기 자신은 이러한 감정들과 별로 관계없다고 생각하는 경우이다. 우리는 대개 자신은 극단적인 감정들과 거리가 멀고, 그러한 감정들을 소유하고 있는 사람들은 자기와 다른 종류의 사람들일 것이라고 전제하고 살아간다.

그러나 이러한 전제는 잘못된 것이다. 사람은 누구나 상황에 따라서 다른 감정을 체험할 수 있고, 또 지금까지는 전혀 예측할 수 없었던 감정을 자신 속에서 발견하게 될 수도 있다. 아직까지 자신이 다른 사람들과 같은 상황에 놓이지 않았기 때문에, 다른 사람들이 표현하는 극단적인 감정을 아직 체험하지 못했을 수도 있다. 그러므로 우리는 다양한 감정에 대해서도 인식하려고 해야 한다. 물론 다양한 감정에 대해 정확히 안다고 해서, 반드시 감정들과 더불어 잘 살아간다는 것은 아니다. 그래도 모르는 것보다 아는 것이 극단적 감정에 덜 휘둘릴 수 있고, 또한 남들의 감정을 그 사람이 처해 있는 상황과의 관계에서 좀 더 명확히 인식할 수 있다.

칸트는 우리의 감정은 시간 속에서 **유동적으로 변하는** 것이기 때문에 선험적 인식으로 정초하기 어렵다고 보았다.[77] 그렇다고 해서 칸트가

---

75 나이, 학식, 지위, 성별 등과 관계없이 우리는 일상생활에서 수시로 이러한 감정들을 체험한다.

76 일상으로 우리가 자기 자신이나 남들에게서 체험하는 다양한 감정은 사람들에게 어느 정도 '공통적인' 특징을 보인다. 그러나 우리는 어떤 사람들에게서 '이상한' 현상을 체험하기도 하는데, 이럴 때 우리는 일반적이지 않은 '이상한' 사례를 이해하기 어려워한다.

77 "왜냐하면 우리가 **영혼**이라고 부르는 것 안에서는 모든 것이 **끊임없이 흐르는 상**

감정을 중시하지 않은 것은 아니다. 칸트도 우리의 다양한 감정을 중요하게 생각했다. 왜냐하면 우리가 자신의 삶을 잘 영위하기 위해서는 자신의 감정과 더불어 잘 살 수 있어야 하기 때문이다. 그리고 칸트는 우리의 감정의 힘이 막강하다고 보았다. 실제 생활에서 감정이 이성보다 막강한 힘을 발휘하는 것이 예사이기 때문에, 우리가 자신의 감정을 제대로 인식하여 이것을 통제하는 방법을 모른다면, 우리는 감정의 소용돌이에 휩쓸려 자신도 모르게 자신이 바라는 삶과 다른 방향으로 가 있을 수도 있다.

 이러한 점은 칸트의 도덕철학에서 확실하게 표현된다. 특히 칸트가 말하는 경향성 개념을 통해서이다. 경향성(Neigung: 기울어지는 성질, 성향, 애착)이라는 말 자체가 이미 막무가내한 감정의 힘을 표현하고 있다. 실제 삶에서 막무가내한 감정의 힘을 이성이 이기지 못하는 경우가 허다하다. 칸트는 이것을 잘 알고 있었다. 그리고 우리 스스로 경향성의 막강한 힘을 이성의 명령 아래 두고자 하는 부단한 자각 외에 다른 방법이 없음을 칸트는 잘 알고 있었다. 그리고 이와 더불어 필요한 것은, 감정의 특성을 탐구해서 감정을 이성과 조화시키려고 노력하는 것이라고 생각했다. 『실용적 관점에서 본 인간학』에서 칸트는 감정에서 기인하는 다양한 문제들에 대해서 논하고 있다. 이 책에서 칸트가 인간

태에 있고, **지속적인 어떠한 것**도 없기 때문이다. [그러나] (우리가 꼭 그렇게 부르고자 한다면) 말하자면 이 표상은 어떠한 내용도 갖지 않기 때문에, 따라서 어떠한 잡다도 갖지 않기 때문에, 이것은 또한 단순한 대상을 표상하는 것으로 보인다든가, 아니면 더 잘 표현해서 단순한 대상을 가리키는 것으로 보인다는 근거에서 단순한 자아라는 것 외에 지속적인 어떠한 것도 없다." A 381. (강조는 필자가 함)

 이 인용문에서 칸트는 '영혼'을 우리가 시시각각 의식하는 마음과 같은 의미로 사용하며, '영혼'은 합리주의 심리학에서 주장하듯이 '단순한 실체', '동일한 실체'가 아니라, 심리적으로 부단히 변화하는 것으로 본다. 그렇기 때문에 칸트는 부단히 변화를 겪는 우리의 마음 상태에 관한 보편적, 필연적 심리학을 정초하는 것을 어렵다고 보았다.

삶의 다양한 현상들에 대해 말하고 있는 생각은 선험철학에 속하지는 않지만, 적어도 일반적인 경험철학에 속한다. 그리고 이 경험철학은 칸트의 선험철학과 완전히 별개인 것이 아니라, 그의 선험철학과의 관계에서 경험적인 현상에 대해 서술하고 있는 것이라고 말할 수 있다. 이렇게 볼 때, 칸트는 우리 삶에서 경험적 일반 지식도 매우 중요한 요인이며, 그리고 경험적 지식도 선험적 지식과의 관계에서 해석할 수 있다는 것을 인정했다고 말할 수 있다.

칸트가 논하는 분석판단과 종합판단의 구분에 따라 우리는 선험철학과 경험철학을 생각해볼 수 있다. 분석판단은 그 자체로 선험판단이며, 논리학은 선험적 분석판단이다. 그리고 종합판단은 선험판단과 경험판단으로 구별되고, 이에 따라 선험적 종합판단과 경험적 종합판단이 성립한다. 칸트는 자신의 선험철학에서 선험적 종합판단의 근거를 밝히고자 한다. 칸트의 세 비판서에서 논의되는 이론철학, 실천철학, 미학은 선험적 종합판단의 근거 위에 정초된다. 그리고 경험적 종합판단은 예를 들어 『실용적 관점에서 본 인간학』에서 논의된다고 말할 수 있다.

우리의 일상의 삶에서는 선험적 인식보다 더 커다란 부분을 차지하는 것은 경험적 감정이고, 감정은 대개 사람들 사이에서 일어난다. 그리고 감정은 우리 자신 속에 숨어 있는 악의 본성을 드러내기도 한다. 인간은 인격적 삶을 영위할 수도 있지만, 비열한 삶을 살 가능성을 이미 자기 자신 안에 가지고 있는 것이다. 칸트는 우리 자신 안의 악의 본성에 관해 『순전한 이성의 한계 안의 종교』에서 설득력 있게 논하고 있다. 우리는 행복하고 바람직한 삶을 영위하기 위해서 감정을 잘 다스리며 사는 것이 매우 중요하다. 그러한 삶을 살기 위해서는 인간의 본성을 이루고 있는 여러 가지 성향들에 대해 정확히 인식하는 것이 필요하다. 이러한 의미에서 칸트는 교육을 중시한다. 칸트는 자신의 교육에 대한 입장을 다양한 저술에서 드러내고 있다.『교육학 강의』외에 도덕철학에 관한 저술,『판단력비판』[78] 등을 통해서 칸트의 교육철학에 대한 견해를 천착할 수 있다.

　여기서는 칸트가 사랑의 감정을 어떻게 보았으며, 사랑의 감정을 정확히 인식하는 것이 왜 중요한지를 중심으로 논하기로 한다. 사랑에 대해 한 가지로 정의를 내리기는 어렵다. 사랑의 감정은 여러 가지의 애착 감정과 얽혀 있다. 칸트는 남녀 사이의 사랑의 문제를 어떻게 생각했을까? 칸트가 경향성이라는 개념으로 인간의 감정을 표현할 때 사랑이야 말로 경향성이라는 표현에 적합한 것으로 보인다. 사랑은 사람들 사이에서 서로 끌리는 마음에서 비롯한다. 서로 기울어지는 마음에서 사랑이 시작되는 것이다. 그런데 감정 중에서 유독 사랑의 감정에 대해서 사람들은 특별한 의미를 부여함으로써 그 의미를 잘못 파악하게 되며, 나아가 자신의 삶도 왜곡되게 이끌어가게 되는 경우가 허다하다. 자신의 삶을 위해서도 우리는 사랑의 감정의 의미를 명확히 파악하는 것이 중요하다.

　사랑은 사람 사이에서 저절로 끌리는 마음이다. 이러한 마음을 우리는 매력이라는 말로 표현한다. 매력은 사람마다 다른 취향에서 비롯한다. 매력은 이성적 판단이 아니라 마음속에서 저절로 일어나는 감성에 기인한다. 그렇기 때문에 우리는 사랑의 감정에 대해 도덕적 판단을 내세워서도 안 되지만, 그렇다고 해서 사랑의 감정을 오로지 감각적 요인

78　『판단력비판』에서 아름다움을 선을 드러내는 자리로 본 점, 특히 예술교육이 인간의 도덕교육을 위한 좋은 방법이라고 본 점 등을 통해서 그렇게 말할 수 있다.

으로만 보기도 어렵다.

사랑의 감정은 어떤 대상과의 관계에서 일어나는 표상이다. 그러나 다른 감각들에 대해서보다도 훨씬 폭넓게 인식할 필요가 있다. 음식은 배고플 때 섭취하고 싶고, 충분히 섭취하고 나면 음식에 대한 욕구가 사라지지만, 사랑하는 사람에 대해서는 부단히 사랑을 갈구한다. 심지어는 서로 성심으로 사랑하고 있는 상태일지라도 그 사랑에 대해 불확실해하기도 한다. 사랑의 표상은 참으로 다양한 심리를 포함하고 있다.

이 세상에 변화하지 않는 것은 하나도 없다. 한데 우리가 중요한 의미를 두는 것들이 변화하지 않기를 바라는 마음이 우리의 마음속에 있다. 예를 들어 우정, 사랑, 젊음, 생명 등이 그러하다. 자신이 좋아하는 사람들의 마음이 변치 않기를 바라고, 젊음이 유지되기를 바라고, 사람은 누구나 죽는다는 사실에서 허무감을 느낀다. 자연의 모든 현상이 변화를 겪듯이, 우리가 영속적이기를 바라는 모든 것도 변화를 겪을 수밖에 없다. 하지만 우리는 모든 것이 변화한다는 것을 알면서도 거기서 변치 않는 어떤 것을 원한다. 사랑이 변한다는 것을 알면서도 사랑이 변치 않기를 바란다. 사랑도 감정이기 때문에 시시각각 변화할 수 있는데, 그 변화 속에서도 동일성을 바라는 것이다. 우리는 사랑의 표상 속에서 서로 상반되는 두 가지 면을 본다. 사랑의 감정은 우리 마음속에서 일어나는 동요이고, 이 동요는 움직이는 마음이다. 그런데 이 동요하는 마음이 움직이지 않기를 바란다. 만일에 사랑의 감정이 전혀 움직이지 않는 절대적 고요 상태라면, 그것은 이미 사람의 사랑이 아니다. 우리는 사랑의 이 역설을 인정하고 자신의 삶도 바라보는 것이 필요하다.[79]

---

79 사랑은 끊임없이 변하는 감정이기 때문에, 공부해야 하는 주제에 속하지 않는 것으로 생각할 수도 있지만, 사실은 그렇지 않다. 사랑의 의미에 대해 '잘못' 생각함으로써, 많은 불행한 사태가 발생하기도 한다. 예를 들어, "사랑이 어떻게 변하니?", "네가

칸트가 사랑에 대해 직접적으로 논하는 부분을 찾기는 어렵다. 단지, 사랑도 감정에 포함되는 만큼, 사랑의 감정을 경향성과 관계에서 논할 수 있다. 칸트는 『실용적 관점에서 본 인간학』에서 경향성에 대해 다음과 같이 말하고 있다. "**욕망**은 그것의 결과인 미래의 어떤 것의 표상을 통해서 주관의 힘이 자기를 규정하는 것이다. 습관적인 감성적 욕망은 **경향성**이라 불린다."[80] 이러한 말에 비추어 사랑의 감정을 해석해보면, 사랑은 '미래의 어떤 것의 표상'(타자를 향한 표상)을 통해서 자신의 주관적 힘을 규정하는 경향성이다. 사랑의 감정이 경향성의 소산이라면, 결혼은 이성의 법칙을 따름으로써 성립한다. 경향성은 '습관적인 감성적 욕망'이기 때문에, 사랑의 마음은 시간에 따라 변할 수밖에 없다. 우리 마음이 시간에 따라 변하는 것은 근본적으로 잘못된 일이 아니다. 마음이 저절로 변하는 것은 자연의 법칙이기도 하다. 하지만 우리는 동시에 안정적인 마음과 안정적인 삶을 바란다. 그리하여 우리는 사랑하는 사람과 함께 살아가는 결혼의 방식을 택한다. 그런데 결혼을 택했을 때는 자신의 마음을 경향성에만 내맡겨서는 안 된다. 결혼 후

이전에 나만을 사랑한다고 했잖아!", "우리의 사랑은 영원할 것이라고 했잖아!" 등의 표현은 그 자체로 이미 오류 판단이다. 왜냐하면 사랑은 시간에 따라, 공간에 따라 변화를 겪을 수 있는 감정이기 때문이다. 물론 변하는 사랑 앞에서 마음은 아플 수 있다. 그렇더라도 사랑은 본질적으로 변하는 것이라는 것을 철저히 인식하는 사람이라면, 마음이 변한 상대방에게 공격적인 태도를 감행하기를 삼갈 수 있을 것이다. 이러한 점을 생각할 때, 사랑이나 그 외의 다양한 감정의 성격에 대해 꼼꼼한 공부가 필수적이라고 말할 수 있다. 남을 위해서가 아니라 자기 자신의 삶을 위해서.

80 I. Kant, *Anthropologie in pragmatischer Hinsicht*(실용적 관점에서 본 인간학), AA VII 251(§73): Weischedel판, 제10권 2. Teil 579(§70). "**Begierde**(appetitio) ist die Selbstbestimmung der Kraft eines Subjekts durch die Vorstellung von etwas Künftigen, als einer Wirkung derselben. Die habituelle sinnliche Begierde heißt **Neigung**." 다음부터 *Anthropologie in pragmatischer Hinsicht*를 인용할 때 *Anthropologie*로 생략함.

사랑하는 마음에 변화가 오더라도 우리는 그 변화를 경향성의 탓으로
돌림으로써 당연시해서는 안 된다는 의미이다. 사랑은 원래 매력에 끌
리는 경향성에서 시작하지만, 결혼 관계의 삶은 경향성을 이성의 법칙
아래 두려고 함으로써 영위되어야 한다. 사랑 자체는 도덕의 문제가 아
니지만, 부부의 사랑은 순수이성의 법칙에 따르는 도덕적 삶이 되어야
한다고 칸트는 보고 있다. 사랑하는 마음에는 변화가 생길 수 있다. 그
러나 결혼 상태를 유지하고 있는 한 상대방에 대해 인간으로서 성실성
을 지킴으로써 도덕적 삶을 살아갈 의무가 있다고 본 것이다.[81] 우리는
오늘날 칸트의 시대와 매우 다른 사회에서 살고 있다. 하지만 칸트가
이러한 생각을 표현하는 글(『도덕형이상학』 법론 중에서)을 서양의 근
대 사회제도의 일환으로 논하고 있다는 점을 생각하면 우리는 그의 생
각을 충분히 이해할 수 있다.

　여기에서, 우리가 체험하는 무수한 감정들을 모두 열거하여 논하지
않더라도 우리는 칸트가 감정의 문제를 어떻게 생각하는지를 위에서
말한 사랑의 감정과 유비해서 생각할 수 있다. 감정은 우리가 자연에
속하는 존재이기 때문에 겪는 요인이지만, 그렇다고 해서 수시로 변
하는 감정에 우리를 내맡기는 것은 다른 한편으로 우리의 인간성을
포기하는 길이기도 하다. 그리고 다양한 감정들은 우리의 삶을 재미
있게 만들어주기도 하지만, 극심한 감정에 굴종하는 것은 마음의 병
이다.[82]

81　I. Kant, *Metaphysik der Sitten*(도덕형이상학), 이 중 법론(Rechtslehre)에서 부
부 관계에 대해 논하고 있다. 특히 **AA VI** 276-280(§ 22-27): Weischedel판, 제7권 2.
Teil, 388-393(AB 105-111)(§ 22-27) 참조.
82　I. Kant, *Anthropologie*, **AA VII**, 251(§ 73): Weischedel판, 제10권 2. Teil
580(§ 70) 참조. "Affekten und Leidenschaften unterworfen zu sein, ist wohl immer
Krankheit des **Gemüts**(Gemüths)".

감정이 수시로 변하는 것이라는 것을 '확실하게' 인식하고 있는 사람이라면, 사랑이 변한다고 해서 타인에게 원한의 감정을 갖는 일이 드물 것이다. 물론 변하는 사랑을 마음 아프고 슬프게 느끼기야 하겠지만, 변하는 그러한 사랑을 관조하는 태도로 바라보게 될 것이다. 그러므로 우리가 감정을 제어하는 일은 이성의 힘으로 무조건 억눌러서가 아니라, 감정이 무엇인지를 명확하게 인식함으로써 더 용이할 것이다. 칸트 또한 감정에 대해 이러한 입장을 갖고 있었기 때문에, 경향성과 이성에 대해 자신의 논의를 전개했을 것이다. '정언명법' 역시, 이성을 통해 경향성을 무조건 강제할 것을 주장했다기보다, 오히려 우리에게 경향성이 얼마나 무도한 힘을 행사할 수 있는가를 표현해주는 이름이라고 보아야 한다.

사랑이라는 이름으로 우리가 또 중요하게 성찰해야 할 문제가 있다. 부모와 자녀 사이의 사랑이다. 우리는 흔히 부모가 자기들의 자녀를 사랑하는 것은 절대적이라고 생각한다. 여기서 우리는 '절대적'이라는 단어를 통해 부모 자식 간의 사랑에 대해 오류 판단을 내리고 있다. 부모도 시간과 공간 속에서 감정의 변화를 겪는 존재로서, 자신의 고통의 상태에 따라, 또는 자신이 처한 상태에 따라 자식에 대한 마음이 달라질 수 있다. '본능적으로' 부모는 자기네의 자녀에 대해 다른 사람들에 대해서보다 커다란 애착을 느낀다. '본능적으로 애착을 느낀다'는 것은 자연의 존재로서 저절로 생기는 마음이다. '본능적 애착'은 직접적 느낌이지, 간접적 성찰은 아니다. 간접적 성찰이라 함은 자기네의 자녀를 인간으로서 보편적 사고를 거쳐 생각하는 것을 말한다. 물론 부모도 때에 따라 간접적 성찰을 통해 자신의 자녀를 바라보기도 한다. 하지만 부모와 자녀 사이의 관계는 본질적으로 혈육을 통해 생기는 관계이기 때문에, 간접적, 이성적 성찰을 통해 형성되기가 어렵다.

그런데 우리는 특히 자녀의 자격으로서, 부모에 대해 '부당한' 생각을 당연시 한다. 부모는 자기의 자녀를 '절대적으로', '언제나 똑같이' 사랑해야만 한다고 생각한다. 부모가 자녀를 절대적으로, 언제나 똑같이 사랑해야 하는 것은 마치 도덕적 정언명법과 같은 것이라고 보는 것이다. 이것은 이미 오류이다. 부모와 자녀의 관계는 절대적 도덕법칙에 따라 성립하는 관계가 아니다. 물론 부모와 자녀의 관계가 보편적 도덕법칙에 따라 형성될 수 있도록 부모와 자녀가 함께 노력해야 하는 관계이기는 하다. 하지만 현실에서는 부모도 자연의 일부로서 이성보다 감정에 더 많이 좌우되기도 하고, 또 자신의 자녀가 현실 사회에서 더 잘되어야 한다는 생각에 자녀를 경쟁의 대열에 몰아세우기도 한다. 이것은 자연의 본능의 법칙에 따르는 길이고, 이기심의 발로이다.

부모와 자녀의 관계에 혈육에서 비롯하는 본능과 이기심이 원초적인 힘으로 작동한다는 것을 우리는 인식해야 한다. 이것을 인식한다면, 우리는 자녀로서 부모에게 원망하고, 부모로서 자녀에게 원망하는 감정을 제어할 수 있게 될 것이다. 부모와 자녀의 관계에는 경향성이라는 감정이 우선적으로, 그리고 더 강력하게 작용하지, 결코 이성에 따르는 정언명법이 우선적으로, 그리고 더 강력하게 작용하지 않는다. 하지만 이성의 법칙은 부모 자식의 관계에도 중요한 지향점이다.

3 ___
서로 다른 표상 사이의 관계

1. 감성과 지성의 병발[1] 문제

병발은 우리가 사물을 지각할 때 서로 상이한 능력이 동시에 작동함을 말하며, 서로 상이한 능력은 서로 상이한 작용을 만들어낸다. 그런데 이때 서로 상이한 작용은 **하나의 동일한** 지각 작용으로 수렴된다. 예를 들어, 우리가 어떤 대상을 눈으로 볼 때, 사고 작용이 동시에 일어난다. 우리는 그 대상을 **눈으로 본다**고 말하지만, 사실은 그 대상을 눈으로 **볼 때** 동시에 그 대상을 **생각한다**고 말하는 것이 정확하다. 우리는 사물을 오로지 시각 작용으로만 포착할 수 없다. 사물을 봄과 동시에 생각해야만 우리는 비로소 그 사물을 지각하게 되는 것이다. 여기에는 몇 가지 문제가 포함되어 있다. 서로 다른 작용이 동시에 일어날 때, 서

---

1 병발(竝發)은 독일어 Konkurrenz, Koinzidenz(영어 concurrence, coincidence)에 해당하는 말이다. 병발은 말 그대로 '동시에 일어남', '함께 일어남'을 말한다. '동시에 일어남', '함께 일어남'은 부합, 일치, 대응, 상응(Korrespondieren/correspondence, Kongruenz/congruency: adäquat)의 의미와도 상통한다.

로 다른 작용 사이에 어떤 연결점이 있는가, 아니면 두 작용은 완전히 평행선의 관계이면서도 하나의 동일한 지각 작용을 향하는가? 그리고 서로 다른 작용 중 어느 하나가 다른 하나에 시간적으로 우선하는가, 또는 어느 하나가 다른 하나의 근거가 되는가? 이것은 칸트의 인식론에서도 중요한 문제이지만, 오늘날의 인지과학과 뇌 과학에서도 여전히 탐구 중인 문제이기도 하다. 이 문제와 관련하여, 칸트 인식론의 형성 과정에서 중요한 몇 지점을 택한다. 그것은 특히 칸트의 1770년의 교수취임논문, 1772년에 헤르츠에게 보낸 편지, 그리고 『순수이성비판』에서 지각 작용과 사고 작용에 대해 논하는 부분을 검토함으로써 고찰하겠다.

칸트의 비판기 인식론이 그 이전의 다른 철학자들의 이론과 완전히 결별하는 지점은 특히 감성론과 분석론의 구별이며, 이 구별은 『순수이성비판』을 통해서 확립된다.[2] 그런데 이 구별은 1770년에 발표된 교수취임논문에서 시작된다고 말할 수 있다. 칸트의 교수취임논문 『감성계와 지성계의 형식과 원리들에 관하여』(De mundi sensibilis atque intel-

---

2 그리고 『순수이성비판』의 목차에서 감성론, 분석론, 변증론 중 분석론과 변증론의 구분은 아리스토텔레스에서 빌어왔다고 할 수 있다. 아리스토텔레스의 저서를 통해 우리는 이러한 것을 확인할 수 있다. 특히 『증명론 또는 분석론 후서』(제4오르가논) 참조하기. 이 책에서 아리스토텔레스는 근거를 추적함으로써 진리를 증명하는 이론을 분석론이라고 말하고, 진리가 아닌 것을 마치 진리인 듯이 가상의 논리를 만드는 논의를 변증론이라고 말한다. 그러므로 변증론에서는 오류추리가 발생한다. 예를 들어 다음을 참조. "그러나 수학적인(일반적으로 증명하는) 학문에서는 (변증론에서처럼) 오류추리가 발생하지 않는다. 왜냐하면 여기서는 매개념이 언제나 두 번(동일한 방식으로) 등장하기 때문이다." Aristoteles, *Lehre vom Beweis oder Zweite Analytik*(Organon IV), Felix Meiner Verlag, Hamburg, 1976(1922), 77b(26쪽).
칸트가 사용하는 용어 중 "'범주', '선험적', '분석론', '변증론' 등은 독일의 아리스토텔레스 전통에서 비롯되었다." Otfried Höffe, *Immanuel Kant*, trans. by Marshall Farrier, New York 1994, 21쪽 참조.

ligibilis forma et principiis)가 칸트의 비판기를 알리는 첫 번째 글로 인
정되는 이유 중 가장 중요한 것은 칸트가 이 글에서 감성과 지성을 근
본적으로 서로 다른 능력으로 **구분**하고 있다는 점이다. 그리고 칸트가
마르쿠스 헤르츠에게 1772년 2월 21일 보낸 편지에서 우리는 이 논문
보다 한 발짝 더 나아간 문제의식을 볼 수 있다. 이것은 『순수이성비판』
의 주제를 선취하는 문제의식이다. 이 편지에서 칸트는 순수 지성 개념
이 어떻게 지성 바깥의 경험 대상에 **관계**하는지에 대해 문제를 제기하
고 있다. 1770년의 교수취임논문, 1772년 헤르츠에게 보낸 편지, 그리
고 『순수이성비판』(1781)에서 칸트는 감성과 지성에 대해 어떻게 구분
하고 있고, 감각 내용과 지성 사이의 관계에 대해 어떻게 논의하고 있
는지, 그리고 이 세 개 글에서 칸트철학에 어떤 변화가 있었는지에 대
해 알아보기로 한다.

교수취임논문 『감성계와 지성계의 형식과 원리들에 관하여』에서 칸
트는 감성적 인식과 지성적 인식을 구분하고 있는데, 이것은 이전의 다
른 인식론들과 차이를 보인다. 합리론은 감각과 사고에 각기 차원이 낮
은 인식과 차원이 높은 인식, 또는 혼돈된 지식과 명료한 인식으로 대
응시켰다면, 경험론은 사고를 감각적 인식을 위한 부수적 도구로 생각
했다. 그에 비해 칸트는 이 글에서 감성적 인식과 지성적 인식을 서로
다른 영역의 문제로 본 것이다. 이 글에서 칸트는 감성을 주관의 수용
성으로, 그리고 지성은 감관들로 수용할 수 없는 것을 표상할 수 있는
능력으로 보았다. 감성의 법칙에 따라 인식한 것은 감성적 인식이며,
지성의 법칙에 종속하는 인식은 지성적 인식으로 보았다.[3] 칸트는 여기

---

3 I. Kant, *De mundi sensibilis atque intelligibilis forma et principiis*(감성계와 지성
계의 형식과 원리들에 관하여), AA II, 392(§3): Weischedel판 제 5권 29(§3) 참조.
다음부터는 De mundi라고 생략함.

서 감성적으로 인식된 것들은 **현상하는 대로** 파악된 사물의 표상으로 본 데 비해, 지성적으로 인식된 것들은 **있는 그대로** 파악된 사물의 표상으로 보았다.[4] 칸트는 이 논문에서 현상과 물자체(있는 그대로의 사물)를 구별하면서, 우리는 감성에 따라서는 현상인 사물을 인식하고, 지성에 따라서는 물자체를 인식하는 것을 인정한 것이다. 이 점은『순수이성비판』과 차이를 보인다. 그리고 칸트는 이 글에서 지성과 이성을 구분하지 않고 사용한 점도『순수이성비판』과 차이가 있다.

그럼에도 교수취임논문은『순수이성비판』의 근본적 입장을 많은 부분에서 선취하고 있다. 특히 시공 형식을 주관의 필연적 형식으로 본 점, 학문의 방법으로 감성적 형식과 지성적 형식을 구분하는 문제를 중요하다고 생각한 점, 감성적 인식이 자신의 한계를 넘어서 지성적 인식에 영향을 주려고 해서는 안 된다고 본 점 등이다. 칸트가 비록 교수취임논문에서 지성과 이성을 구분하지 않으며, 또한 분석론과 변증론을 구분하지 않고 논하고 있지만, 감성적 인식과 지성적 인식을 뒤섞어 사용함으로써 가상이 생길 수 있다고 본 것은[5]『순수이성비판』을 선취하고 있다고 볼 수 있다. 합리론과 경험론은 서로 다른 방향의 이론이긴 하지만, 양자는 감성적 인식과 지성적 인식을 **뒤섞어** 사용함으로써 근본적으로 학문의 방법에서 이미 잘못된 길에 있었다고 칸트는 본 것이다.

마르쿠스 헤르츠에게 보낸 1772년 2월 21일의 편지에서 칸트는 자신이 머지않아 새 저서를 세상에 선보일 것이라고 예고하면서[6], 그 책에

---

4 *De mundi*, 같은 쪽.
5 *De mundi*, AA II, 413(§26): Weischedel판 제5권 89(§26) 참조.
6 칸트는 이 편지에서 대략 석 달 후에 새 저서를 출판할 것이라고 말하고 있다. 그러

서 자신이 주요한 과제로 생각하고 있는 바에 대해 언급하고 있다.

> 내가 [앞으로 나올 책의] 이론적인 부분을 전 범위에서, 그리고 모든 부분 서로 간의 관계에서 철저히 살폈을 때, 아직 본질적인 어떤 것이 나에게 결여되어 있다는 것을 알아차렸다. 이것은 오랜 형이상학적 탐구에서 나뿐 아니라 다른 사람들도 주목하지 않았던 것인데, 그것은 사실 지금까지 형이상학 자신에게 여전히 숨겨져 있는 **형이상학의 모든 비밀을 위한 열쇠**이다. 다시 말해서 나는 스스로, 우리가 우리 안의 ①**표상**이라고 일컫는 것과 ②**대상**의 ③**관계**는 ④**어떤 근거**에 기인하는가? 라는 물음을 제기했다.[7]

이 인용문에서 물음(우리 안의 표상이라고 일컫는 것과 대상의 관계는 어떤 근거에 기인하는가?)은 이후『순수이성비판』의 핵심 과제가 되며, 그리고 현재에 이르기까지 철학의 주요 물음이다.

위 인용문의 물음은 어떤 의미이며, 이 물음은 철학에서 어떠한 위치에 놓여 있는가? 칸트는 이 물음 바로 위에서, 종래 자신의 철학에는 **어**

나 이 편지에서 기획하고 있는 책 중 일부가 거의 9년 후에『순수이성비판』이라는 이름으로 출판되었다.

7 [ ] 표기 안의 내용, 숫자, 그리고 강조 표시는 글쓴이가 함.

I. Kant, *Briefwechsel*(서간집), AA X 129-130(124): Felix Meiner Verlag, Hamburg, 1986, 100쪽.

"Indem ich den theoretischen Teil in seinem ganzen Umfange und mit den wechselseitigen Beziehungen aller Teile durchdachte, so bemerkte ich: daß mir noch etwas Wesentliches mangelte, welches ich bei meinen langen metaphysischen Untersuchengen, sowie andere, aus der Acht gelassen hatte und welches in der Tat den Schlüssel zu dem ganzen Geheimnisse der *bis dahin sich selbst noch verborgenen* Metaphysik ausmacht. Ich frug mich nämlich selbst: auf welchem Grunde beruht die Beziehung desjenigen, was man in uns Vorstellung nennt, auf den Gegenstand?"

떤 **본질적인 것**이 결여되어 있었다고 말하면서, 지금까지 자신뿐만 아니라 다른 철학자들도 이것을 제대로 알아차리지 못했다고 말하고 있다. 그러면서 칸트는 여기에서, 이것은 "사실상 지금까지 형이상학 자신에게 여전히 숨겨져 있는 형이상학의 모든 비밀을 위한 열쇠"라고 말하고 있다. 칸트는 이 **본질적인 것**을 형이상학과 결부시키고 있다. 아니, 결부시키는 정도를 넘어서 이것이 형이상학의 비밀을 풀 열쇠라고까지 말하고 있다.

칸트에서 형이상학은 무엇을 의미하는가? 형이상학을 오로지 전통적인 의미로 생각하는 사람들은 칸트가 여기에서 형이상학에 대해 언급하는 데 대해 이상하게 생각할 수도 있다. 종래의 철학 전통을 벗어나 사고 혁명의 바탕에서 새로운 철학을 하고자 하는 칸트가 또다시 형이상학을 중심에 놓고 생각하다니라고 하면서.

아리스토텔레스 이후 형이상학의 의미는 실체 개념과의 관계에서 이해되었다. 이 세계는 실체를 근거로 해서 성립하며, 실체가 무엇인지에 대해 설명되면 이에 따라 자연의 모든 존재도 연역적으로 설명될 수 있다고 보았다. 그러나 칸트는 고전적 의미의 실체를 우리는 전혀 인식할 수 없다고 보았으며, 우리가 인식하는 세계는 가능한 경험의 대상으로서 자연 세계 뿐이라고 말한다. 칸트는 가능한 경험의 대상으로서 자연 형이상학에 대해 논하고자 하며, 그 바탕을 위해 우선 순수이성비판을 논한 후 나아가 자연형이상학을 정초하고자 한다. 위 인용문에서 말하는 형이상학은 칸트 자신이 학문으로서 타당하다고 생각하며, 미래에 정초하고자 하는 형이상학이다.

위 인용문에서 ①표상, ②대상, ③관계, ④근거를 살펴보자. 우리가 자연의 대상을 인식한다고 생각할 때, 또는 자연의 대상에 관해 무엇인가를 인식한다고 생각할 때, 그것은 우리의 표상을 통해서일 뿐이다.

그런데 내 표상이 대상에 **관계**한다는 것을 어떻게 증명할 수 있는가? 이것은 우리 인식의 **근거** 문제이다. 내 표상과 대상 사이의 관계의 근거를 논증하는 일이 이제 칸트에게 형이상학의 사활의 문제로 부상한 것이다. 비판기 이전에는 칸트도 고전철학의 전통을 수용했으며, 고전철학에서 사용하는 실체 개념도 당연한 것으로 받아들였다. 그런데 이제 형이상학의 본질적인 문제를 새로운 관점에서 보게 되었으며, 이 문제를 해결하는 것을 새로이 세상에 내놓을 책에서 목표로 한다고 말하고 있다. 그러면서 칸트는 1770년의 위 논문에서 이 문제를 다루지 않은 채로 넘어갔다고 말하고 있다.[8]

이제 형이상학을 정초하기 위해서 **표상과 대상 사이의 관계의 근거**를 정당화하는 것이 칸트에게 주 과제로 되었다. 더욱이 **순수 지성 개념**이 어떻게 경험의 대상을 인식하는 선험적 근거가 되는가에 대한 물음을 새롭게 자신의 과제로 삼게 된 것이다.[9] 1772년의 이 편지의 내용이 1770년의 교수취임논문의 내용과 크게 다른 점은, 우리의 개념, 더욱이 순수 지성 개념이 우리 바깥의 대상과 어떻게 관계하는지에 대한 물음을 형이상학의 핵심적 물음으로 삼게 되었다는 점이다. 물론 서로 상이한 것(표상과 대상) 사이의 **관계**를 칸트가 처음 물은 것은 아니다. 칸트

---

8 I. Kant, *Briefwechsel*, AA X 130-131(125): Felix Meiner판, 101쪽 참조.

9 I. Kant, *Briefwechsel*, AA X 130(125): Felix Meiner판, 101쪽 참조. "Die reine Verstandesbegriffe müssen also nicht von den Empfindungen der Sinne abstrahiert sein, noch die Empfänglichkeit der Vorstellungen durch Sinne ausdrücken, sondern in der Natur der Seele zwar ihre Quellen haben, aber doch weder insoferne sie vom Objekt gewirkt werden noch das Objekt selbst hervorbringen." (따라서 순수 지성 개념들은 감관의 감각에서 추상되어서도 안 되고, 감관을 통해 표상들의 수용성을 표현해서도 안 된다. 순수 지성 개념들의 원천은 영혼의 본성이지만, 이 개념들은 대상에 의해 생기는 것도 아니고, 이 개념들이 대상 자체를 산출하는 것도 아닌 한에서 그러하다.)

이전에도 그러한 물음은 있었다. 하지만 서로 상이한 것을 어느 한 쪽에 종속시키거나, 또는 어느 한 쪽을 무력화하지 않고, 상이한 것을 상이한 것 그대로 인정하면서 양자 사이의 관계를 천착하는 방식의 탐구는 칸트의 비판기적 사고에서 비롯한다.

교수취임논문에서 이미 정초된 시공의 감성론, 그리고 1772년의 편지에서 확실하게 된 물음인 표상과 대상 사이의 관계 문제를 통해 칸트는 자신이 앞으로 세상에 내놓을 순수이성비판을 설계한다. 그리고 이 문제를 해결하는 방법론으로 한편으로는 감성 형식과 사고 형식을 **구분**하는 것이 필수적이고, 다른 한편으로는 이 양자의 형식이 **협동**하는 것을 논증하는 것이 필수적이다. 서로 근본적으로 다른 능력이지만, 서로 상이한 이 두 능력은 협력할 수밖에 없다. 이것이 어떻게 가능한가? 칸트는 『순수이성비판』 감성론과 분석론에서 이 문제를 집중적으로 다룬다.

우리 인식은 마음의 두 원천에서 생긴다. 그 첫 번째 원천은 표상들을 받아들이는 능력(인상들의 수용성)이고, 두 번째 원천은 이 표상들을 통해서 (하나의) 대상을 인식하는 능력(개념들의 자발성)이다. 전자를 통해서 대상이 우리에게 **주어지고**, 후자를 통해서 대상이 저 표상들(마음의 순전한 규정)과 관계에서 **사고된다**. 따라서 직관과 개념은 우리의 모든 인식의 요소이다. 그리하여 개념들에 어떤 방식으로 상응하는 직관 없이는 개념들도 인식을 만들어낼 수 없고, 개념 없이는 직관도 인식을 만들어낼 수 없다.[10]

––––––––––––

10   A 50/B 74.

우리 인식의 두 원천은 직관과 사고이다. 이 두 원천 중 어느 하나만
으로는 인식이 생기지 않는다. 직관은 사고보다 차원이 낮은 인식도 아
니며 혼란된 인식도 아니다. 그리고 사고는 직관보다 차원이 높은 인식
도 아니고 명료한 인식도 아니다. 직관과 사고가 따로 떨어져서는 인식
을 만들어낼 수 없다. 이 둘이 서로 협력해야 비로소 대상에 대한 인식
이 성립한다. 그런데 이 양자의 능력은 서로 완전히 다르기 때문에 직
접적으로 협력할 길이 없다. 서로 완전히 이질적인 두 능력이 어떻게
협력하는가? 이것이 칸트 인식론에서 핵심적인 문제이다.

　　감성이 없다면 우리에겐 어떠한 대상도 주어지지 않을 것이고, **지성**이
없다면 어떠한 대상도 사고되지 않을 것이다. 내용 없는 생각은 공허하고,
개념 없는 직관은 맹목적이다. 따라서 그것의 개념을 **감성화**하는 일(다시
말해, 그 개념에게 직관에서 대상을 부가하는 일)과 그것의 직관을 **지성화**
하는 일(다시 말해, 직관을 개념 아래로 귀속시키는 일)은 똑같이 필수적
이다. 또한 이 두 능력 및 힘은 그 기능을 서로 바꿀 수가 없다(nicht ver-
tauschen). 지성은 아무것도 직관할 수 없으며, 감관은 아무것도 사고할 수
없다. 이 양자가 **통일됨**으로써만 인식이 생길 수 있다. 그렇다고 해서 우리
는 이 양자의 각각의 몫을 뒤섞어서는(vermischen) 안 되며, 하나를 다른
하나와 조심스럽게 **분리**하고 **구별**해야 할 커다란 이유가 있다. 그래서 우
리는 감성 규칙들 일반의 학문, 다시 말해서 감성론과 지성 규칙들 일반의
학문, 다시 말해서 논리학을 구별한다.[11]

위 인용문에는 비판기의 칸트가 종래의 합리론과 경험론에서 완전히

11　A 51-52/B 75-76. (강조 표시는 글쓴이가 함)

결별하여 정초한 인식론의 입장이 표현되어 있다. 이 인식론은 감성론과 논리학으로 이루어진다. 여기서 칸트가 말하는 논리학은 형식 논리학이 아니라 내용에 관해 선험적 인식을 정당화하는 분석론이다. 감성론에서는 사물과 사태를 받아들이는 주관의 직관 형식인 시·공 형식을 다루고 있고, 분석론에서는 직관 형식에 따라 받아들인 사물이나 사태에 대한 표상을 질서 지우는 사고 형식에 대해 다루고 있다. 칸트가 말하는 직관 형식은 감성 형식으로서, 감각 인상을 수용하는 주관의 형식이다. 경험론에서 말하는 감성은 주관 바깥의 내용에 따라 수동적으로 자료를 받아들이는 능력이라면, 칸트가 말하는 감성은 주관 바깥의 내용을 수동적으로 받아들이면서도, 다른 한편으로는 감각 자료를 받아들이기 전에 이미 우리 주관이 갖추고 있는 감성 형식인 시·공 형식과의 관계에서 주관 바깥의 내용을 받아들이는 능력이다. 그러므로 칸트에서 감각 내용은 주관의 선험적이고 필연적인 감성 형식과의 관계에서 만들어지는 것이기 때문에, 이 감각 내용은 우리 주관의 관념성을 표현한다. 이러한 의미에서 볼 때, 칸트에게서 시간 형식과 공간 형식은 사물이나 사태를 인식할 때 필수적인 조건이라는 점에서 실재적인 동시에 관념적이다. 시간 형식과 공간 형식이 실재적인 이유는 경험적 대상과의 관계에서만 이 형식이 작동하기 때문이고, 이 형식이 관념적인 이유는 그럼에도 이 형식은 사물이나 사태의 성질이 아니고 우리 주관의 성질을 표현하기 때문이다. 칸트는 시간과 공간의 이러한 성격을 경험적 실재성과 선험적 관념성이라고 표현한다.[12]

---

12   A 28/B 44, A 35-36/B 52 참조.
　　그리고 변증론 중 제4오류추리에서 '경험적 실재론'과 '선험적 관념론'을 '선험적 실재론'과 '경험적 관념론'과 관련지어 논하고 있다.(A 368-370) 칸트 자신은 경험적 실재론자인 동시에 선험적 관념론자라면, 정신 자체를 직접적으로 인식할 수 있다는 것

위 인용문에서 우리가 특히 주목해야 할 문제는, 대상 인식을 위해서는 감성과 지성이 **함께** 필요한데, 이 양자는 서로 완전히 이질적이다. 그리하여 이 양자가 서로 접근하여 통일할 수 있는 방법을 찾아야 하는데, 그것은 '개념을 감성화하는 일'과 '직관을 지성화하는 일'이다. 그렇지만 이 양자는 뒤섞어서도 안 되고 또 서로 맞바꿀 수도 없다. 이 양자는 확실히 분리하고 구별해야 한다. 그런데 이러한 일은 처음부터 모순이다. 완전히 상이한 둘을 어떻게 서로 접근하게 하고, 또 통일시키는가?

칸트의 비판기 인식론에서 감성이 하는 일과 지성이 하는 일을 근본적으로 구분한다는 것은 이것이 새로운 인식론이라는 것을 말해주는 동시에, 이것은 또한 새로운 문제를 발생시킨다. 본 저자는 이것을 '감성과 지성의 병발 문제'라는 말로 표현했다. 어떤 대상을 인식할 때 감성과 지성이 함께 작동하는데, 이 두 능력이 하는 일이 각기 다르다면, 이 다른 일들이 어떻게 '하나의' 인식을 만들어내는가 하는 문제가 발생한다. 두 능력이 더불어 작동하는 것을 '병발'이라고 표현할 때, 이 '병발'은 서로 완전히 평행선을 그으면서 나아가는가, 아니면 어떤 한 지점에서 수렴하면서 만나는가, 아니면 서로 평행선을 그으면서도 다른 방식으로이긴 하지만 하나의 현상을 나타내는가 하는 '문제'가 발생한다. 아니, 서로 완전히 상이한 능력이 함께 작동한다(병발)는 것 자체가 문제를 만들어낸다. 이러한 문제와 관련하여 스피노자, 셸링, 데카르트의 경우를 잠시 살펴보자.

이 중 두 능력의 '평행선'개념을 두드러지게 나타내는 철학자로 스

을 인정하는 데카르트는 선험적 실재론자인 동시에, 물체는 물체에 대한 우리의 관념을 통해 간접적으로 추론할 수밖에 없다고 하는 점에서 경험적 관념론자이다.

피노자와 셸링을 꼽을 수 있다. 스피노자는 세계를 인식하는 데 하나의 실체만을 인정하는데, 세계의 다양한 존재들은 실체의 무한한 변용이다. 우리가 인식할 수 있는 변용으로 스피노자는 물체와 정신을 인정하며, 물체와 정신은 연장과 사유라는 속성이 표현된 모습이다. 그런데 물체와 정신, 또는 연장과 사유는 하나의 실체를 표현하는 다른 방식일 뿐이다. 정신과 물체는 서로 상이한 실체가 아닌 것이다. 그러므로 정신과 물체는 하나의 실체를 다른 방식으로 표현하는 것일 뿐이며, 이런 점에서 정신과 물체는 양태의 모습에서는 다르지만, 하나의 실체를 표현한다는 점에서는 서로 평행적 지위를 지닌다. 이 양자의 양태는 어느 지점에서 하나로 수렴하지 않고, 각기 자신의 속성을 통해 실체를 나란히 표현한다. 셸링의 철학이 동일철학으로 불리는 시기에 셸링은 자연과 정신은 동일한 것을 표현하는 것으로 보았다. 존재의 다양성은 신의 정신 안에 있는 이념이 표현된 것이기 때문에, 자연이나 정신은 이 이념이 다양하게 표현된 것일 뿐이다. 이러한 의미에서 정신과 물체는 이념이 다른 방식으로 표현된 것이다.

그리고 칸트의 인식론에서 감성과 지성의 **구분**과 **협력**의 관계에 대한 논의 중 어떤 점을 데카르트가 선취하고 있다는 것을 우리는 지적할 수 있다. 그것은 데카르트가『제일철학을 위한 성찰』중 제2성찰에서 하는 말을 통해서 생각해볼 수 있다. 제2성찰은 '인간의 정신의 본성에 관하여―정신은 물체보다 인식되기가 더 쉽다는 것'을 논증한다. 데카르트는 정신이 물체보다 인식하기 더 쉽다는 것을 논증하고자 하지만, 실질적으로는 그렇게 할 수 없었다. 왜냐하면 데카르트는 인간은 자신의 정신을 다른 어떤 매개도 거치지 않고 직접적으로 인식할 수 있다고 생각하지만, 그 생각을 더 나아가 여러 가지 술어로 서술할 수는 없기 때문이다. 그런데 논증하기 위해서는 다양한 술어를 통해서 할 수밖에 없다. 그리하여 데카르트는 제2성찰에서, 우리는 물체를 인식할 때 **더 불어** 정신의 존재를 인정할 수밖에 없다는 식으로 서술하는 것으로 그 치고 있다. "우리는 밀랍이 우리 앞에 있을 때 밀랍 자체를 본다고 말하 고, 빛깔이나 모양으로 미루어 밀랍이 거기 있다고 판단한다고는 말하 지 않는다. 따라서 나는 밀랍은 눈의 시각에 의하여 인식되며, 정신의 통찰만으로 인식되는 것이 아니라고 결론을 내리기가 일쑤다. 그런데 내가 문득 창 너머로 길을 지나가는 사람들을 바라본다고 하면, 밀랍의 경우와 마찬가지로, 사람들 자체를 본다고 말한다. 하지만 내가 본 것 은 모자와 옷뿐이요, 그 밑에는 자동기계가 숨어 있을 수도 있지 않을 까? 그러나 나는 그것들이 정말 사람들이라고 판단하며, 이와 마찬가지 로, 나는 내가 눈으로 본다고 믿고 있던 것도 오직 내 정신 속에 있는 판단의 능력만으로 이해하는 것이다."[13]

　데카르트는 위 인용문에서 우리가 사물을 시각으로 보는 작용과 정 신으로 생각하는 작용을 등치시키고 있다. 내 눈앞에서 내가 현재 **어떤 것을 보고 있다**고 할 때, 사실은 나는 그 **어떤 것을 보고 있다고 생각 · 판단한다**고 말하는 것이 정확하다는 것이다. 데카르트는 생각 작용에 의심, 이해, 긍정, 부정, 의지, 상상, 감각 등, 우리의 모든 의식 작용을 포함시키고 있다. 그런데 필자의 현재 논의에서는, 우리의 모든 의식 작용이 생각 작용에 포함된다는 것보다, 지각 작용과 생각 작용이 **동시 에** 또는 **더불어** 발생한다는 문제가 더 중요하다. 데카르트는 감각 작용 이 일어날 때 더불어 생각 작용이 필수적으로 일어난다고 보았다. 생각 작용이 동반하지 않는다면 감각 작용도 일어날 수 없다고 본 것이다.

13　R. 데까르뜨, 『방법서설 · 성찰 · 데까르뜨 연구』 최명관 옮김, 서광사, 1991, 89 쪽. 다음부터는 이중 『성찰』에서만 인용하며, 이것을 원제목대로 『제일철학을 위한 성 찰』이라고 표기함.

데카르트의 이런 관점은 칸트에게서 감성과 지성의 **병발**의 의미를 선취하고 있다고 말할 수 있다. 하지만 데카르트는 감성과 지성이 어떤 식으로 **협력**하는지에 대해서는 논하지 않고 있다. 물론 송과선 개념을 통해서 그것을 대신한다고 말할 수 있지만, 데카르트가 말하는 송과선[14]은 칸트 인식론에서 말하는 감성과 지성의 매개의 의미와 완전히 다르다. 칸트는 감성과 지성의 병발의 '문제'를 관계, 종합, 통일, 결합, 연결 등의 개념을 통해서 해결하고자 한다. 관계, 종합, 통일, 결합, 연결 등의 개념과 관련해서는 다음의 소제목에서 다룰 것이다.

우리의 인식에서 지성이 하는 일과 감성이 하는 일이 근본적으로 다르다는 것은 무엇을 의미하며, 이 '다름'이 인식론의 독창성과 혁명에 기여하는 점은 무엇인가?

대상이나 사태를 우리는 '하나'의 대상이나 사태로 파악한다. 내가 어떤 대상이나 사태를 알아차릴 때 그것은 나에게 '하나'로 들어온다. 내가 어떤 사람을 내가 이미 알고 있는 어떤 사람으로 지각할 때 그 사람은 '하나'로 파악된다. 그리고 어떤 상황에 대해 생각할 때, 그것은 '하나'의 상황으로 파악된다. 그 사람이 얼마의 키, 얼마의 몸무게, 어떤 얼굴 모양, 어떤 옷, 그리고 어떤 성격 등의 다양한 양태를 복합적으로 갖고 있는 사람이지만, 내가 다른 어떤 사람이 아니고 바로 그 사람으로 파악한다는 것은 그 사람을 '하나'로 지각할 때 가능하다. 사태나 상황도 이와 같다. 그런데 '하나'의 사람, '하나'의 상황을 감성과 지성이라는 서로 전적으로 상이한 능력에 의해 인식한다는 것은 무슨 말인가? Ⓐ 각기 상이한 두 가지의 인식능력에 따라 두 가지의 다른 방식으

---

14   데카르트가 말하는 '송과선'은 결국 뇌라는 물체의 일부분으로, '송과선' 또한 물질이다.

로 인식한다는 말인가? ⑧ 아니면, 이 두 가지 능력이 서로 협력하여 '하나'의 대상이나 상황에 대한 인식을 만들어낸다는 것인가? 만일에 후자라면, 전적으로 서로 상이한 두 가지 능력이 어떻게 협력하여 '하나'의 대상 인식을 만들어낸다는 말인가?

칸트의 인식론에서 감성과 지성에 대한 논의는 일견 후자의 물음과 관련하는 것으로 보인다. 그러나 다른 한편으로 전자의 물음도 우리는 도외시할 수 없다. 처음부터 이 양자의 인식능력 사이에는 영원히 서로 닿을 길 없는 **심연의 간극**이 놓여 있기 때문이다. 그런데 이 경우에도 '하나'의 통일적 대상 인식은 가능해야 한다. 이 문제를 해결하는 것이 감성론과 분석론 사이의 문제이다. 그리고 현대의 인지과학에서도 이것은 탐구 중에 있는 현재 진행형 문제이다. 다시 말해서, 사물을 지각할 때 우리의 뇌는 그것을 그림으로 먼저 받아들이는가, 아니면 그 그림에 대한 개념을 먼저 생각하는가 하는 문제를 말한다.[15] 그리고 우리가 사물을 착각하는 경우도 동일한 문제이다. 예를 들어 새끼줄을 뱀으로 지각(착각)하는 경우에 대해 말해보자. 그런데 조금 있다가 우리는 그것이 새끼줄임을 알아차린다고 해보자. 이때 우리는 눈앞의 어떤 것을 새끼줄로 먼저 '본' 것인가? 아니면 그것이 새끼줄이라고 먼저 '생각'한 다음에 그 생각에 따라 새끼줄의 그림을 그린 것인가?[16] 이 문제는 칸트가 자신의 선험철학을 통해 정초하고자 하는 직접적 주제는 아

---

15 이러한 서술은 경험적 서술이지, 칸트의 선험적 인식론 속에 포함되어 있는 서술은 아니다. 그러나 우리는 이러한 물음을 묻게 되며, 칸트의 인식론이 이에 대해 어떠한 대답을 할지를 생각해보는 것은 우리의 자유이다.

16 필자의 논문 「칸트철학과 불교철학에서 마음과 물질의 관계—오류 판단을 중심으로」(『철학』 106집, 2011 봄, 한국철학회)에서 필자는 불교의 『섭대승론』에서 뱀-새끼줄-삼에 대한 비유를 통해 우리의 마음에서 일어나는 착각 현상에 대해 논하고 있음을 특히 이 논문 131-132쪽에서 서술한 바 있다.

니지만, 다른 한편으로 선험철학은 경험 전반을 해석할 수 있는 이론이라는 면에서는 위의 문제도 결국에는 칸트의 선험철학에 포함된다고 말할 수 있다. 이런 점에서는 칸트의 인식론은 현대의 뇌 과학 , 그리고 우리가 수시로 겪는 착각의 현상과 연관해서도 참조할 수 있다고 생각한다.

감성과 지성의 병발 '문제' 는 다른 한편으로 표상과 대상의 '관계' 가 결코 당연하지 않다는 것을 시사한다. 표상과 대상 사이에는 '끈' 이 없다. 표상과 대상 **사이**에는 연결할 길이 없는 심연의 간극이 있을 뿐이다. 그런데 이 간극을 '관계' 시키지 않고는 '대상 인식' 을 정당화할 수 없다는 것을 칸트는 인식하게 된다. 『순수이성비판』의 핵심 주제는 바로 이 문제를 해결하는 것이라고 할 수 있다. **이질적인 것** 사이의 **관계**를 어떻게 정당화하는가? 칸트는 이 책에서 감성과 지성 사이를 매개하도록 상상력을 도입한다. 상상력은 감성과도 소통하고, 지성과도 소통한다.[17] 그럼에도 감성과 지성 각각은 서로 평행선을 그을 수밖에 없다. 감성과 지성은 '하나의' 대상을 인식할 때 '함께' 일어나지만(병발), 감성과 지성이 하는 일은 이 '하나의' 대상 인식에서 각기의 능력에 따라 각기 다른 일을 한다. 감성과 지성 사이의 간극을 그럼에도 연결하고자 하는 일을 다음에서 다룬다.[18]

17　순수한 선험적 상상력의 산물인 선험적 도식은 한편으로는 범주와 동종적이고, 다른 한편으로는 경험적 직관과 동종적이다. 범주와 감성적 직관은 각기 그 자체로는 이종적(ungleichartig)이지만, 선험적 도식이라는 제삼자를 매개로 해서 동종적(gleichartig)이 된다. A 137-139/B 176-178 참조.

18　'병발' 의 문제는 대상 인식뿐 아니라, 도덕 판단과 미감적 판단에서도 일어난다. 칸트철학을 따를 때 1. 대상 인식에서는 감성 표상 (그림)과 지성 표상 (생각)이 함께 일어나고, 2. 도덕 판단에서는 이성 표상 (도덕원리에 대한 인식)과 의지 표상 (자유의지를 지닌 인간에 대한 인식)이 함께 일어나고, 3. 미감적 판단에서는 '아름답다' 는 판단과 '기분 좋음' (만족감)이 함께 일어나고, '숭고하다' 는 판단과 '외경심' 의 기분이 함께

2. 표상들의 관계

1) 감성 표상과 지성 표상의 결합 문제

무릇 학문은 진리를 추구한다. 어떤 대상이나 사태를 그것에 해당하는 술어로 표현할 때, 그 표현이 맞는 경우를 우리는 진리라고 말한다. 고전적으로 표현하자면, 개념과 대상이 일치하는 경우를 진리라고 표현한다. 사람들은 여러 학문 중에서도 철학이야말로 진리를 추구하는 학문이라고 생각했으며, 이러한 진리 개념은 서양철학에서 오랫동안 유지되었다. 그러나 이러한 진리 개념에는 이미 모순이 포함되어 있다. 개념과 대상 사이의 일치를 말할 수 있으려면, 우리는 그 전에 개념과 대상 각각을 그 자체로 알고 있어야 한다. 만일 우리가 우리의 개념만 알고 있고, 대상은 아직 모르고 있다면, 우리는 이 양자를 비교해서 판단을 내릴 수 없다. 그리고 이 양자 각각을 그 자체로 알고 있다면, 새삼스레 양자를 비교할 필요가 없을 것이다. 왜냐하면 우리가 대상이나 사태에 대해 아직 모를 때 진리를 추구한다는 말을 할 수 있기 때문이다. 이미 알고 있는 양자를 추가적으로 비교해서 '일치', '대응'이라는 말을 덧붙인다는 것은 말 그대로 사족일 뿐이다. 그렇기 때문에 전통적으로 회자된 진리 개념은 처음부터 정당화할 수 없는 수사일 뿐이다.

그러나 칸트도 진리를 추구한다. 『순수이성비판』에서 선험적 분석론의 이름으로 '진리의 논리학'을 정초하고자 하며, '진리의 논리학'은

일어난다. 위에서는 대상 인식 문제만을 다뤘다. 도덕 판단과 미감적 판단에서 발생하는 병발의 문제는 여기서 생략한다. 하지만 뒤에서 종합, 결합의 주제에서(3. 2. 2. 표상들 사이의 결합 문제) 후자의 두 가지 문제도 더불어 다룬다.

'가상의 논리학'에 대비된다.[19] 칸트가 말하는 진리도 표상과 대상, 개념과 대상 사이의 관계를 정당화하는 데서 발생한다. 하지만 우리는 우리의 표상만을 인식하고 대상 자체, 사태 자체는 인식할 수 없다. 우리가 대상에 대해 어떤 술어로 말하려고 시도한다고 해도 그것은 또다시 우리의 표상일 뿐이다. 그럼에도 우리는 표상과 대상 사이의 관계가 필연적이라는 것을 증명할 수 있어야 한다. 우리는 대상 자체를 모르기 때문에, 대상과 우리의 표상 사이에 '일치'나 '대응'을 말할 수 없다. 그렇지만 우리는 경험 세계 속에 살면서 이 경험 세계에 대해 우리가 맞는 말을 하는지, 아니면 틀린 말을 하는지에 대해 근거를 댈 수 있어야 한다. 칸트는 이 문제를 우리에게 "어떻게 선험적 종합판단이 가능한가?"[20]라는 문장으로 표현하고 있다.

'어떻게 선험적 종합판단이 가능한가?'라는 문장은 여러 가지 의미를 함축하고 있다. 우선, 우리에게 선험적 종합판단이 가능하기는 한데, 이것이 어떻게 가능한지를 묻고 있으며, 나아가 가능한 선험적 종합판단의 성격을 말하고 있다. 이 판단은 경험적이 아니고 선험적이어야 하고, 또 이 판단은 분석판단이 아니고 종합판단이어야 한다. 여기에서 '종합'은 서로 이질적인 것 사이의 결합, 관계, 통일을 의미한다. 서로 이질적인 것은 감성적인 것과 지성적인 것, 내용과 형식, 직관과 사고, 결과와 원인[21] 등으로 표현할 수 있다. 서로 동질적인 것을 종합

19   진리의 논리학(Logik der Wahrheit, A 62/B 87)을 다루는 선험적 분석론과 가상의 논리학(Logik des Scheins, A 293/B 349)을 다루는 선험적 변증론 참조.
20   B 19.
21   칸트는 전통적으로 철학에서 핵심 주제인 인과관계 문제를 해결하는 것을 『순수이성비판』에서 주요한 과제로 삼고 있다. 그런데 인과관계 문제가 서로 이질적인 것들 사이의 문제인 이유는, 우리가 직접적으로 접하는 것은 우리 앞에 놓인 현상(결과)인데, 우리는 이 결과를 미루어 그것의 원인을 생각하게 되기 때문이다. 다시 말해서 '원

3장 서로 다른 표상 사이의 관계　　121

하는 일은 용이한 일이다. 예를 들어, 경험적으로 내용을 합하는 일이
그러하다. 하지만 완전히 이질적인 것들을 종합하는 일은 처음부터 난
제이다. 더욱이 이러한 종합은 선험적이고 필연적이어야 한다. 칸트는
『순수이성비판』에서 이러한 과제를 수행하고자 한다.

　칸트의 선험적 종합판단은 이성론의 분석판단과 경험론의 종합판단
을 배격하면서 정립된다. 칸트는 이성론을 분석판단 위에 성립하는 철
학으로 보며, 경험론은 필연성을 결여한 종합판단의 바탕 위에 성립하
는 철학으로 본다. 이성론은 모순율과 동일율에 토대를 둔 분석적 논리
체계인 데 비해, 경험론은 경험적 지각 표상들의 이합집산의 모음이라
고 본 것이다. 칸트가 이성론의 분석적 논리의 체계를 진리론으로 인정
하지 않는 이유는, 대상이나 사태에 대한 우리의 인식은 결코 분석적
논리의 체계일 수 없다는 데 있다. 또한 칸트가 지각 표상들의 모음을
통한 경험론을 배격하는 이유는, 대상이나 사태에 대한 우리의 인식이
결코 분석적 논리 체계는 아니지만, 그렇다고 해서 이것은 결코 임의적
이고 우연적 표상들의 모음에 그치는 게 아니라 종합적이면서도 선험
적, 필연, 보편적 지식이라는 데 있다.

　분석판단과 종합판단을 구분한 것은 칸트가 인식론을 정초하는 데
주춧돌 역할을 한다고 말할 수 있다. 종래의 서양철학은 대체로 분석판
단을 토대로 논의되었다. 이성론 전통은 우리의 이성이 절대적인 것으
로 전제했으며, 절대적인 이성 능력에 따라 우리는 존재를 인식할 수
있다고 논의했다. 이성론철학에 따르면, 이성 능력을 정확히 사용하면
실체를 인식할 수 있다는 것이다. 이러한 생각은 칸트 이전의 이성론철

인'은 우리가 직접적으로 접하는 현상이 아니며, 원인은 결과와 '다르다'. 칸트에서 인
과관계는 12개의 범주 중에 포함된다. 칸트가 볼 때 인과관계는 우리의 필연적 사고에
포함된다.

학에 이르기까지 유지되었다. 칸트의 비판기 이전까지 그에게 많은 영향을 미쳤던 라이프니츠에서도 사실의 진리는 이성의 진리에 종속되었다. 발생하는 사물이나 사태는 각기 그 존재 이유가 있지만, 이 존재 이유는 결국에는 모순율과 동일률에 종속된다. 이성의 사고에 따라 모순율에 어긋나는 것은 거짓이 된다. 진리는 모순율에 따라 거짓의 대각선 방향에 있는 참이다. 아리스토텔레스 이후 서양철학에서 이성의 사고에 따라 존재의 진리를 판단하는 것은 확고한 전통이 되었다. 모순율과 동일률에 따라 판단을 내리는 데서 분석판단이 성립한다. 분석판단은 그 자체로 선험적, 필연적이기 때문에, 분석판단은 선험적 분석판단과 동일한 의미이다.

분석판단의 바탕 위에 성립하는 이성론철학에 반기를 들고 경험론이 대두한다. 사물이나 사태는 그때그때 우리의 경험에 따라 인식된다. 경험 이전에 우리는 어떠한 선험적, 필연적, 보편적 지식도 모른다. 로크는 이것을 『인간지성론』에서, 버클리는 『인간 지식의 원리론』에서, 흄은 『인성론』과 『인간지성에 대한 탐구』에서 논하고 있다.[22] 경험은 이성의 진리가 아니라 사실의 진리이다. 흄은 모든 학문은 '관계'의 학문이라고 말하면서, 두 가지 관계의 학문을 말하고 있다. 하나는 논리적 사고의 관계에 따라 성립하는 학문이고, 다른 하나는 사실의 관계에 따라 성립하는 학문이다. 경험 세계에 관한 학문은 논리적 추론이 아니라 사

---

22 하지만 로크의 인식론에서 말하는 '실체' 개념, '직관적 진리' 등에는 아직 전통적 이성론의 사고가 남아 있고(*An Essay concerning Human Understanding*), 버클리에는, 직접적 지각이 아닌 마음(mind), 정신(spirit), 영혼(soul), 나 자신(myself)을 지각하는 능동적 존재로 인정하는 점에서 아직 전통적 사고가 남아 있다(*A Treatise concerning the Principles of Human Knowledge*). 하지만 흄에서는 이러한 전통적 요소가 사라지고 수미일관한 경험론이 정초된다(*A Treatise of Human Nature/Enquiries concerning Human Understanding and concerning the Principles of Morals*).

실 사이의 관계에 따라 성립한다. 사실 사이의 관계에서 학문적으로 가장 중요한 것은 인과관계 법칙 문제이다. 인과관계는 논리적 추론에 따라 인식할 수 있는 것이 아니라, 오로지 사실 사이, 다시 말해서 원인과 결과라는 사실 사이의 관계 문제이다. 이 사실 사이의 관계에는 필연적, 논리적 추론이 적용될 수 없다. 원인과 결과라는 각기 다른 두 개의 사실 사이에는 필연적 관계가 성립하지 않고, 우연적 관계만이 성립한다. 흄은 종래의 철학자들과 달리, 인과관계는 철저히 사실의 관계이며, 더욱이 서로 완전히 이질적인 두 개의 사실 사이의 관계라는 것을 인식했다. 흄이 말하는 인과관계는 경험적 종합판단이다.

칸트는 서로 이질적인 원인과 결과의 관계를 경험적 종합판단이 아니라, 선험적 종합판단의 문제로 본다. 그리고 이 판단의 근거를 정초하는 과제를 자신의 과제로 삼았다. 우리는 사물이나 사태를 시·공 형식을 통해서 받아들인다. 칸트도 우리가 사물을 여러 가지의 감관을 통해서 받아들이는 것을 인정한다. 눈으로 보고, 귀로 듣고, 코로 냄새 맡고, 혀로 맛보고, 사물을 만져서 아는 것은 우리가 감관을 갖고 있기 때문에 가능하다. 하지만 우리는 내용을 감관을 통해 받아들이되, 우리 주관의 형식인 공간 직관과 시간 직관을 매개로 해서 받아들인다. 공간과 시간과 전혀 관계없이 우리는 순수한 감각 자료 자체를 받아들일 수 없는 것이다. 칸트가 공간과 시간을 '직접적으로 보는' 직관 형식이라고 보는 이유는, 공간과 시간은 우리가 사물을 직접적으로, 단박에, 한꺼번에 수용하는 형식이기 때문이다. 우리가 받아들이는 감각 자료는 인상들의 모음으로 그치는 것이 아니라, 우리의 공간 형식과 시간 형식의 틀을 통해 들어온 재료이다. 칸트가 시간과 공간을 직관(Anschauung)이라고 표현할 때, 이 말 자체가 이미 우리가 받아들이는 감각 자료는 인상들의 임의적인 모음이 아니라는 것을 표현하고 있다. 우리가 외부에서 수용하는 감각 자료는 시·공 형식의 틀을 통해 들어온 자료이다. 우리 신체의 감각기관이 감각이 들어오는 통로이기는 하지만, 이 통로의 작용 또한 시·공 형식의 틀을 거쳐 정리된다. 시·공의 감성적 직관에 따라 우리가 받아들이는 외부 자료는 나아가 사고 형식에 따라 정리되어야 한다. 그런데 감성적 직관에 따라 받아들인 자료는 사물의 상일뿐이다. 우리가 사물의 상을 포착했다고 해서, 그 사물을 아직 인식한 것은 아니다. 우리가 순간 사물의 상을 포착하되, 여기에서 더 이상 나아가지 않는다고 하면, 우리는 그 사물을 인식하지 못한 채로 있을 것이다. 무엇인가 우리 머릿속을 스쳐간 것 같지만, 우리는 그것이 무엇인지를 생각할 수 없을 것이다. 그리하여 우리는 그 사물을 지각했다고도 말할 수 없는 상황에 놓이게 된다. 여기에서 우리는 시·공 형식에 따라 받아들인 자료를 개념화할 수 있어야 한다. 그런데 사물의 상과 개념은 서로 이질적인 것이기 때문에, 우리는 이 양자를 연결해야한다. 서로 이질적인 것을 연결하기 위해서는 이 둘 사이에 매개할 수 있는 것을 상정할 수밖에 없다. 그것이 상상력이다.

상상력은 사물이 당장 눈앞에 있지 않아도 마치 사물이 있는 듯이 머리속에 그려보는 능력이다. 그런데 이러한 상상력은 경험적 상상력이다. 이 상상력은 사물이나 상황을 구체적으로 머릿속에 그려보는 행위를 동반한다. 그런데 경험적 상상력은 선험적 상상력의 바탕 위에서 성립한다.

선험적 상상력에 대해 논하기 전에, 데카르트와 흄이 말하는 상상력에 대해 말해보자. 이들이 말하는 상상력의 의미가 칸트가 말하는 의미와 동일하지는 않지만, 데카르트와 흄이 논하는 상상력의 의미와 관계에서 칸트가 말하는 상상력의 의미가 더 명확하게 드러날 것이다. 흄은 인간이 탐구하는 모든 대상을 두 종류로 나누는데, 하나는 관념들의 관

계이고 다른 하나는 사실의 문제이다.[23] 흄은 직관적으로 확실하거나
논증적으로 확실한 학문을 관념들의 관계에 따라 성립하는 학문으로
보며, 기하, 대수, 산수를 이러한 학문으로 꼽는다. 직관적으로 확실하
거나 논증적으로 확실한 학문 외의 모든 문제는 사실의 문제이다. 흄이
직관적으로 확실하다(intuitively certain)고 말하는 것은 순전히 이성의
사고 작용에 따라 성립하는 문제를 말한다. 직관적으로 확실하거나 논
증적으로 확실한 것은 모두 이성의 사고 과정에 의해 밝혀진다. 그러나
사실의 문제는 오로지 사고의 과정인 추론에 따라 밝혀질 수 없다. 우
리가 탐구하는 다양한 학문은 사실 속에서 인과관계를 추적한다. 그 이
유는 학문은 법칙을 추구하는데, 인과관계가 경험 세계의 법칙을 밝히
는 데 가장 핵심적인 법칙으로 생각되기 때문이다. 인과법칙은 원인과
결과 사이에 법칙이 있다는 것을 전제하며, 이 법칙은 필연성, 보편성,
객관성을 전제한다. 서양의 고전철학에서도 이것을 당연시했고, 근대
이후 학문의 전형으로 인정된 자연과학에서도 그러했다. 그러나 흄은
여기에 근본적인 이의를 제기한다. 인과관계는 사실의 문제이기 때문
에 순전히 논리적 추론에 따라 성립할 수 없고 오로지 우리의 경험을
따른다. 그런데 우리는 원인이라고 생각하는 것과 결과 사이에 필연적
인 관계를 경험할 수 없다. 흄이 생각할 때, 필연성은 오로지 사고의 추
론 영역에서만 타당하다. 그렇다면 원인과 결과 사이의 관계는 어떻게
되는가? 원인과 결과 사이의 '관계'를 감각할 수 없기 때문에 우리는
이 관계에 대한 감각 인상을 가질 수도 없고, 또한 이것은 논증의 영역
에 속하지 않기 때문에 이성적 추론에 따라 증명할 수도 없다. 원인과

---

23   David Hume, *An Enquiry concerning Human Understanding*, Clarendon
Press/Oxford, 1975(3. Edition)(*Enquiries concerning Human Understanding and
concerning the Principles of Morals*로 묶인 책), 25쪽 참조.

결과 사이의 '관계'는 우리의 자연적 성향에 따르는 상상력에 의해 우리가 만들어낸 관계이다. 우리는 자연이 인과관계에 따라 운행한다고 생각하는 버릇, 습관, 믿음이 있을 뿐이다. 이렇게 생각하는 버릇, 습관, 믿음은 우리의 상상력의 산물이다. 우리의 상상력은 내적 감각과 외적 감각에 의해 생긴 관념들의 원래의 목록을 넘어설 수는 없지만, 그럼에도 이 상상력은 감각에 의해 생긴 관념들을 서로 섞고, 연합하고, 분리하는 능력인데, 이 능력은 무제한적으로 자유롭다.[24] 흄이 생각할 때, 우리가 경험 세계에서 발생하는 일에 대해 인과법칙을 부여하는 것은 우리의 상상력에 따른 결과이다. 상상력에 따라 우리는 서로 이질적인 원인과 결과를 연결한다는 것이다.

데카르트는 『제일철학에 대한 성찰』에서 물체 인식 문제와 관련하여 상상력에 대해 서술하고 있다. 제6성찰에서 데카르트는 순전히 정신적인 존재를 인식할 때는 상상력이 필요하지 않은 데 비해, 물체를 인식하는 데는 상상력이 필요하다고 말하고 있다. 생각함이라는 본성만을 갖고 있는 정신의 존재를 인식하는 데는 다른 이질적인 것을 매개하지 않고 오로지 생각함을 통해 직접적으로 정신 자체를 인식할 수 있다는 것이다. 그러나 물체를 인식하는 데는 순수 사고만을 통해서는 가능하지 않다. 순수 사고 외에 물체의 형태를 그리는 작용이 필요하다. 데카르트는 이것을 상상 작용(imaginatio, bildlich Vorstellen, 그림으로 표상하는 일)이라고 말한다. 데카르트는 지성[25]의 사고 작용을 이해, 통찰(inspectio)이라는 말로 표현하기도 한다. 이해, 통찰은 정신의 관념을 통해서 존재를 인식하는 작용을 말한다. 순전히 정신의 관념으로

---

24 Hume, 위 책, 47쪽 참조.
25 데카르트는 이 책에서 정신(mens), 이성(ratio), 지성(이해력, intellectus, intellectio)을 구별하지 않고 사용한다.

인식하는 데는 그림을 그릴 필요가 없다. 그림을 그리는 일은 물체의 형태와 관련해서 일어나는 작용이다. 데카르트는 물체의 상을 생각하는 일이 상상 작용임을 도형을 그리는 일과 관련하여 서술하고 있다. 삼각형을 '이해하는 작용'과 '상상하는 작용'으로 구분하여보자. 삼각형이라는 단순한 도형은 '이해'와 '상상'에서 별로 구별되지 못할 수도 있다. 하지만 '이해'와 '상상'은 판연히 다른 작용이다. '이해'는 순전히 개념을 통해 아는 일이고, '상상'은 개념에 따라 그림으로 그리는 일이다. 삼각형을 우리는 세 개의 직선과 세 각으로 이루어지는 도형이라고 '이해한다.' 그런데 우리는 삼각형을 '상상'하기 위해서는, 다시 말해서 머릿속에 그리기 위해서는 세 개의 변이 구부러지지 않게 해야 하고, 또 세 개의 각이 세 개의 꼭짓점에서 정확히 만나도록 계속 머릿속에서 집중하고 있어야 한다. 데카르는 이것을 '정신의 특별한 긴장'이라고 표현하고 있다.[26] 정신의 관념으로 어떤 것을 '이해'할 때는 이러한 '긴장'이 필요하지 않은 데 비해, 관념에 따라 어떤 것을 '그릴'(상상할) 때는 그림을 그리는 자신의 정신을 지속적으로 주시하고 있어야 하는 것이다. 이러한 일을 사각형, 오각형, 육각형 정도까지 한 번 시도해보자. 자신이 현재 머릿속에 '그리고 있는' 그 그림을 지속적으로 주시하는 일이 그리 쉽지 않다는 것을 알게 될 것이다. 그리는 중에 잠시라도 생각이 다른 데로 흐르면, 그 그림은 완성되지 못할 것이다. 그런데 천각형, 만각형으로 나아가면 우리는 그것을 '그리기' 어려워진다. 생각으로 '이해'는 할 수 있지만, 천각형의 상, 만각형의 상을 그리는 일은 어렵다. 아무리 그것을 정확히 그리려고 해도, 그 그림은 구백구십구각형인지, 천각형인지, 또는 천일각형

---

26   데까르뜨, 『제일철학을 위한 성찰』, 122쪽 참조.

인지 자신의 정신을 주시하며 그리기를 시도하기 어렵다.[27] 그러므로 우리는 천각형이나 만각형은 '이해' 하는 것으로 만족해야 한다.

어떤 대상을 "정신의 눈에 현전하는 양 직관"[28]하는 일, 다시 말해서 상상하는 일은 정신이 별도로 긴장하는 것을 필요로 하는 일인데, 물체를 인식하는 일도 이와 같다. "이해할 때는 정신이, 이를테면 자기를 자기 자신에게 향하게 하여, 정신 자체에 내재하는 관념들 중 어떤 것을 고찰하지만, 상상할 때는 이와 반대로 정신이 자기를 물체로 향하게 하여, 거기서 자기 자신이 형성한 혹은 감각을 통하여 받아들인 관념에 일치하는 어떤 것을 직관한다. 거듭 말하거니와, 만일 정말 물체가 있다고 하면, 상상은 바로 이런 모양으로 성립할 수 있음을 나는 쉽게 이해한다. 그리고 상상의 작용을 설명하는 데는 이만큼 안성맞춤인 방식이 없기 때문에, 이로부터 나는 개연적으로 물체는 있다고 추측한다. 그러나 이것은 오직 개연적으로만 추측하는 것이요, 모든 점을 면밀히 검토해도 내 상상 속에 있는 물체적 본성에 대한 판명한 관념으로부터는, 어떤 물체의 현존을 필연적으로 결론짓게 하는 어떠한 논증도 끌어낼 수 없다고 생각된다."[29]

우리는 이 인용문을 통하여, 데카르트가 정신을 인식하는 일과 물체를 인식하는 일이 다른 작용임을 말하고 있다는 것을 확인한다. 정신을 인식하는 일은 정신이 정신 자신을 들여다보는 일이지만, 물체를 인식하는 일은 정신이 형성한 관념이나 감각을 통해 받아들인 관념으로써

---

27 데카르트에서 물체의 본성은 연장인데, 연장은 형태, 길이, 높이, 넓이 등, 수와 형태의 개념으로 이루어진다. 이런 점에서 데카르트는 수학과 물체의 본성이 근본적 관계에 있는 것으로 본다.

28 위 책, 같은 곳.

29 위 책, 123쪽.

정신이 자기 바깥으로 나아가기를 시도해야 한다. 한데 정신이 자기 바깥으로 나아가려 할 때 여기에는 상상의 작용이 일어난다. 자신이 형성한 관념에 따라 상을 그려야 한다. 하지만 자신의 관념에 따라 그린 상이 바깥의 물체 자체를 인식하게끔 해주지는 않는다. 우리는 상상을 통해 단지 바깥의 물체를 인식한다고 미루어 생각할 뿐이다. 다시 말해서 물체를 인식하는 일은 데카르트가 볼 때 추론이고, 이 추론은 '확실한' 지식이 아니라 '개연적' 지식으로 그친다. 그리고 물체를 상상하는 일은 물체를 인식할 때 필수적인 요인이지만, 상상은 당연히 직접적 감각도 아니다.

이러한 논의를 통해 필자는, 데카르트가 말하는 상상력은 물체 인식에 필수적인 능력이라는 것을 보이고자 했다. 흄에서 상상력은 감각을 통해 받아들인 관념들을 섞고, 연합하고, 분리하는 일인데, 인과관계는 이러한 상상력의 결과라는 점이다. 데카르트에서 상상은 그림을 그리는 일, 물체의 형태를 그리는 일과 관련 있다면, 흄에서 상상은 관념과 관념 사이를 관계 짓는 일이다.

흄과 데카르트가 말하는 상상력의 의미를 염두에 두면서, 칸트가 말하는 상상력의 의미를 살펴보자. 앞에서 말했듯이, 칸트는 대상 인식에서 감성과 지성이 완전히 다른 작용을 한다고 보았고, 대상 인식을 위해 선험적 종합판단을 말할 수 있으려면, 감성 작용과 지성 작용을 매개하는 작용이 필수적이라고 보았다. 우리는 사물을 우선 공간적·시간적으로 받아들인다. 우리가 지각하는 사물은 모두 공간 안에 있는 것으로 받아들이며, 또한 이 사물을 시간에 속하는 것으로 받아들인다. 물론 공간과 시간은 우리 주관에 속한다. 그럼에도 우리는 공간 형식과 시간 형식을 형태적인 것과 유비적인 것으로 생각한다. "공간은 **주어진**

무한한 크기"로 표상된다.[30] 공간은 무한한 크기이면서, 동시에 이 크기
는 이미 주어진(있는) 것으로 표상된다는 의미이다. 그런데 시간은 내
적 직관이기 때문에 형태로 표상되지 않는다. 그렇지만 형태로 표상되
지 않는 이 결여를 보완하기 위해 칸트는 시간 형식을 선으로 표상한
다. 다시 말해서 연속되는 시간을 "무한히 뻗어나가는 하나의 선"[31]으로
표상한다. 칸트가 시간 형식을 형태와 유비적인 것으로 표상해서 '하나
의 선'으로 본 것은, 공간 형식과 더불어 우리 인간의 인식 조건을 한계
지운 것으로 볼 수 있다. 인간은 형태적인 것, 또는 형태와 유비적인 것
으로만 사물을 인식할 수 있다. 그런데 형태적인 것으로 포착한 것을
생각, 개념으로 전환하는 일은 어떻게 가능한가? 여기에 상상력의 역할
이 필요하다. 상상력은 형태적인 것으로 포착하는 작용과 생각하는 작
용을 매개하는 역할을 한다. 상상력은 직관 작용과도 관계하고, 또 사
고 작용과도 관계한다. 우리는 여기서 이러한 질문을 할 수 있다. 우리
는 왜 상상력을 필요로 하는가?

　칸트가 말하는 직관은 사물을 '직접적으로 봄'[32](단박에 · 한꺼번에
봄)을 의미한다. 한데 '직접적으로 봄'을 통해 우리는 아직 아무것도
인식하지 못한다. '직접적으로 봄'으로써 사물을 인식하는 자가 있다
면 그는 인간과 다른 존재일 것이다. 인간은 개별자를 '직접적으로 봄'

30　"eine unendliche g e g e b e n e Größe", B 40.

31　"eine ins Unendliche fortgehende Linie", A 33/B 50.

32　플라톤이 말하는 이데아는 이와 같은 것이다. 인간은 신체와 더불어 있기 전에는
순수 영혼의 존재로서, 이데아의 세계를 통찰(직접적으로 봄)할 수 있었다. 하지만 신
체와 더불어 이 세상에 살게 되면서 그러한 인식능력을 잃어버리게 되고, 감각을 통해
이데아의 그림자 세계가 참된 세계인 양 인식하고 산다. 인간은 살아 있는 한 철학함으
로써 비로소 이데아를 다시 인식(상기)할 수 있게 되며, 나아가 신체를 완전히 탈피하
고 순수 영혼이 된 다음에 다시 순수 이데아의 세계를 직관(통찰)할 수 있게 된다.

을 통해서는 그 개별자를 파악할 수 없다. '직접적으로 본 것'을 개념화해야만 그 개별자가 무엇인지를 비로소 규정할 수 있다. 이것은 사물 인식에서 인간의 근본적인 한계이다. 우리는 사물을 우선 공간적·시간적으로 직관해야만 그 사물과 관계할 수 있지만, 이 직관으로는 그 사물을 아직 인식할 수 없다. 인식하는 데는 개념 작용이 추가되어야 한다.

이것은 개별성과 보편성 사이의 문제이기도 하다. 우리는 사물을 언제나 개별적이고 직접적이고 경험적으로 직관·접촉하지만, 이 사물이 무엇인지를 알기 위해서는 보편적 개념을 필요로 한다. 보편적 개념은 말 그대로 보편적이고 간접적이고 선경험적이다. 서로 상이한 양자의 특성을 매개하는 것이 상상력이고, 상상력은 결국 개별성과 보편성을 매개하는 역할을 한다. 개별적인 사물은 그림의 형태를 지닌 것이고, 보편적인 개념은 그러한 형태를 지니지 않은, 순전한 사고이다. 그러면 상상력은 어떤 작용으로 이 상이한 양자를 매개하는가? 그것은 그림이면서도 보편적인 성격을 지녀야 한다. 그것이 바로 도식이다. 칸트는 그림·상(Bild[33])과 도식(Schema)을 구별한다. 그림은 개별적 상이라면, 도식은 보편적 상이다. 우리가 직관하는 상은 언제나 개별적이다.

---

[33] 칸트는 Bild라는 말을 Schema라는 말과의 관계에서 말하고, 어느 곳에서는 잡다 (Mannigfaltiges)라는 말과의 관계에서 말한다. Schema와의 관계에서 Bild는 개별적, 경험적 그림·상을 의미한다. 잡다(Mannigfaltiges)와의 관계에서 Bild는 '하나의 상'으로 만드는 통일 작용의 결과이며, 이것은 개별적, 경험적 그림·상이다. 이러한 경험적 그림·상은 경험적 상상력의 결과이다. 이렇게 볼 때 Bild는 경험적 상이라면 Schema는 선험적 상이다. 그리고 칸트는 상상을 경험적 상상력과 선험적 상상력으로 구별한다.

"상상력은 말하자면 직관의 잡다를 하나의 **상**으로 만들어야 한다. 따라서 상상력은 그 전에 인상들을 자신의 활동 안으로 받아들여야 한다. 다시 말해서 인상들을 포착해야 한다." (A 120)

그러면 보편적 상이란 어떤 것인가? 도식은 상상력이 종합하는 기능에서 발생하는데, 상상력의 종합은 개별적 직관을 통일함으로써 가능하다. 칸트가 수 그림과 수 도식을 비교하는 예를 통해 생각해보자. 5라는 수의 그림은 점을 다섯 개 나란히 찍어 보일 수 있다. 그러나 수 도식은 이와 다르다. 수 도식은 개별적인 그림일 수 없다. 수 도식은 수 일반[34]을 생각하되, "일정한 개념에 따라 한 양(예를 들어, 1000)을 그림으로 표상하는 방법(Methode)의 표상"[35]이다. 이 '방법의 표상'은 한 개념에 그에 해당하는 그림을 부여하는 일이며, 이것은 "상상력의 보편적 방식(Verfahren)의 표상"[36]이다. 칸트의 이러한 서술에 따라, 우리는 그림과 도식을 개별적 그림과 보편적 그림이라고 대비시킬 수 있겠다. 개별적 그림은 구체적으로 그릴 수 있지만, 보편적 그림은 구체적으로 그릴 수 없다. 보편적 그림은 개별적 그림을 그리기 위한 보편적 방식인 것이다. 그리고 이 보편적 방식은 개념에 따른다. 이렇게 하여 칸트는 상상력의 작용에 따른 도식을 개별적 직관과 보편적 개념 사이에 제삼자(ein Drittes)[37]로 놓는다. 이 제삼자는 한편으로는 범주와 같고 다른 한편으로는 현상과 동종적이어야 한다. 이 매개적인 표상은 경험적인 것이 섞이지 않아 순수한 것이다. 하지만 이 표상은 한편으로는 지성적이고 다른 편으로는 감성적이어야만 한다. 그러한 것은 선험적 도식이다.[38]

우리는 여기서 칸트가 말하는 도식이 데카르트가 말하는 물체의 본

---

34 수 일반은 5가 될 수도 있고 100이 될 수도 있고 그 어떤 수가 될 수도 있다.

35 A 140/B 179.

36 같은 곳.

37 A 138/B 177.

38 같은 곳 참조.

성인 연장과 유사한 점이 있다는 것을 생각하게 된다. 물론 데카르트는 물체에 대한 우리의 인식이 단지 개연적 추론이라고 말하고, 칸트는 물체에 대한 우리의 인식은 사물의 현상에 대한 확실한 인식이라고 말하는 점에서는 근본적으로 차이가 있다. 하지만 데카르트는 물질의 본성을 연장으로 보며, 연장은 물체의 직접적 그림이 아니라 수학적 본성이다. 그리고 데카르트에서 수학적 본성은 사물의 개별적 그림을 가리키는 것이 아니라, 보편적 성질을 가리킨다. 그리하여 데카르트는 우리가 물체 자체에는 접근할 수 없지만, 우리의 수학적 개념을 통해 물체에 불확실하나마 접근할 수 있다고 본 것이다. 데카르트가 말하는 연장을 칸트가 말하는 도식과 비교해 볼 때, 데카르트가 말하는 **연장**(크기)은 물체의 직접적 **그림**과 칸트가 말하는 **도식** 사이에 있는 것 정도로 생각할 수 있다고 본다.

칸트는 감성과 지성의 병발 '문제'를 상상력의 도식을 매개로 해서 해결할 것을 시도하고, 이렇게 해서 감성과 지성 사이에 종합·결합·관계·통일 작용이 일어난다. 서로 상이한 표상들, 다시 말해서 감성 표상(그림)과 지성 표상(생각) 사이에 종합·결합·관계·통일 작용이 일어나는 것이다. 그런데 이 작용의 궁극적 근거는 무엇인가?

칸트가 1772년 마르쿠스 헤르츠에게 보낸 편지에서 자신이 앞으로 형이상학을 정초하기 위해 해결해야 할 과제라고 생각했던 것을 『순수이성비판』의 말로 표현해보면, '어떻게 우리에게 선험적 종합판단이 가능한가?'인데, 이 과제를 해결하는 데 상상력과 도식의 의미가 중요한 역할을 하고 있다. 그런데 상상력의 작용에 따라 형성되는 선험적 도식[39]

---

39   A 138/B 177.

은 선험적 종합판단의 정당성을 논의하는 데에 말 그대로 제삼자 (Drittes), 매개자(Vermittelndes)일 뿐, 궁극적 근거는 아니다. 선험적 종합판단의 궁극적 근거를 추적하기 위해『순수이성비판』에서 선험적 연역을 살펴보자.

선험적 연역에서 칸트는 범주와 대상의 관계를 논하고 있다. 칸트는 우리의 표상이 대상과 관계하는 방식을 두 가지로 나눈다. 그것은 대상이 우리의 표상을 가능하게 하는 방식과 우리의 표상이 대상을 가능하게 하는 방식이다. 대상이 우리의 표상을 가능하게 하는 방식은 경험적 개념의 경우이다. 칸트는 우리의 개념이 경험적으로 어떤 발생 과정을 거쳐 생겨나는가를 추적하지 않는다. 그것은 칸트의 학문적 목적이 아니다. 칸트는 우리의 인식 과정을 선험적인 방식으로 정당화하고자 한다. 우리의 인식이 '실제로', 선험적 근거에 바탕을 두고 있다고 생각하기 때문이다. 실제로 우리가 갖고 있는 선험적 학문으로 칸트는 수학과 물리학을 꼽고 있다.[40] 우리가 확실한 학문으로 정초된 수학과 물리학을 실제로 이미 갖고 있지만, 칸트는 나아가 이 학문들의 선험적 정당성을 증명하는 일을 선험적 연역에서 스스로 떠맡고 있는 것이다. 이러한 증명을 통해 자신이 정초하고자 하는 형이상학[41]의 성격도 밝혀진다.

선험적 연역에서 범주와 대상의 '관계'를 증명하고자 하지만, 이 문제는 결국 범주의 가능 근거를 묻는 일이다. 왜냐하면 이 일은 범주가 대상에 적용되는 실제적 근거라는 것을 밝히는 일이기 때문이다. 그리

---

[40] 칸트는『순수이성비판』에서 물리학(Physik, B X), 자연과학(Naturwissenschaft/ Physica, B 17)이라고 표현한다.

[41] 『순수이성비판』작업은 나아가 자신이 정초하고자 하는 형이상학의 전초 작업이 된다. 미래에 정초할 형이상학을 칸트는 이 책에서 자연형이상학(Metaphysik der Natur, A XXI, B XLIII)이라고 표현한다.

하여 범주의 원천, 범위, 객관적 타당성을 증명하는 일이 선험적 연역의 일이자 『순수이성비판』의 핵심 과제이다. 범주의 원천이란 범주가 어디에서 비롯하는가를 묻는 것이고, 범주의 범위란 범주가 어디까지 적용될 수 있는가를 묻는 것이고, 범주의 객관적 타당성이란 우리의 순수 사고인 범주가 어떻게 경험 세계에 적용될 수 있는가를 묻는 것이다. 이 세 가지 문제는 순수 지성 개념인 범주의 객관적 타당성을 천착하는 일로 모아질 수 있다.

만일 우리가 사물을 있는 그 자체대로 인식할 수 있다면, 우리는 직관 형식과 사고 형식을 따로따로 필요로 하지 않을 것이다. 그런 존재에게는 직관 형식과 사고 형식이 완전히 일치할 것이다. 그리고 그림으로 포착하는 것과 사고로 생각하는 것이 완전히 겹칠 것이다. 그런데 우리 인간은 그림으로 포착하는 것과 사고로 아는 것을 구별한다. 그리고 칸트가 말하는 직관 형식과 사고 형식을 인식능력으로 인정한다면, 우리는 이 양자의 협력을 통해서만 사물을 비로소 인식한다는 것 또한 받아들여야 한다. 그렇기 때문에 우리가 순간적으로 어떤 사물을 포착하고, 이와 더불어 그것을 개념에 따라 생각하지 못했다면, 우리는 그 사물을 인식했다고 말할 수도 없다. 우리는 사물을 순간적으로 포착하면서 동시에 개념으로 생각해야 한다. 한데 개념으로 생각한다는 것은 무엇인가? 우리 앞에 주어진 그 어떤 것을 개념과 관계시켜야 한다. 우리 앞에 주어진 어떤 것을 있는 그대로 잡다인 채 놓아둔다면, 그 잡다를 인식할 수 없다. 칸트가 말하는 '잡다'(Mannigfaltiges)는 아직 개념으로 인식되지 않은 그 어떤 것일 뿐이다. 개념과 연결되지 않았기 때문에 그 잡다는 아직 통일된 하나의 표상이 아니다. 결합, 종합, 통일, 관계는 사물의 모습이 아니라, 우리 생각의 능력이 능동적으로 사물에 부여한 결과이다. 이 능력은 직접적으로 사물을 포착하는 직관 능력인 시간과 공간도 아니다. 이 능력은 사고능력으로서 칸트는 이것을 지성 (Verstand)라고 부른다.

칸트는 순수 지성 개념의 선험적 연역을 초판에서는 종합(Synthesis) 개념을 중심으로 논하는 데 비해, 2판에서는 결합(Verbindung) 개념을 중심으로 논한다. 초판에서는 삼중의 종합을 논하는데, 그것은 직관의 종합, 상상력의 종합, 개념의 종합이다. 우리는 사물을 받아들일 때 처음에 그것을 어떤 것으로 포착(Apprehension)해야 한다. 포착한다는 것은 아직 어떤 것으로 규정되지 않은 그 어떤 것을 죽 훑어(Durchlaufen, scanning an image [42]) 하나의 상으로 통째로 묶어 받아들인다(Zusammennehmung)는 뜻이다. 직관의 이러한 종합은 개관(Synopsis[43])이라고 부를 수 있으며, 개관은 한꺼번에 본다는 의미이다. 다양한 표상으로 이루어진 잡다를 한꺼번에 보는, 포착하는 일이 선행하지 않는다면, 그 대상에 대한 인식은 이루어질 수 없을 것이다. 그리고 잡다를 포착한 다음에, 우리는 그것을 법칙에 따라 다양한 표상이 서로 연관성을 이루도록 통일된 표상을 생각할 수 있어야 한다. 이것은 경험적 연상이며 경험적 상상력을 따른다. 이러한 경험적 종합은 경험 이전에도 우리가 표상들을 선험적으로 종합할 수 있는 능력을 전제로 한다. 칸트는 상상력의 순수하고 선험적인 종합을 인정한다.[44] 그러나 상상력의 종합은 상을 통일적으로 만드는 능력인데, 상을 통일적으로 만드는 일은 우리가 개념을 선험적으로 인식하는 능력을 갖고 있다는 것을 통해서 가

---

42 Patricia Kitscher, *Kant's transcendental Psychology*, Oxford University Press, 1990, 156쪽.

43 "Synopsis", A 97. Synopsis는 감관의 직관으로 받아들인 잡다(Mannigfaltiges)를 하나의 전체로 묶어보는 작용을 말한다.

44 A 102 참조.

능하다. 우리가 개념을 선험적으로 생각할 수 없다면, 우리는 우리가 만드는 상이 무엇인지를 이해하지 못할 것이다. 칸트는 우리 경험[45]의 근본적 근거를 지성 개념에 두고 있다. 내가 경험하는 것이 내 경험으로 되기 위해서는 나는 그것을 의식해야 한다. 내가 그것을 의식한다는 말은 내가 경험하는 것을 내 의식 속에서 결합해서 생각하며, 여러 개의 표상을 결합해서 생각한다는 의미이다. 여러 표상들을 결합하는 것을 내가 의식할 때 비로소 나는 그 결합된 표상을 인식할 수 있다. 이러한 인식 과정은 통각과 연결된다. 칸트는 통각(**Apperzeption**)을 경험적 통각과 선험적 통각으로 구별한다. 경험적 통각은 내감과 같으며, 선험적 통각은 모든 인식의 근원적이며 선험적인 조건이다.[46] 그리고 통각은 지각(**Perzeption**)과 필연적으로 연결되는 개념이다. 내가 어떤 대상을 지각할 때 나는 동시에 나 자신을 의식(자기의식, Selbstbewußtsein)한다. 일상생활에서 우리는 지각이 통각과 직결된다는 것을 의식하지 못하는 것 같지만, 곰곰이 따져보면 우리는 '자기도 모르는 채로'(거의 무의식적으로) 실제로는 그것을 의식하고 있다. 왜냐하면 우리가 어떤 것을 지각하면서 자기 자신을 의식하지 못한다면, 사실은 그 어떤 것을 지각하지도 못했을 것이기 때문이다. 예를 들어 내 앞에 아주 친한 친구가 지나가는데도, 내가 멍하니 있다가 그 친구를 알아차리지 못했다면(친구 지각), 그 순간 나는 나 자신을 의식하지 못한 상태에 있었던 것이다(나 자신 의식). 그리고 그 친구를 알아차린 경우, 나는 그 친구를 여러 가지 표상으로 결합하여 생각한 것이며, 동시에 나

---

45 선험적 연역 초판의 맨 앞 소주제는 '경험의 가능성을 위한 아프리오리한 근거에 대하여'(A 95)이다. 칸트는 여기서 우리의 인식능력 일반을 통해서 가능한 **경험**을 말하고 있다. 다시 말해서 칸트가 말하는 법칙의 근거 위에서 전개되는 경험을 말한다.

46 A 107.

자신을 의식한 것이다. 그 사람이 아주 친한 내 친구라는 표상, 얼마 정도의 키, 어떤 스타일의 옷을 입는 친구, 어떤 가족 상황에서 사는 친구등, 여러 개의 표상을 결합하여 나는 그 사람을 그 친구로 동일시한다. 그리고 이때 내가 이러한 여러 개의 표상을 연결해서 생각할 수 있다는 것은 내가 나를 나 자신으로 동일시하여 생각할 수 있다는 것을 말한다. 심한 치매 상태에 있는 사람은 이러한 자기 동일시 상태가 무너진 상태에 놓여 있게 된다. 이러한 서술은 경험적 통각을 말한다. 그런데 경험적 통각은 근원적, 선험적 통각에 바탕을 두고 있다. 칸트는 **자기 자신의 동일성**을 근원적이고 필연적으로 의식하는 것은 동시에 개념에 따라서, 다시 말해 규칙에 따라서 **현상을 종합하는 필연적 통일**을 의식하는 것이라고 말하고 있다. 그러므로 칸트 인식론에서 통각은 동시에 지각이고, 지각은 동시에 통각이다. 의식은 자의식이고, 자의식은 의식이다. 결국 대상 인식은 나 자신에 대한 인식이다. 칸트는 통각의 근원적, 종합적 통일(자기의식의 근원적 통일)이 왜 대상의 선험적 인식의 근원적 원리인지에 대해 특히 선험적 연역 재판 B 131-139에서 논하고 있다.

칸트가 선험적 연역 초판에서 삼중의 종합을 통해서 지성 개념의 객관적 타당성에 대해 논했다면, 재판에서는 지성, '나는 생각한다.' 개념을 중심으로 논한다. 초판에서 논한 삼중의 종합도 결국에는 지성 개념의 종합 작용으로 통일된다는 점에서, 지성의 통일 작용이 어떠한 것인지에 대해 논하고 있다고 볼 수 있다. 칸트는 우리 인식의 선험적 근거를 탐구하는데, 시·공 형식도 선험적이지만, 시·공 형식은 대상에 의해 촉발되는 능력이며, 이런 점에서 시·공 형식은 수용적, 수동적이다. 우리 주관이 촉발되어 받아들이는 다양한 표상들도 서로 연결되지 않는다면, 그 표상들은 우리에게 떠다니는 상들에 불과할 것이고, 또 서로 연결된다고 해도 그 연결이 우연적인 것인 것으로 그친다면, 우리는 그 연결에 필연성을 부여할 수 없을 것이다. 칸트는 우리가 만드는 표상들에 필연성을 부여할 수 있다고 보며, 그 필연성은 지성능력에 근거한다고 본다. 그런데 칸트가 볼 때 지성능력은 순수한 논리적 능력으로 그치는 것이 아니라, 이 능력은 대상을 인식할 때 역동적으로 작용하는 능력이다. 칸트는 이러한 성격을 자발성의 작용[47]이라고 부른다. 자발성 작용은 우리가 대상을 인식할 때 대상의 다양한 표상을 하나의 대상에 대한 표상이 되도록 통일하는 작용을 말한다. 직관의 잡다를 하나의 대상에 대한 인식이 되도록 하려면, 나는 그 잡다가 나의 사고 작용과 관계한다는 것을 의식해야 한다. 칸트는 이것을 '나는 생각한다'(Ich denke)로 표현한다. "'나는 생각한다.'가 내 모든 표상을 수반할 수 있어야 한다. 왜냐하면 그렇지 않을 경우 전혀 생각될 수 없는 것이 내 안에서 표상될 수도 있을 것이기 때문이다. 그러한 것은 표상이 불가능하거나, 적어도 내게는 아무것도 아닌 것이나 마찬가지라는 말이 된다."[48]

칸트는 '나는 생각한다.'는 순수 통각, 근원적 통각이라고 말한다.[49] 순수·근원적 통각인 '나는 생각한다.'는 표상들을 근원적으로 종합하는 통일 작용이다. 근원적으로 종합하는 통각은 그러나 그 자체로 독립해서 성립하지는 않는다. 자신이 결합하는 과정을 스스로 의식함으로써 이 통각이 근원적으로 동일한 하나임을 의식한다. 칸트는 이러한 의미를 다음과 같이 서술하고 있다. "내가 주어진 표상들의 잡다를 **하나의 의식에서** 결합할 수 있음으로써만, 내가 이 **표상들 자체에서** 의식의 동

---

47   "Aktus der Spontaneität", B 130.
48   B 131-132.
49   B 132.

일성을 표상하는 것이 가능하다."[50] 표상들을 결합하는 능동적인 작용
이 자기 자신의 작용임을 의식함으로써 비로소 자기 자신의 의식이 동
일한 하나임을 의식하는 것이다. 그렇다고 해서 동일한 하나의 의식이
우리 의식 작용의 결과에 불과하다는 것은 아니다. 동일한 하나의 의식
은 우리 의식의 근원이다. 다시 말해서 우리 의식이 근원적으로 하나이
기 때문에 우리는 다양한 표상들을 종합할 수 있고, 이러한 종합 작용
이 자신의 작용임을 의식하는 것이다. 칸트의 다음의 표현은 이러한 것
을 의미하고 있다. "그러므로 통각의 종합적 통일은 우리가 모든 지성
사용, 심지어 논리학 전체, 그리고 논리학에 따라 선험-철학을 부착해
야 하는 최고 지점이다. 실로 이 능력은 지성 자체이다."[51] 그리하여 지
성 개념의 객관적 타당성은 우리 의식이 근원적으로 통일하는 작용이
라는 것을 잡다의 표상에서 의식하는 데서 성립한다. "그러므로 의식의
종합적 통일이 모든 인식의 객관적 조건이다."[52] 칸트는 지성의 이러한
종합적 통일 작용을 통해 종래의 논리적, 분석적 사고 작용과 구별되는
인식론을 전개하고 있다. 칸트는 분석, 분해보다 종합, 통일, 결합, 관
계를 근원적인 사고 작용으로 인정하는 논리학을 전개하고 있다. 이렇
게 볼 때 칸트는 선험적 분석판단보다 선험적 종합판단을 지성의 근원
적 사고 작용으로 인정하고 있다. 그러므로 칸트가 정초하고자 하는 형
이상학은 분석판단이 아니라 선험적 종합판단을 통해 이루어진다.

 그러나 여전히 해결되지 않은 문제가 있다. 칸트가 1772년 헤르츠에
게 보낸 편지에서 말한 '형이상학의 모든 비밀을 풀기 위한 열쇠'가 확

---

50 B 133. (밑줄은 필자가 침)

51 B 134 각주.

52 B 138.

실히 나왔는가 하는 문제이다. 위에서 논한 대로 지성의 근원적 종합적 통일 작용이 우리가 경험 세계를 통일적인 것으로 파악하는 근원적 작용이라는 것을 인정한다고 해도, 지성과 이질적인 경험 세계 사이의 간극(Lücke)[53]이 완전히 메워진 것은 아니다. 그리고 감각에 주어진 것을 지성 개념이 완전히 순수하게 규정한다고 말한다면, 칸트의 인식론은 다시 전통적 이성론으로 회귀하게 된다. 또한 칸트가 말하는 지성 개념은 실천철학의 경우가 아니라면, 대상을 창조하는 그런 개념은 아니다. 지성과 감성 사이에 놓여 있는 근원적인 틈은 여전히 남아 있다. 그러나 이 간극이 완전히 연결되지는 못할지라도, 간극 사이에서 어떤 역동적인 작용이 일어나는 것은 아닐까?

우리의 인식은 감관, 상상력, 지성 사이의 역동적인 작용을 통해 발생한다. 우리에게 인식의 대상이 되는 것은 우선 감관을 통해서 주어지는 표상이다. 감관표상을 우리는 지성 표상인 개념에 연결시킨다. 그러나 감관표상과 지성 표상이 그렇게 순조롭게 이어지는 것은 아니다. 더욱이 오류, 착각이 일어나는 경우에는 감관표상과 지성 표상 사이에 더 복잡하고 혼란스러운 작용이 일어난다. 감관표상과 지성 표상 사이에 상상력의 역할이 생각보다 훨씬 커다란 역할을 할 수도 있다. 칸트는 상상력을 경험적인 것과 선험적인 것으로 구별한다. 경험적 상상력은

---

53   칸트는 A 393에서 생각하는 주관과 외적 직관의 관계에 대한 우리의 지식에는 근본적으로 **간극**(Lücke)이 있다고 말하고 있다. "그러므로 생각하는 것과 연장된 것의 상호 관계에 대한 악명 높은 물음에서 상상적인 모든 것을 제거하면, 그 물음은 단지 '**도대체(überhaupt) 어떻게 외적 직관이**, 다시 말해서 공간 직관(형태와 운동으로 공간을 채우기)이 **생각하는 주관 안에서 가능한가**'가 된다. 그러나 어느 누구도 이 물음에 대한 답을 찾지 못할 것이며, 누구도 우리 지식(Wissen)의 이러한 간극(Lücke)을 결코 메울 수 없다…."(A 393) 그리고 A 395에서 칸트는, 사람들은 이러한 간극(Lücke)을 이성의 오류추리를 통해서 메우려고 하는데, 그렇게 하게 되면 우리는 우리의 생각(Gedanken)을 사물(Sachen)로 실체화하게 된다고 말하고 있다.

경험적인 그림·상을 그리는 능력이다. 우리는 지각하는 대상(아직 무엇으로도 규정되지 않은 잡다)을 순간적으로 자신의 상상에 따라 어떤 그림으로 전환한다. 그런데 이 전환은 사고 작용과 긴밀한 관계에 있다. 우리는 지각하는 대상을 그 자체로 감각하는 것이 아니라, 우리가 만든 상에 따라 감각하는 것이다. 그런데 이때 우리는 우리의 사고에 따라 상을 만드는 것이다. 다시 말해서 우리가 감각하는 대상은 우리의 상상에 따라 만들어지는 상인데, 이 상은 다시금 우리의 사고에 따라 만들어진다는 의미이다. 하지만 이 방향만으로 다 설명된 것은 아니다. 우리의 사고에 따라 상을 만들어서, 그런 후 그 상에 따라(상상) 우리 앞에 놓인 사물을 지각할 때, 동시에 감관이 지성에 영향을 미치기도 하는 것이다. 칸트는 이 문제를 오류 판단과 관계에서 이렇게 서술하고 있다.

> **지성**이 자신의 기능을 적용하는 대상인 **감성**은, 이것이 **지성**에 종속할 때는 실재적인 인식의 원천이다. 그러나 이 동일한 **감성**이 지성 활동 자체에 영향을 미쳐서, 지성의 판단을 규정하는 한에서는, 그것은 오류의 근거이다.[54]

이 인용문을 따를 때, 실재적인 인식에서는 감성이 지성 아래에 놓이지만, 오류 판단에서는 감성이 지성 활동 자체에 영향을 미친다. **그런데 감성이 지성 활동 자체에 영향을 미친다는 것은 무슨 의미인가?** 감성은 전혀 판단하는 능력이 아니므로[55] 감성만으로는 상을 만들 수도 없다.

---

54 B 351 각주. (강조는 필자가 함)
55 A 294/B 350 참조. "감관의 표상 안에는 (이 표상은 전혀 판단을 포함하지 않기 때문에) 오류 또한 없다."

위에서 논했듯이, 우리 눈앞에 놓인 사물을 인식할 때 우리는 그것의 상을 우리의 사고에 따라 만들어서, 다시 말해서 사고에 따라 상상하여 사물을 지각한다. 우리 눈앞에 놓인 사물도, 우리는 그것을 우리의 감성만으로 직접적으로 지각할 수 없다.

필자는 「칸트철학과 불교철학에서 마음과 물질의 관계 - 오류 판단을 중심으로 -」[56]에서 마음, 물질, 관계, 오류, 지각, 판단, 상상력의 의미를 통해 우리 마음과 대상 사이의 관계를 논했다. 하지만 이 논문을 쓰면서도, 감성과 지성 사이에서 상상력이 어떤 역할을 하는지를 또렷하게 그릴 수 없었다. **상상력이 감성과 지성 사이에서 매개 역할을 한다고 하지만, 이 매개 역할을 어떻게 시작하는지가 불확실하다.** 선험적 연역 2판에서는 상상력이 지성 활동에 종속되는 방향으로 서술된다면, 초판에서는 상상력의 종합 능력에 대해 재판에서보다는 더 적극적으로 논하고 있다.[57] 그리고 상상력은 지성과 감성과 관계함으로써 작동하지만, 상상력은 감성도 아니고 지성도 아니다. 감성과도 다르고 지성과도 다른 상상력이, 감성과 관계할 때는 그 사이에 어떤 작용이 일어나며, 또 지성과 관계할 때는 그 사이에 어떤 작용이 일어나는가?[58]

여기서 칸트의 말에 따라 감성, 지성, 상상력 사이에서 일어나는 역동적 관계에 대해 살펴보기로 한다. 우리의 모든 직관은 감성적이라

---

56   최인숙, 「칸트철학과 불교철학에서 마음과 물질의 관계 - 오류 판단을 중심으로 -」, 『철학』 106집, 2011 봄, 한국철학회, 77-142쪽.

57   A 100-102(상상에서 재생의 종합에 대해) 참조.

58   이러한 문제를 생각할 때 답답해져서, 현대의 컴퓨터 기술을 통해 우리 뇌 속의 작용이 시시각각 그려주는 그림을 나는 직접 보고 싶어진다. 하지만 현재의 뇌 과학도 아직 이러한 일을 하지 못한다고 한다. 다시 말해서 우리가 어떤 대상을 지각할 때 감각과 사고, 그리고 그 사이의 긴밀한 관계를 그려주는 도표를 현대의 뇌 과학자들도 아직 만들 수 없다는 것이다.

는 점에서 상상력은 **직관**에 속한다.[59] 직관 형식에 따라 우리에게 주어지는 잡다는 아직 종합되지 않은 것으로서, 이 잡다는 상상력의 선험적 종합에 의해 형상으로 만들어져야 한다. 상상력의 선험적 종합은 형상적 종합(figürliche Synthesis, synthesis speciosa[60])이라고 불린다. 형상적 종합은 우리 주관의 형식에 따라 아프리오리하고 필연적이고[61] 선험적으로[62] 이루어지는 종합이다. 그리고 상상력의 선험적 종합이 주관의 능동적인 자발성(Spontaneität)의 행사라는 점에서 상상력은 감성을 아프리오리하게 규정하는 능력이다.[63] 감성을 아프리오리하게 규정하는 일인 상상력의 선험적 종합은 범주에 따라서 이루어진다. 그리고 이 일은 "지성이 감성에 작용하는 일"(Wirkung des Verstandes auf die Sinnlichkeit)이며, 지성이 "우리에게 가능한 직관의 대상에 … 첫 번째로 적용되는 일"(welche erste Anwendung desselben … auf Gegenstände der uns möglichen Anschauung ist)이다. 상상력의 선험적 종합은 "지성이 내감에 미치는 종합적 영향"(synthetischer Einfluß des Verstandes auf den inneren Sinn)[64]이다. 이렇게 볼 때 상상력의 종합 작용은 **지성**과 밀접하게 관련한 작용이다. 그리고 이러한 관점에서 자발성인 상상력은 생산적 상상력이라고 불리며, 생산적(produktiv) 상상력은 재생적(reproduktiv) 상상력과 구별된다.[65] 재생적 상상력은 경험적 법칙에 따라 우리가 상을 만들어내는 능력을 말

---

59 B 151 참조.

60 B 151, B 152, B 154.

61 "a priori möglich und notwendig"(B 151).

62 "transzendentale Synthesis"(B 151, B 152).

63 B 151-152.

64 B 154.

65 B 152.

하며, 재생적 상상력에 따라 우리는 사물들의 상을 연상(Assoziation)한다.

상상력의 선험적 종합(transzendentale Synthesis der Einbildungskraft)이 한편으로는 감성에 속하고, 다른 한편으로는 지성의 작용에 속한다는 점에서 상상력은 이미 이중적 의미를 자신 속에 포함하고 있다. 하지만 **여기서 우리가 커다란 관심을 갖고 있는 것은, 우리가 사물을 지각할 때 상상력이 감성과 지성 사이에서 어떤 관계에 서는가 하는 점이다. 감성이 상상력에 먼저 영향을 미치는가, 아니면 지성이 상상력에 먼저 영향을 미치는가?**

이때 우리는 진리 판단(맞는 판단)과 오류 판단(틀린 판단)을 구별해야 한다. 진리 판단의 경우, 우리가 눈앞의 사물을 지각할 때, 그것을 포착하는 즉시 우리는 지성 개념에 따라 상상력을 통해 그것의 그림(상)을 만들어서 그 그림을 눈앞의 사물에 적용한다. 눈앞의 사물에다 지성 개념에 따른 상을 적용하는 것은 상상력의 선험적 작용의 결과이다. 그런데 오류 판단의 경우에는 이 과정이 어긋나게 된다. 지성 개념에 따라 상상력의 선험적 종합의 과정이 순리적으로 일어나지 않고, 오히려 감성이 지성에 영향을 미쳐 오류 판단이 결과하게 되는 것이다. 오류 판단이 발생하는 경우에 대해 칸트가 서술하고 있는 부분을 여기에 인용한다.

그런데 우리는 이 두 가지 인식 원천[지성과 감성] 외에 어떠한 다른 인식 원천도 갖고 있지 않기 때문에, 오류는 오로지 **감성**이 지성에게 부지불식간에(unbemerkt, unnoticed) 영향을 미침으로써 야기된다는 것이 귀결된다. 이를 통해 판단의 **주관적 근거**가 객관적 근거와 서로 뒤섞이게 되고, **주관적 근거**가 객관적 근거로 하여금 자신의 규정에서 벗어나게끔 하는 일

이 발생하게 된다.[66]

위의 인용문을 따를 때, 칸트는 오류는 감성이 지성에 영향을 미침으로
써 기인한다고 본다. 그런데 감성이 지성에 영향을 미치는 오류의 과정
이 이 인용문을 천착해도 완전히 명료한 것은 아니다. "감성이 지성에
게 **부지불식간에** 영향을 미침으로써"라는 말이 보여주듯이, 이 영향은
인식하는 주관 자신도 의식하지 못하는 채로 일어나는 것이 통상일 것
이다. 감성이 지성에 영향을 미침으로써 판단의 주관적 근거가 객관적
근거와 뒤섞이게 되어, 객관적 판단이 제대로 발생하지 못하는 결과에
이르게 되며, 이것이 오류이고 착각이다. 칸트는 위의 인용문에서 '주
관적 근거'라는 말을 감성에 연결시키고 있다. 우리가 사물을 지각할
때 감성의 주관적 근거가 객관적 근거로 하여금 적합한 일을 하지 못하
게 함으로써 오류 판단이 일어난다고 보는 것이다. 그리고 칸트는 감성
에 따른 경험적 가상이 상상력에 영향을 미침으로써 판단력이 잘못된
방향으로 유도된다고 본다.

> 경험적 가상(예를 들어 시각적 가상)은 대체로는(sonst: otherwise) 참
> 인 지성 규칙들을 경험적으로 사용할 때 발생하며, 이러한 **경험적 가상에**
> **의해** 판단력이 **상상의 영향을 통해서** 잘못된 방향으로 유도된다.[67]

이 인용문을 따를 때, **경험적 가상**에 따라 **상상력**이 영향을 받게 되
고, 그 결과 '대체로는 참인 지성 규칙들'을 잘못 사용함으로써 판단력

---

66   A 294/B 350-351. (괄호 부분과 강조 표시는 필자가 함)
67   A 295/B 351-352. (강조는 필자가 함)

3장 서로 다른 표상 사이의 관계   147

이 잘못된 방향으로 유도된다. 다시 말해서 오류 판단은 **경험적 가상**에 따라 **상상력**이 영향을 받아, **지성 규칙들**을 잘못 사용하는 데서 발생하는 것이다. 이것은 앞의 인용문에서 '감성이 지성에 종속할 때는 **실재적 인식**이 발생하는 데 비해, 감성이 지성 자체에 영향을 미쳐서 판단을 규정하는 경우에는 **오류**가 발생한다'고 말한 것과 비슷한 의미이다.

그런데 이러한 논의를 통해서도 여전히 불명확한 부분이 있다. 오류 판단이 발생하는 경우, 감성이 지성에 영향을 미칠 때, 감성이 지성에 영향을 미치게끔 되는 그 최초의 순간은 왜 일어나는가? '경험적 가상'이 상상력에 영향을 미칠 때, 이 '경험적 가상'은 왜, 어떻게 생겨나는가?

칸트의 논의에서도 이 지점은 드러나지 않는다. "부지불식간에"(un-bemerkt: unnoticed)라는 표현 정도가 있을 뿐이다. 물론 칸트는 자신의 인식론에서 경험적, 심리적 과정에 대해 세세히 추적하는 것을 목표로 하지 않았기 때문에, 이러한 불명료함을 칸트에게 탓할 수는 없다. 그러나 우리는 우리 인식의 심리적 과정에 대해서도 알고자 하는 욕구를 갖고 있다.

필자는 칸트가 말하는 '부지불식간의' '경험적 가상', 지성에 영향을 미치는 감성의 작용은 각자의 심리적·경험적 습관, 본능, 또는 의지에서 비롯한다고 생각한다. 이러한 습관, 본능, 의지[68]는 각자가 살아온 역사를 통해 형성된다고 본다. 자신이 살아온 역사를 통해 축적된 심리적 경향이 우리의 지각에 영향을 미치기도 하는 것이다. 데카르트가 이러한 점에 대해 직접적으로 논하지는 않았지만, 판단을 의지와 연결하여 논했다는 점에서 필자는 데카르트를 판단과 의지에 대해 논한 선구

---

68   우리의 의지는 각 개인의 심리적 기제, 사고능력, 살아가면서 쌓이는 습관, 본능 등과 복합적으로 연관되어 작동한다.

자라고 생각한다.

　데카르트는 『제일철학에 대한 성찰』 제4성찰에서 의지를 판단과 연관하여 논하고 있다. 제4성찰에서 데카르트는 '참과 거짓'에 대해 논한다. 서양철학의 전통에서 의지는 흔히 실천철학의 문제와 연관하여 논의된다. 우리 인간의 행위가 다른 동물과 달라야 하는 근거로 우리는 의지의 자유를 내세운다. 그리고 전통적 서양철학에서는 인간의 의지의 자유는 신의 절대적 자유에서 비롯한다고 주장한다. 그리고 오늘날도 우리는 인간이 의지의 자유를 지닌 존재인지 아니면 자연의 다른 존재들과 마찬가지로 필연적 법칙에 종속되는 존재인지에 대해 논하고 있다.

　그런데 데카르트는 위 책에서 의지의 자유를 사물을 판단하는 능력과 연관하여 논하고 있다. 사물에 대해 판단하는 능력으로 우리는 지성(오성)을 꼽는다. 생각하는 능력, 사고능력을 판단하는 능력으로 보는 것이다. 그런데 데카르트는 사고(생각함)와 판단을 구분한다. 생각함은 인식하는 능력인 지성에서 비롯한다는 것이다. 인식하는 능력인 지성에서 비롯하는 관념들은 판단을 내릴 때 재료일 뿐, 관념들 자체만으로는 아직 판단이 아니라고 말한다. 관념들 자체만으로는 판단이 아니기 때문에, 지성의 관념들만으로는 오류도 있을 수 없다.[69] 이것은 칸트에게도 마찬가지이다.[70] 판단을 내리는 데에는 **선택**이 개입한다. 판단하는 능력은 선택하는 능력이다. 그리고 선택의 능력은 의지의 자유에서 비롯한다.[71] 인간의 인식능력인 지성은 유한한 데 비해, 선택의 능력인

69　데까르뜨, 『제일철학에 대한 성찰』, 109쪽 참조.

70　A 294/B 350. "그러므로 지성 그 자체만으로는 (**다른 어떤 원인의 영향 없이**) 오류가 발생하지 않을 것이며, 또한 감관 그 자체만으로도 오류가 발생하지 않을 것이다." (강조는 필자가 함)

71　데까르뜨, 위 책, 109 쪽 참조.

의지의 자유는 무한하다. 이때 의지의 자유가 무한하다는 말은 신의 능력이 무한하다는 말과는 차이가 있다. 신의 능력이 무한하다는 것은 신에게 전지전능한 능력이 있다는 것을 말한다면, 인간의 의지의 자유가 무한하다고 할 때, 이것은 인간의 "의지가 어떤 한계 안에도 갇혀 있지 않음"[72]을 말한다. 어떤 한계 안에 갇혀 있지 않은 인간의 의지는 어디로 튈지 모른다. 자신의 현실에서 가능하지 않은 것을 생각할 수도 있고, 심지어는 자신에게 손해나 피해를 입힐 방향으로 결정할 수도 있다. 데카르트가 여기서 말하는 의지의 자유는 '자유롭게 선택할 수 있는 능력'으로 이해할 수 있다. 인간의 의지의 자유는 그 자체로는 결코 부정적인 것은 아니다. 그러나 "의지는 지성(오성)보다 훨씬 더 넓은 범위에 미치는 것인데 내가 의지를 지성(오성)과 같은 한계 안에 머물게 하지 않고, 내가 이해하고 있지도 않은 것에까지 미치게 하는 일로부터"[73] 오류가 생긴다. "내 **의지**를 내 **인식의 한계** 안에 붙들어두고, 지성(오성)에 의하여 명석·판명하게 의지에 나타나는 것에 대해서만 **판단**을 내리도록 하기만 하면, 내가 잘못한다는 것은 있을 수 없기 때문이다."[74]

　의지와 판단과 관련한 데카르트의 논의는 우리에게 훌륭한 시사점을 제시한다. 참 판단과 거짓 판단을 가르는 데 의지가 역할을 한다는 것이다. 필자는 여기에서 데카르트가 말하는 '의지'를 각 개인이 살아온 역사를 통해 쌓아온 성향 전반을 가리키는 것으로 보고자 한다. 각 개인의 의지는 결국 각 개인의 성향을 통해 표출되기 때문이다.

　　가 감성, 상상력, 지성능력을 통해 우리의 지각 판단을 논의할

72　데까르트, 위 책, 110쪽.
73　데까르트, 위 책, 111쪽.
74　데까르트, 위 책, 114쪽. (강조는 필자가 함)

때, '실재적 인식'(참 판단)의 경우에는 감성이 지성에 종속되는 데 비해, '오류'의 경우에는 감성이 지성에 '부지불식간에' 영향을 미친다고 보았다. 필자는 칸트의 이러한 논의를 데카르트의 위 논의와 연결하여 다음과 같이 해석하고자 한다. **'참 판단'의 경우에는 의지가 지성의 한계 안에 있는데 비해, '거짓 판단'의 경우에는 의지가 지성의 한계를 넘어서 판단한다. 그리고 우리의 의지는 대체로 각자 살아가는 과정을 통해 만들어진 심리적 기제, 사고능력, 감각적 본능, 습관에 따라 작동한다.**

표상들 사이의 '관계' 문제를 앞에서 지성과 감성 사이의 '관계' 문제를 중심으로 논했다. 지성과 감성 사이의 문제는 원인과 결과 사이의 관계 문제를 해석하는 데도 근본적 위치를 차지한다. 왜냐하면 우리가 직접적으로 접한다고 생각하는 우리 눈앞의 결과를 그것의 원인과 결합하려고 할 때, 우리 눈앞의 결과는 감각적 재료라면, 그것의 원인이라고 우리가 생각하는 것은 우리의 지성적 사고에서 비롯하기 때문이다. 이렇게 볼 때 표상들 사이의 관계 문제에서 인과관계 개념이 핵심적이다. 우리가 사물이나 사태를 파악할 때, 현재 발생한 것을 그것의 원인과 관계에서 생각한다. 그런데 다른 관계들에 비해[75] 결과와 원인의 관계는 보편적 법칙을 띤 것으로 생각된다. 그리고 보편적 법칙에 따라 진행되는 관계를 우리는 학문이라는 이름으로 다룬다. 칸트는 『순수이성비판』에서 이 문제를 곳곳에서 논하고 있다. 흄이 자신의 인식론에서 인과관계 개념을 핵심적 주제로 삼아 논했으며, 흄은 결국 인과관계를 우리의 습관적 생각에 불과한 것으로 결론지었다면, 칸트는 그것

75　예를 들어, 어떤 두 사람이 닮아 보인다거나, 두 개의 물체가 한 공간에 있다거나 하는 경우. 이 두 사람의 관계나 이 두 개 물체의 관계는 인과관계와 다르다.

을 반박하며 인과관계가 필연적 관계임을 논하고자 했다. 우리는 결과라는 표상을 먼저 접하고, 그런 다음 그것의 원인이라고 생각하는 표상을 결과와 연결해서 생각한다. 우리말에서는 인과관계라고 하여, 원인 개념을 앞에 표기하지만, 실은 우리는 결과를 우선적으로 접하고, 원인은 결과를 미루어서 후차적으로 생각한다. 그러므로 결과와 원인의 관계라고 표현하는 것이 더 적절하다. 이 말을 통해서 말하고자 하는 것은 순전히 개념의 순서 문제가 아니다. 우리가 직접적으로 접하는 것은 결과 표상(감각 표상)이라는 것이다. 그런데 눈앞에 전개되는 결과 표상을 지각하는 즉시 우리는 그것을 생기도록 한 원인과 연결해서 생각하게 된다(지성 표상). 하지만 원인 표상은 결과를 미루어서, 그리고 결과와 연결해서 생각한 것이지, 우리가 직접적으로 지각하는 표상이 아니다. 이러한 의미에서 우리에게 미지의 대상인 원인은 X이다.[76] "원인 개념은 발생하는 것과는 다른 어떤 것을 가리키며, 원인 개념은 이 후자의 표상 안에 전혀 포함되어 있지 않다."[77] 그러나 우리는 우리 눈앞에 일어나는 현상의 원인을 지각할 수 없는데도, 우리는 우리가 지각하는 현상과 그것의 원인이 필연적으로 결합되어 있다고 생각한다. 우리가 그 원인을 지각할 수 없으면서도, 그 원인이 우리가 지각하는 현상과 필연적으로 결합되어 있다고 생각하는 우리의 사고 속에서 그 원인은 X이다.

지성이 개념 A의 바깥에서 그것과는 다른 술어 B를 찾아낼 수 있다고

---

[76] 우리 표상(결과)의 실재성 문제를 '원인' 개념과 관계에서 데카르트는 제3성찰에서 논하고 있다. 칸트가 원인 개념을 X로서 생각하는 것과 데카르트의 생각을 유비적으로 생각해볼 수 있다.

[77] A 9.

생각할 때, 그럼에도 지성이 개념 A와 개념 B가 결합되어 있다고 여길 때,
여기서 지성이 근거를 두고 있는 **알려지지 않는 것=X**는 무엇인가?[78]

우리에게 알려지지 않는 X는 외적 대상을 지각하는 문제에도 해당한
다. 우리가 물체를 지각한다고 말할 때 우리는 그 물체에 대한 표상을
생각하는 것이다. 그리고 물체에 대한 표상은 우리 주관 '바깥의 대상'
을 가리킨다고 생각하는 것이다. 이때 '바깥의 대상'은 우리의 표상에
대해 X이다. 우리는 우리의 표상만을 알 뿐, 그 표상 '바깥의 대상 자체'
는 모른다. 그럼에도 칸트는 우리의 표상이 그 X에 '관계'한다는 것을
증명하고자 한다. 칸트 인식론에서 X는 실체 개념(칸트의 범주표 중 한
범주[79])이자, 선험적 대상[80](물자체와 구별되는) 개념으로 이해할 수 있

---

78   B 13. (강조는 필자가 함) "Was ist hier das Unbekannte＝X, worauf sich der
Verstand stützt, wenn er außer dem Begriff von A ein demselben fremdes Prädikat
B aufzufinden glaubt, welches er gleichwohl damit verknüpft zu sein erachtet?"

79   A 80/B 106. 범주표 중 셋째 범주군(관계)에 속하는 '내재성과 자존성(**실체**와
우유성)' 참조.

80   칸트는 선험적 대상(transzendentaler Gegenstand, transzendentales Objekt)
개념을 자신의 범주표에 속하는 실체 개념과 유사한 의미로 사용하기도 하고, 어떤 곳
에서는 물자체 개념과 유사한 의미로 사용하기도 하기 때문에 독자에게 혼란을 일으킬
수 있다. 예를 들어 A 372에서 "Der transzendentale Gegenstand", A 393에서 "Beg-
riff eines transzendentalen Gegenstandes"는 물자체를 의미한다.

칸트가 선험적 대상을 물자체와 구별하면서, 우리가 인식하는 현상과 필연적으로 결
합되지만, 우리에게 알려지지 않는 X인 '선험적 대상'을 의미하고 있는 곳을 여기에 나
열한다.

"이 대상은 단지 **어떤 것 일반=X**라고 생각될 수밖에 없다는 것은 쉽사리 알 수 있
다. 왜냐하면 우리는 우리의 인식 바깥에 이 인식에 대응하는 것으로 마주 세울 수 있
을 어떠한 것도 갖고 있지 않기 때문이다." A 104, "경험적이지 않은, 다시 말해서 **선험
적인 대상(der transzendentale Gegenstand)=X**" A 109, "그러나 이 현상의 근거일
수 있는 **선험적 대상(das transzendentale Objekt)**" A 277/B 333. (강조는 필자가 함)

다. 우리는 어떤 대상을 지각하는 즉시 그것을 실체 개념과 연관시킨다. 우리는 변화 속에 있는 대상을 변화하지 않는 실체와 관계시켜서만 그것을 인식할 수 있다. 우리가 인식하는 대상이나 사태는 부단히 변화를 겪지만, 우리는 그것을 변화를 겪지 않고 동일한 것으로 존재하는 선험적 대상에 연결해서만 그것을 바로 그 대상으로 인식할 수 있다. 그러나 이런 식으로 표현해도, 그 X 자체는 인식된 것은 아니다. 그리고 우리가 직접적으로 접하는 표상과 그것의 원인, 그것의 실체, 그것의 선험적 대상인 X가 직접적으로 연결되는 것은 아니다. 이 양자 사이에는 여전히 직접적인 연결 끈이 없다. 이 양자 사이에는 심연의 간극이 놓여 있다.

그런데 칸트는 『순수이성비판』 재판에서 새로 작성해 집어넣은 '관념론 반박'[81]과 '원칙들의 체계를 위한 일반적 주석'[82]에서 우리의 표상과 우리 '바깥의 대상'의 현존 사이의 관계 문제를 초판에서 표현한 것보다[83] 좀 더 두드러진 어조로 전개하고 있다. 그리고 재판 머리말에서 우리 '바깥의' 사물들의 현존을 확실한 지식이 아니라 단지 우리의 믿음에 근거해서 받아들이는 것은 인간의 보편적 이성의 수치(Skandal)라고 말하고 있다.[84] 이 머리말, '관념론 반박', '원칙들의 체계를 위한 일반적 주석'에서 칸트는 우리 '바깥의' 사물들이 우리의 외감뿐 아니라 내감에게까지 인식의 전 재료를 제공한다는 논지를 펼치고 있다. 『순수이성비판』 초판에서는 시간 형식(내감)이 공간 형식(외감)까지 포괄한다면[85], 재판에서는 오히려 외감이 내감보다 더 포괄적이라고 논

---

81 B 274-279.

82 B 288-294.

83 예를 들어 제4오류추리에서보다.

84 B XXXIX 각주.

85 A 34/B 50. "**시간**은 **모든 현상** 일반의 아프리오리한 형식적 조건이다. 모든 외적 직관의 순수 형식인 **공간**은 아프리오리한 조건으로서 오로지 **외적 현상에만** 제한된다."

하고 있다. 초판이 나온 즉시 『순수이성비판』은 주관적 관념론에 불과하다는 비판을 많이 받았는데, 칸트는 재판에서 그런 생각에 대해 반론을 펼치고 있다. 그리고 이것은 단지 반론으로 그치는 것이 아니라, 칸트 자신의 생각이 더 명료하게 표현된 것이라고 볼 수 있다. 『순수이성비판』 초판이 세상에 나온 이후, 많은 이들은 칸트의 선험적 관념론은 결국 우리 주관의 형식에 의존하는 이론이라고 이해하며, 칸트의 선험적 관념론은 인식 내용 자체에는 접근할 수 없다고 해석했다. 그러므로 칸트의 이러한 인식론은 주관적 관념론에 불과하다는 것이다. 『순수이성비판』 재판에서 칸트는 이러한 해석이 잘못된 해석이라는 것을 보여주고자 적극적으로 논변을 펼치고 있는 것이다. 이 적극적 논변에서 특히 '직접적인'[86] 외적 경험, '바깥의' 사물, 고정불변성·지속성(Behrrlichkeit) 개념이 중요한 역할을 한다. '관념론 반박'에서 칸트는 특히 데카르트의 관념론과 대비해서 자신의 관념론은 주관적 관념론이 아니고, **경험적 실재론**인 동시에 선험적 관념론이라는 것을 논증하고자 한다.[87] 데카르트는 우리는 우리 자신의 의식을 통해서 자신의 정신을 '직접적으로' '확실하게' 인식한다고 논하는 반면에, 우리 '바깥의' 물체들은 우리의 관념들을 통해 '간접적으로' 추론할 뿐이라고 말하고 있다. 물체에 대한 인식은 간접적으로 추론된 것이기 때문에, 그 인식은 '불확실하며', '증명할 수 없다'[88]는 것이다. 칸트의 선험적 관념론에 따르면, 자아에 대한 인식이든 물체에 대한 인식이든 모두 현상일 뿐이

(강조는 필자가 함)

[86]   직접적(unmittelbar)은 간접적(mittelbar)에 대립되는 의미로 사용된다.

[87]   '관념론 반박'에서 주관적 관념론, 경험적 실재론, 선험적 관념론이라는 말은 사용하지 않지만, 의미상으로 볼 때 그러하다.

[88]   "zweifelhaft und unerweislich". B 274.

다. 그렇다고 해서 우리가 인식하는 '현상'이 '불확실한 추론'의 결과
는 아니라는 것이다. 우리가 인식하는 현상은 선험적 실재(물자체)는
아니지만, **경험적 실재**라는 것이다. 다시 말해서 우리가 인식하는 현상
은 가상이나 임의적 구조물이 아니라 **실재**라는 것이다.

 그러면 칸트가 말하는 경험적 실재는 무슨 뜻인가? 칸트는 경험적
실재의 의미를 밝힘으로써 자신의 인식론이 주관적 관념론으로 잘못
해석되는 것을 방지하고자 하는데, 이러한 과정에서 자연스럽게 내적
지각보다 **외적 지각**이 더 근본적 의미를 지니는 것으로 부상한다.[89] 그
이유는 우리의 인식이 단지 우리의 표상[90]으로 그친다면, 이것은 주관
적 관념론에 불과할 수 있기 때문이다. 칸트는 우리의 표상에 대응하는
실재를 외적 지각의 대응물에 둔다. 그 대응물의 보편적 의미를 표현하
는 말은 **고정불변한 지속체**(Beharrliches[91])이다. 우리의 내적 지각은
끊임없이 변한다. 끊임없이 변화하는 내적 표상의 지지대를 우리 '안에
서' 찾을 수 없다. 칸트는 우리 안의 변화하는 내적 지각에 대응하는 지
속체를 우리 '바깥에' 둔다.

 그러나 이 고정불변한 지속체는 내 안의 직관일 수 없다. 왜냐하면 내
 안에서 만날수 있는 내 현존의 모든 규정 근거들은 **표상들**이며, 이것들은

---

89   칸트가 『순수이성비판』 2판에서 비로소 '경험적 실재'에 대해 말하고 있는 것은
아니다. 이미 초판에서, 특히 영혼론의 '제4오류추리'에서 외적 지각과 관련하여 경험
적 실재론을 논의하고 있다. A 367-380 참조. 그러나 2판에서는 외적 지각과 관련하여
경험적 실재론의 의미를 더 강조해서 추가적으로 논의하고 있다.
90   표상 자체는 언제나 우리 자신의 마음속에서 일어나는 생각이기 때문에, 이러한
의미에서 표상은 내적 지각이다.
91   칸트는 '고정불변한·지속적인'(beharrlich)에 대립되는 말로 '흐르는'(fließend)
을 사용한다. A 364 참조.

그 자체로 이 표상들과는 구별되는 **고정불변한 지속체**를 필요로 하기 때문
이다. 이 지속체와 관계에서 표상들의 **변화**가 규정될 수 있다. 따라서 이
지속체와 관계에서 표상들이 변화하는 시간 안에서 **내 현존**이 규정될 수
있다.[92]

이 인용문에서 칸트는 내 현존을 규정하는 데 '고정불변한 지속체'가
필요하다고 말하고 있다. 내 안에서 만날 수 있는 나에 관한 모든 규정
들은 표상일 뿐이며, 이 표상들은 부단히 변화한다. 무시로 변화하는
표상들이 임의적인 부유체가 아니고, 나 자신에 속하는 규정들이기 위
해서도 변화하지 않는 어떤 지속체를 필요로 한다. 그 지속체는 표상들
과 근본적으로 구별되는 것이어야 한다.

칸트는 이러한 지속체를 **외적 지각**과 관련시킨다. 나는 내 자신을 시
간 속에서 끊임없이 변화하는 심리를 통해서 의식한다. 심지어 나는 내
자신을 내가 만들어낸 표상들을 통해서 현실의 자신과 매우 동떨어진
어떤 사람으로 왜곡하여 의식하기도 한다. 우리는 그러한 사람들을 병
적이라고 판단한다.[93] 칸트는 우리는 자기 자신을 시간 속에서 규정된

---

92 B XXXIX(머리말). 이 머리말에서 칸트는 B 275에서 이에 해당하는 부분을 애매
하게 서술했다고 말하면서, 이와 같이 수정할 것을 권고하고 있다. "Dieses Beharrliche
aber kann nicht eine Anschauung in mir sein. Denn alle Bestimmungsgründe
meines Daseins, die in mir angetroffen werden können, sind **Vorstellungen**, und
bedürfen, als solche, selbst ein von ihnen unterschiedenes **Beharrliches**, worauf in
Beziehung der **Weshsel** derselben, mithin mein Dasein in der Zeit, darin sie wech-
seln, bestimmt werden können." (강조는 필자가 함)
93 실제로 환청을 듣거나 환상을 봄으로써 자신이나 남들을 실제와 달리 지각하는
사람들이 있는데, 이러한 심리적 상태에 처해 있는 사람들은 자신을 포함한 세계에 대
한 외적 지각도 왜곡되어 있다. 그리고 이런 정도로 심각한 상태는 아니더라도, 스스로
허상을 만들어 그 허상에 사로잡혀 일상생활을 하는 사람들도 있다. 종교적으로 왜곡된
상에 사로잡혀 그 상에 따라 삶을 영위하는 사람들도 이런 경우에 해당한다. 그리고 우

것으로 의식하는데, 이 의식은 지각에서 지속적인 어떤 것을 전제한다
고 한다. 그런데 이 지속체는 내 안의 어떤 것일 수 없다고 한다.[94] 이러
한 지속체를 지각하는 것은 오로지 내 '밖의' 사물을 통해서만 가능하
며, 사물에 대한 순전한 '표상'을 통해서는 가능하지 않다고 말한다. 따
라서 시간 속에서 내 현존을 규정하는 것은 내가 내 '밖에서' 지각하는
실제적인 사물들의 현존을 통해서만 가능하다.[95] "그러므로 내 자신의
현존을 의식하는 것은 동시에 내 밖의 다른 사물들의 현존을 **직접적으
로** 의식하는 것이다."[96]

'내 자신의 현존을 의식하는 것은 동시에 내 밖의 다른 사물들의 현
존을 **직접적으로** 의식하는 것'이라는 말은 데카르트의 생각과 매우 다
르다. 데카르트는 내 자신의 현존은 내가 직접적으로 의식하는 데 비
해, 내 밖의 사물들은 내가 인식하는 관념들을 통해 추론하는 것이기
때문에, 내 밖의 다른 사물들에 대한 의식은 간접적이며, 따라서 불확
실할 수밖에 없다고 말한다. 선험적 관념론자이자 현상론자인 칸트는
왜 내 자신의 현존을 의식하는 것이 동시에 내 밖의 다른 사물들의 현
존을 직접적으로 의식하는 것이라고 말하는 것인가?

칸트는 인간의 정신도 신체를 가진 인간과 분리해서는 생각할 수 없
다고 본다. 나의 신체와 이 세계의 사물들과 전혀 관계없이 오로지 순
수 사유체로서의 나는 '생각할 수조차 없다'. 기껏해야 나는 나의 모든
개별적 생각들을 동반하는 수레인 '나는 생각한다'(Ich denke)를 생각

리의 일상생활에서 수시로 일어나는 착각, 오류도 사실은 자신이 만든 허상에 따라 사
물이나 사태를 파악하는 경우이다.
94   B 275.
95   B 275-276.
96   B 276. "d. i. das Bewußtsein meines eigenen Daseins ist zugleich ein unmit-
telbares Bewußtsein des Daseins anderer Dinge außer mir." (강조는 필자가 함)

할 수 있을 뿐이다. 그러나 '나는 생각한다.'는 개별적 생각들을 동반하
는 것으로서 '더불어' 생각되는 것이지, '나는 생각한다.' 그 자체가 개
별적 생각들과 완전히 분리되어 독립적으로 생각될 수 있는 것은 아니
다. 오로지 '생각함'이라고 하는 본성만을 생각함으로써 '나는 생각한
다.'의 실체가 인식될 수 있는 것은 아니다. 칸트는 이 세계에서 살아
가는 인간, 신체를 가진 인간, 죽은 이후의 자신의 존재는 전혀 모르는
인간의 의식과 인식에 대해 말하고 있다. 그렇기 때문에 칸트는 인간
의 의식이 신체나 물체에 대한 의식과 전혀 관계없이 일어날 수 없다고
본다.

신체를 가지고 살아가는 인간의 모든 사유는 직관과 더불어 시작한
다. 순수 지성 개념이 우리 인식의 보편성과 필연성의 근거이지만, 지
성 개념에 직관이 대응하지 않는다면 지성 개념의 객관적 실재성은 확
보되지 않는다. 그런데 지성 개념의 객관적 실재성을 현시하기 위해서
는 단순히 직관만으로는 부족하고, 나아가서 외적 직관이 필요하다. 칸
트는 재판에서 보충한 '원칙들의 체계를 위한 일반적 주석'에서 이것을
두 단계로 나누어 강조해서 논하고 있다.

> 우리는 어떤 사물의 가능성도 순전한 범주에 따라서는 통찰할 수 없고,
> 순수 지성 개념의 객관적 실재성을 직관으로 현시하기 위해서는 언제나 **직
> 관**을 수중에 가져야만 한다는 것은 <u>매우 주목할 만한 일이다</u>.[97]

---

97 B 288. "Es ist etwas sehr Bemerkungswürdiges, daß wir die Möglichkeit
keines Dinges nach der bloßen Kategorie einsehen können, sondern immer eine
Anschauung bei der Hand haben müssen, um an derselben die objektive Realität
des reinen Verstandesbegriffs darzulegen." (밑줄은 필자가 침)

그러나 이보다 더 주목할 것은, 우리가 사물들의 가능성을 범주에 따라 이해하기 위해서, 그리하여 범주의 **객관적 실재성**을 현시하기 위해서는 단지 직관이 아니라, 언제나 **외적 직관**을 필요로 한다는 것이다.[98]

위 두 인용문에서는 순수 지성 개념의 객관적 실재성을 직관, 나아가 외적 직관과 관계지어 서술하고 있다. 외적 직관이 없이는 우리의 사고가 대상으로 현시될 수 없으며, 다른 말로 표현하자면, 우리의 사고는 대상으로써 현시되지 않는 한 사고라고 말할 수도 없다. '현시'(darlegen, dartun, darstellen[99])는 개념을 '그림'으로 표현하는 것을 의미한다. 칸트는 인간의 대상적 사고는 절대 순수 사고일 수 없고, 오로지 그림과 더불어 가능한 사고로 보았다. 그리하여 칸트는 시간도 그림과 유비하여 표현하기도 한다. 물론 시간을 입체적인 그림으로 표현하지는 않지만, 일차원적 선과 유비적으로 서술하고 있다. "이 내적 직관은 어떠한 **형태**도 주지 않기 때문에, 우리는 이 결함을 유추로 보충하고자 하며, 시간계기를 무한히 뻗어나가는 **하나의 선**을 통해서 표상한다. 이 선에서 잡다는 하나의 계열을 이루는데, 이 계열은 단지 **한 차원**만을 갖고 있다".[100]

우리가 사물을 인식하는 데는 범주만으로는 안 되고, 직관을 필요로

---

98 B 291. "Noch merkwürdiger aber ist, daß wir, um die Möglichkeit der Dinge, zufolge der Kategorien, zu verstehen, und also die **objektive Realität** der lezteren darzutun, nicht bloß Anschauungen, sondern immer äußere Anschauungen bedürfen." (밑줄 긋기와 강조는 필자가 함)

99 darlegen, dartun, darstellen은 오늘날은 대체로 설명하다, 서술하다, 제시하다 등을 나타내지만, 『순수이성비판』에서 이 술어들은 대개 '현시하다'를 의미하는 것으로 이해해야 한다.

100 A 33/B 50. (강조는 필자가 함)

하며, 더욱이 외적 직관을 필요로 한다는 말은 칸트의 인식론에서 근본적으로 어떤 의미를 지니는가? 인간은 신체를 지녔기 때문에 인간에게는 처음부터 순수 사유가 불가능하며, 살아 있는 한에서만 인간의 사유는 인정된다. 신체를 가지고 살아 있는 인간은 자기 자신을 지각하든, 다른 사람들이나 사물을 지각하든 동일하게 외적 지각을 필요로 한다. 자기 자신의 심리를 지각할 때도 우리는 자신의 심리를 신체와 완전히 분리된 것으로 파악할 수는 없다. 칸트는 이러한 의미를 다음과 같이 직접적인 용어들로 표현하기도 한다.

　… 이 상호작용 이전에(**생전에**) 또는 그러한 상호작용이 끝난 후에(**사후에**) 생각하는 본성의 상태에 관한 모든 쟁점들과 반론들 …(A 393), … 물체 세계와 모든 상호작용이 **끝난 후에도** 영혼은 생각하기를 계속할 수 있다는 견해…(A 394), 그러나 내 밖의 사물들 없이도 내 자신을 이렇게 의식하는 것이 가능한지…, 그리고 내가 순전히 생각하는 존재로서(**살아 있는 인간이 아닌 채로**) 존재할 수 있는지를 나는 분석명제를 통해서는 전혀 모른다.(B 409), … **현생**을 넘어서도 영혼이 절대적으로 고정불변하다는 것을 순전한 개념에서 증명하고자하는 합리론적 심리학자 …(B 415), … 우리가 의식의 통일성을 경험의 가능성을 위해 반드시 필요로 한다는 사실을 통해서만 우리가 아는 그러한 의식의 통일성에 의해, 경험(**살아 있는 동안의 우리 현존재**)을 넘어선다는 것이 어떻게 가능한가?…(B 420), … **현생**의 우리에게 근거 없는 유심론에 휘둘리면서 길을 잃지 않는 데…(B 421), … **현생**을 넘어서는 호기심에 찬 물음들에 만족스러운 답을 제공하기를 우리의 이성이 거부함…(B 421), … 그것의 원리들을 하지만 훨씬 더 높은 데서 취하며, 우리의 규정이 **경험**을 넘어서, 따라서 **현생**을 넘어서까지 무한히 미치는 것처럼 태도를 규정한다. …(B 421), … 이 심리학은 영

혼의 인격성을 이 상호작용 밖에서도(**사후에도**) 증명하려는 의도를 갖고
있고 있으므로 본래적 의미에서 초월적이다…(B 427).[101]

신체를 가지고 살아가는 인간의 사유는 근본적으로 **한계**가 있을 수
밖에 없다. 그리고 그 한계는 **형태**를 지닌 것으로 나타난다. 그리하여
위에서 논했듯이, 우리에게는 순수한 내적 지각, 순수한 사유는 불가능
하다. 신체나 물체와 전혀 관계없이 내 자신의 심리만을 완전히 분리해
서 지각한다는 것은 불가능하다. 그리고 어떤 대상을 생각할 때 그 대
상을 형태를 지닌 것으로 전혀 생각하지 않고 오로지 순순한 사유만으
로 생각하는 것 또한 불가능하다.

이러한 연관에서 칸트는 공간상의 표상이 우리의 모든 표상의 원천
이라고 말하고 있다. 칸트는 자신의 선험적 관념론은 동시에 경험적 실
재론이라고 말한다. 선험적 관념론과 경험적 실재론의 병렬 관계는 특
히 『순수이성비판』 중 공간과 시간에 관한 감성론과 초판의 제4오류추
리에서 논의된다. 감성론은 공간과 시간은 순전히 우리의 직관 형식이
며, 우리가 지각하는 모든 현상은 직관 형식을 통해서만 가능하다고 말
하고 있다. 그러나 공간과 시간 형식은 우리의 주관적 형식일 뿐, 절대
적 실재는 아니기 때문에, 주관적 형식을 통해 지각하는 현상들 또한
주관적인 표상에 불과하지 않은가라는 문제 제기가 가능하다. 이에 대
해 칸트는 직관 형식은 우리가 사물이나 사태를 지각하는 데 필연적인
전제라고 말한다. 직관 형식과 관계없이 우리에게 지각은 불가능하다
는 것이다. 이러한 의미에서 시간과 공간은 칸트의 선험적 관념론의 근

---

101   여기서 인용하는 말들을 모음으로써 필자는 칸트는 우리 자아의 존재를 철저히
신체를 가지고 살아가는 동안에만 한정하여 인정하고 있다는 것을 보이고자 했다. (강
조는 필자가 함)

간이다. 범주도 필연적인 사고 형식으로서 칸트의 선험적 관념론을 이루지만, 직관 형식이 칸트의 선험적 관념론의 특색을 보여주는 데 더 중요한 역할을 한다는 의미이다. 칸트의 선험적 관념론의 특색이란 바로 감성적 직관을 우리 인식의 필수적인 요인으로 보았다는 점이다. 그리고 칸트의 선험적 관념론에서 감성적 직관이 경험적 실재론의 의미를 뒷받침해 주고 있다. 그런데 시공론에서는 선험적 관념론과 경험적 실재론이 시간과 공간에 대한 논의에서 병렬적으로 언급되고 있다면, 제4오류추리에서는 시간 형식을 따르는 내적 지각보다 공간 형식을 따르는 외적 지각에 더 방점을 두고 있다고 말할 수 있다. 다시 말해서 경험적 실재론의 의미에서 외적 지각이 더 근본적 위치를 차지하며, 우리의 내적 경험조차 외적 경험을 전제함으로써만 가능하다는 것이다.

외적 지각은 공간 표상으로 이루어진다. 공간 표상은 내 의식 '안의' 표상이 아니라 내 '밖의' 표상이다. 내 안의 표상이든 내 밖의 표상이든 둘 다 표상이라는 점에서는 모두 내 '안의' 표상이다. 그럼에도 공간 표상은 내 '밖'을 가리키는 특성이다. 내 '밖'이라 함은 사물들이 서로 '바깥에', 서로 전혀 겹치지 않게 놓여 있는 표상을 말한다. 어떤 두 개의 물체 상이 동시에, 동일한 공간에 완전히 중복되게 있을 수 없다. 이러한 표상은 내가 내 심리 상태를 표상할 때와는 완전히 구별된다.

그리고 칸트가 공간 표상이 시간 표상과 근본적으로 구별된다고 보는 점은, 공간 표상은 우리가 완전히 선험적으로 만들어낼 수 없다고 본 점이다. 공간 표상은 우리가 형태를 지닌 것을 직접적으로 경험함을 통해서 비로소 가능하다고 본다. 우리가 착각으로 만들어낸 상이나 꿈속에서 만들어내는 상도 실제로 경험한 상들에서 비롯한다고 본다.[102]

---

102 A 375 참조.

3장 서로 다른 표상 사이의 관계 163

그러므로 우리가 상상으로 다양한 상들을 서로 붙이고 떼고, 또는 이전에 경험한 상들과는 다른 상을 만들어낸다고 해도, 이것들 또한 실제의 경험에 기원을 두고 있다는 것이다. 그런 데 비해, 심리적인 표상들은 완전히 우리 자신이 만들어낸 것일 수 있다. 칸트는 완전히 새로이 상을 만들어낸다는 것을 표현하기 위해 dichten(gedichtet), hervor-bringen(hervorgebracht), erdichten(erdichtet), erdenken이라는 단어로 쓰고 있다.

공간과 시간은 물론 아프리오리한 표상들이다. 공간과 시간은 우리의 감성적 직관의 형식으로서, 어떤 현실적 대상이 감각을 통해 우리 감관을 제약하기 이전에 현실적 대상을 감성적 관계 아래에서 표상하기 위해서, 우리에게 내재한다. 그러나 이 질료적인 것 또는 실재적인 것, 공간에서 직관되는 어떤 것은 반드시 지각을 전제한다. 그리고 그것은 공간에서 어떤 것의 현실성을 지시하는 지각과 관계없이 상상력을 통해 창작하고(gedich-tet) 만들어낼(hervorgebracht) 수는 없다.[103]

칸트는 우리가 공간상의 직관을 선험적으로 만들어낼 수 없다고 본다.[104] 그리고 공간상으로 직관되는 것은 필연적으로 현실적인 지각을 전제한다. 그렇기 때문에 현실에서 일어나는 착각과 오류나 또는 꿈속에서 보는 다양한 상들도 실제의 경험을 기반으로 하여 생긴다고 칸트는 말한다.[105]

---

103 A 373–374.

104 A 375.

105 A 376 참조.

그것이 공간상에서 현실적인 것이 아니라면, 다시 말해서 그것이 경험적 직관을 통해 직접적으로 주어지지 않는다면, 그것은 또한 꾸며내질(erdichtet) 수도 없을 것이다. 왜냐하면 우리는 직관의 실재를 아프리오리하게 생각해낼(a priori erdenken) 수 없기 때문이다.[106]

칸트가 내적 지각보다 외적 지각을 우리 인간에게 더 원초적인, 근본적인 지각으로 본 점은 칸트의 관념론의 특색을 나타내며, 이러한 특색으로 말미암아 칸트의 관념론은 데카르트의 관념론과 구별된다. 데카르트는 제3성찰에서 관념들의 기원에 대해 논하고 있는데, 여기서 데카르트는 관념을 세 가지로 구분하고 있다. 그것은 생득(선험적) 관념, 외래 관념, 허구 관념이다. 이중 외래 관념이 우리가 지각한다고 생각하는 물체들에 대한 관념인데, 데카르트는 물체들의 관념의 '원인'을 추적한다. 물체의 관념의 '원인' 문제에서 데카르트와 칸트가 어떤 차이를 보이는지에 대해서 살펴보자. 데카르트는 우리가 인식하는 물체의 관념은 단지 우리의 관념에 불과할 수 있기 때문에, 다시 말해서 물체의 관념의 원인이 우리 자신일 수도 있기 때문에, 물체 관념은 주관적이며, 따라서 불확실한 인식이라는 것이다. 이에 비해 칸트의 입장은 물체에 관한 모든 표상은 우리의 공간 형식과의 관계에서만 가능하지만, 그럼에도 물체에 관한 표상은 공간 형식과 더불어 반드시 우리 '밖'의 공간상의 직접적인 지각을 전제한다는 것이다. 현실에서 일어나는 착각이나 꿈속에서 보는 다양한 상들도 공간상의 직접적인 지각을 전제한다고 말한다. 그리고 이러한 직접적인 지각이 물체의 존재를 '증명'한다고 말한다. 물론 칸트가 말하는 물체에 대한 직접적인 지각은

106　A 375.

질료적인 물체 자체를 말하는 것은 아니다. 그러나 우리의 공간 형식으로 받아들인 '직접적인' 지각이 곧바로 물체의 존재를 증명한다는 것이다. 이러한 의미에서 볼 때 물체 인식 문제에서, 칸트는 경험적 실재론자인 데 비해, 데카르트는 경험적 관념론자이다.[107] 물체 지각 문제에서 칸트는 우리의 직접적인 지각의 '확실성'을 말한다면, 데카르트는 물체 지각은 우리의 관념을 통해 추론되는 것이기 때문에 '불확실하다'고 논한다.

이러한 논의를 통해서 칸트는 우리 밖의 사물들의 현존에 대해 '증명'[108]했으며, 이러한 증명을 통해 칸트는 자신이 『순수이성비판』 재판의 서언에서 "철학과 보편적 인간 이성의 수치(Skandal)"라고 표현했던 문제를 해결했다고 말할 수 있다.

> 관념론은 형이상학의 본질적 목적과 관련해서 전혀 잘못이 없는 것으로 여겨질 수도 있다(실제로는 그렇지 않은데). 그러나 우리 밖의 사물들의 현존을 단지 믿음에 근거해서 받아들여야 한다는 것(하지만 이 사물들에서 우리는 심지어는 내감에 대한 인식을 위한 전 재료까지도 얻는다), 그리고 누군가 그것을 의심하게 된다면, 그에게 만족할 만한 어떠한 증명도 제시할 수 없다는 것은 언제나 철학과 보편적 인간 이성의 수치이다.[109]

이 인용문 안에는 철학의 근본적인 문제가 집약적으로 포함되어 있다.

107　A 369-370 참조.

108　칸트는 실제로 '관념론 반박'에서 '정리'(Lehrsatz)와 '증명'(Beweis)이라는 말을 사용한다. "**정리**: 나 자신의 현존에 대한 순전한, 그러나 경험적으로 규정된 의식은 내 밖의 공간상의 대상들의 현존을 **증명한다**." "**증명**: …" B 275. (강조는 필자가 함)

109　B XXXVII-XXXVIII. (밑줄은 필자가 침)

형이상학은 내감의 대상에 대한 인식뿐 아니라 외감의 대상에 대한 인식에도 관계한다. 그런데 종래의 철학, 특히 관념론은 외감의 대상에 대한 지식의 문제를 단지 우리의 주관적 믿음으로 남겨 놓았다. 이것은 철학과 보편적 인간 이성의 수치이다. 칸트는 자신의 선험적 관념론을 통해서 내적 현상뿐 아니라 외적 현상도 설명하는 인식론을 정초하고자 하며, 이것은 동시에 칸트의 형이상학이다. 칸트는 자신이 정초하고자 하는 형이상학을 이러한 의미에서 '자연형이상학'이라고 부른다. '자연형이상학'에서는 우리 밖의 사물들의 현존이 심지어는 내감의 인식을 위한 재료이기도 하다. 우리 밖의 사물의 현존에는 실체가 대응하는 데 비해, 내감과 자아에는 그렇지 않기 때문이다.[110] 칸트의 관념론에서는 외감의 재료 없이는 내감의 인식도 가능하지 않다.

그러나 이러한 논의를 한 다음에도, 칸트가 1772년에 헤르츠에게 보낸 편지에서 말한 '형이상학의 비밀'이 말끔히 해소되었는지에 대해서는 일말의 불확실성이 남아 있다. 앞에서 인용한 글을 여기에 다시 인용한다.

> 그것은 사실 지금까지 형이상학 자신에게 여전히 숨겨져 있는 **형이상학의 모든 비밀을 위한 열쇠**이다. 다시 말해서 나는 스스로, 우리가 우리 안의 ①**표상**이라고 일컫는 것과 ②**대상**의 ③**관계**는 ④**어떤 근거**에 기인하는가? 라는 물음을 제기했다.[111]

110　*Metaphysische Anfangsgründe der Naturwissenschaft*(자연과학의 형이상학적 원리), Wilhelm Weischdel 판, 칸트전집 10권 중 제8권, 107-108쪽(A 117-119) 참조. 여기에서 칸트는 물질(Materie)은 실체의 지속성(Beharrlichkeit der Substanz) 개념을 통해 증명되는 데 비해, 자아(das Ich)는 그렇지 않다고 말하고 있다.

111　I. Kant, *Briefwechsel*(서간집), AA X 130(124): Felix Meiner Verlag, Hamburg, 1986, 100쪽.

지성이 개념 A의 바깥에서 그것과는 다른 술어 B를 찾아낼 수 있다고 생각할 때, 그럼에도 지성이 ⓐ**개념 A**와 ⓑ**개념 B**가 ⓒ**결합**되어 있다고 여길 때, 여기서 지성이 ⓓ**근거**를 두고 있는 **알려지지 않는 것=X**는 무엇인가?[112]

이 두 인용문은 칸트가 『순수이성비판』 전반을 통해 밝히고자 한 형이상학의 근본 문제를 표현하고 있다. 이 두 인용문에서 ①, ②, ③, ④와 ⓐ, ⓑ, ⓒ, ⓓ는 서로 비슷한 의미를 나타낸다. ①에는 ⓐ, ②에는 ⓑ, ③에는 ⓒ, ④에는 ⓓ가 비슷한 의미를 표현하는 짝이다. 칸트가 밝히고자 한 형이상학의 문제는 위의 두 인용문에서 각기 네 개의 개념을 연결함으로써 이해할 수 있다. 우리가 생각하는 표상은 이 표상 밖의 어떤 대상을 가리키는 것으로, 우리가 생각하는 표상과 밖의 대상의 관계의 **근거**를 천착하는 것이 형이상학의 근본 목표이다. 다른 관점에서 표현하자면, 우리 앞에 발생하는 현상을 경험하면서 우리는 이 현상을 발생하게끔 한 원인을 떠올리는데, 그 원인은 발생하는 현상의 '바깥'에 있는 것으로서 우리가 직접적으로 경험하지 못한다. 그럼에도 우리는 이 '바깥'의 원인과 현재 눈앞에서 일어나는 현상이 필연적으로 결합되어 있다고 생각한다. 이렇게 생각하는 **근거**는 어디에 있는가? 이 **근거**를 우리는 경험적으로 지각할 수 없다. 칸트를 따르면 이 근거는 지성이 필연적으로 생각하는 것이다. 그리하여 칸트는 **관계**(실체와 우유성의 관계, 원인과 결과의 관계, 상호성의 관계[113])를 필연적인 사고 범주에 넣는다. 우리 앞에 전개되는 모든 현상은 그것 자체로는 우연적인

---

112   B 13. 바로 앞 인용문과 이 인용문에서 ①, ②, ③, ④, ⓐ, ⓑ, ⓒ, ⓓ와 강조 표시는 필자가 함.

113   A 80/B 106.

사태일 뿐이다. 그러나 우리는 그 우연적인 사태를 실체와 결합하여 생각한다. 그리고 우리 앞에 나타나는 현상은 발생하는 결과일 뿐인데도 우리는 이 결과를 생기게끔 한 원인과 결합하여 생각한다. 이렇게 '생각하는' **근거**는 우리 사고의 필연적 과정에 놓여 있다. 그렇지만 우리가 생각하는 근거와 우리 '바깥'의 대상 자체, 원인 자체 사이의 직접적인 연결 끈은 여전히 우리에게 **알려지지 않는 것**으로서 X로 불릴 뿐이다.

2) 표상들 사이의 결합 문제

이 **알려지지 않는 것=X**는 칸트의 새로운 형이상학이자 새로운 인식론의 주요한 논거이기도 하다. **알려지지 않는 것=X**이면서도, 이것은 칸트의 인식론을 설명해주는 핵심적 역할을 한다는 의미이다. 우리가 인식하는 표상과 이 표상이 가리키는 대상 사이에는 직접적인 연결 끈은 없다. 이 양자 사이에는 심연의 간극이 있을 뿐이다. 그럼에도 이 양자 사이에 필연적인 결합 관계가 성립한다고 말하는 것은 모순처럼 보인다. 하지만 칸트는 이 모순을 해명하고자 한다. 이 해명이 포함하는 것은 한편으로는 표상들 사이의 정합적인 관계이고, 다른 한편으로는 표상들 사이의 정합적인 관계가 지시하는 '한'[114] 대상의 의미이다. 다시 말해서 첫 번째는 표상들 간의 관계이고, 두 번째는 표상과 대상 간의 관계이다.

---

[114] 우리가 표상하는 것이 임의적, 우연적 대상이 아니라, 필연적으로 **바로 그 대상**을 가리킨다는 의미에서 우리의 표상은 객관적 실재성을 갖는다. 이러한 의미로 칸트가 '한' 대상이라는 표현을 사용할 때, '한' 대상은 여러 개의 가능한 대상 중에 '우연한' 한 대상이 아니다.

칸트의 인식론에서 표상과 대상은 직접적으로 결합될 수 없다. 왜냐하면 이 양자는 완전히 이질적이기 때문이다. 그렇다고 해서 이 양자 사이에 제 삼의 매개자를 세워 연결하려고 해도, 그 연결은 무한히 나아갈 수밖에 없다. 이 양자 사이에 제삼자, 또 그 사이에 또 다른 제삼자가 필요하게 되며, 이러한 관계는 무한대로 지속될 뿐, 완전히 종결될 수는 없다. 그리하여 칸트는 우리가 생각하는 표상들 사이의 필연적인 관계를 근거로 내세운다. 표상들 사이의 필연적 관계라는 말은 우리가 생각하는 표상들이 서로 통일적인 연결 관계를 가진다는 뜻이다. 우리가 무엇인가에 대해 생각할 때, 그 무엇인가에 대해 우리가 여러 가지로 생각하는 표상들은 서로 통일적인 전체를 이루어야 한다. 만일에 그렇지 않고, 여러 가지 표상들이 서로 이질적이고, 똑똑 떨어진 것으로 분절된다면, 이 표상들은 어떤 하나의 대상을 가리킬 수 없을 것이며, 이때 그 표상들은 어떤 의미도 지니지 않게 될 것이다. 우리의 의식 속에서 표상들이 의미를 지닐 때는 그 표상들이 서로 연결되어 통일을 이룰 때이다.

표상들이 서로 연결되어 통일을 이룬다는 것은 철저히 표상들 사이의 문제이다. 표상들이 서로 연결되어 하나의 전체를 형성한다는 것은 표상들이 서로 아귀 맞추어 합치한다는 뜻이다. 다음의 두 인용문을 통해 표상들이 서로 합치한다는 의미에 대해 생각해 보자.

> 인식들은 하나의 대상과 관계해야 하므로, 인식들은 이 대상과 관계해서 또한 필연적으로 서로(untereinander) 합치해야만 하며, 다시 말해서 하나의 대상 개념을 형성하는 통일성을 가져야만 하기 때문이다.[115]

---

115 A 104-105. "weil, indem sie[Erkenntnisse] sich auf einen Gegenstand

이 인용문에서 '인식들'은 '표상들'로 바꿔 써도 된다. 그리고 여기서 복수로 쓰인 '인식들'(Erkenntnisse)은, 이 경우는 우리글에서도 반드시 복수로 표기해야 한다. 왜냐하면 여기서 '인식들'은 여러 개의 표상들이 모여 하나의 대상에 대한 인식을 가리키는 경우를 표현하기 때문이다. '인식들', '표상들'은 '하나의' 대상과 관계해서 비로소 어떤 대상에 대한 인식으로 성립한다. 다양한 '표상들'이 모래알처럼 낱낱이 흩어진다면, 어떤 대상을 가리키는 인식이 될 수 없다. 그런데 다양한 '표상들'이 통일적인 전체를 형성하려면 이 표상들이 '서로 간에' 합치해야만 가능하다. 표상들이 서로 합치하는 것은 이 표상들이 서로 연결되어 하나의 대상을 가리키는 의미를 가질 때이다. 이 인용문에서 '서로 간에'(untereinander)는 표상들 사이를 말하는 것이지, 표상과 대상 사이를 말하는 게 아니다. 표상들 사이에 철저히 정합적인 관계가 있어야 비로소 '하나의' 대상에 대한 의미가 형성된다. 그리고 이때 표상들 사이의 정합적(整合的[116]) 관계는 표상들 사이에 통일성을 성립시킨다.

이 연관에서 또 하나의 인용문을 제시한다.

그런데 직관의 모든 자료에 선행하고, 그리고 그것과 관계해서만 대상에 관한 모든 표상이 가능한, 의식의 그러한 통일 없이는 우리 안에서 어떠한 인식들도 발생할 수 없으며, 인식들 서로 간의(derselben unterein-

---

beziehen sollen, sie auch notwendigerweise in Beziehung auf diesen untereinander übereinstimmen, d. i. diejenige Einheit haben müssen, welche den Begriff von einem Gegenstande ausmacht." (밑줄은 필자가 침)
'인식들(표상들) 서로 간의 관계'를 통해서만 비로소 어떤 대상에 대한 인식이 성립함을 또한 A 386-387에서 참조하기 바람.

116 여러 개의 표상들이 서로 가지런히 들어맞는 것을 말한다.

ander) 어떠한 결합과 통일도 발생할 수 없다.[117]

이 인용문에서도 '인식들'은 '표상들'이라는 말로 바꿔 써도 되며, 인식들, 표상들 서로 간의 결합과 통일이 대상에 대한 표상을 가능하게 한다. 이 인용문에서도 '서로 간에'(derselben untereinander)는 인식들(표상들) 사이를 말하지, 표상과 대상 사이를 말하는 게 아니다. 그리고 바로 앞 인용문보다 이 인용문에서는 한 단계 더 나아간 면을 표현하고 있다. 그것은 의식의 통일이다. 우리가 대상을 인식할 때, 다양한 표상들 사이에 통일, 결합이 일어나는데, 표상들 사이의 통일은 우리의 의식의 통일을 전제한다. 다시 말해서 우리의 의식의 통일이 없다면, 표상들 사이의 결합, 통일도 없다.

의식의 통일은 경험적인 통일도 있고 선험적인 통일도 있다. 의식의 경험적인 통일은 우리의 일상에서 수시로 체험한다. 일상을 살아가는 데도, 공부를 하는 데도 우리는 의식의 통일을 필요로 한다. 우리의 의식이 하나의 흐름을 이루며 어떤 현상에 주의를 기울이지 않을 때, 우리는 자기 자신이 조금 전에 무엇을 생각했는지에 대해서조차 모르는 경우도 있다. 우리의 의식이 깨어 있다는 것을 의식하는 것은 동시에 우리가 어떤 사태나 어떤 대상에 주의를 기울이고 있다는 것이며, 이것은 또한 우리의 의식이 통일되어 있다는 것을 말한다. 이것은 표상들의 연합(Assoziation)을 통한 의식의 경험적 통일이다.[118] 우리의 의식이

---

117   A 107. "Nun können keine Erkenntnisse in uns stattfinden, keine Verknüpfung und Einheit derselben untereinander, ohne diejenige Einheit des Bewußtseins, welche vor allen Datis der Anschauungen vorhergeht, und, worauf in Beziehung, alle Vorstellung von Gegenständen allein möglich ist." (밑줄은 필자가 침)
118   B 139.

통일되어 있지 않은 경우란, 우리가 잠자는 상태에 있다든가, 또는 깨어 있으면서도 우리의 생각이 여러 갈래로 분산되어 있어서 자신이 현재 무엇을 생각하고 있는지에 대해 명확히 의식하지 못하는 경우라든가, 또는 멍한 상태에서 아무것도 생각하고 있지 않은 경우를 말할 것이다.

그런데 의식(Bewußtsein)의 경험적 통일은 의식의 선험적·근원적·순수한 통일을 전제로 한다. 칸트의 입장을 따르면, 경험적으로 우리가 우리 자신의 의식이 통일되어 있음을 체험하는 것은 이미 우리의 의식이 선험적으로·근원적으로·순수하게 통일되어 있기 때문에 가능하다. 의식의 선험적·근원적·순수한 통일은 '나는 생각한다'(Ich denke), 통각(Apperzeption), 자기의식(Selbstbewußtsein)이라는 개념과 연관되어 설명된다. 경험적 의식은 우리 '바깥에서' 우리를 자극하는 요인과 더불어 발생한다. 이것은 물체, 사람, 또는 자기 자신의 심리를 체험하는 과정에서 일어난다. 내 자신의 심리를 내가 의식하는 것도 나에게 '바깥' 요인이다. 내가 내 마음 속에서 어떤 감정을 체험할 때, 그러한 감정은 반드시 어떤 외적 요인과 더불어 일어난다. 그리고 자기 자신의 감정은 완전히 통일된 하나가 아니라는 점에서, 이 감정은 저 감정에 대해 서로 '외적'이며, 서로 다르다.

서로 이질적인 경험적 의식의 바탕에 하나의 통일된 선험적 의식이 없다면, 경험적 의식은 서로 분산된, 스산한 의식들로 그칠 것이며, 그러한 의식으로 점철된 삶 또한 분산된, 스산한 삶으로 이어질 것이다. '나는 생각한다.'는 내가 체험하는 모든 표상들의 담지자로서 자발성의 능동적 활동이다.[119] 그리고 이것은 순수한 통각이며, 근원적 통각이

---

119   B 132. "Aktus der Spontaneität".

다.[120] 이것은 또한 자기의식·통각의 선험적 통일[121]이라고도 불린다. 그리고 통각은 필연적인 통일성[122]을 지닌다. 자기의식의 선험적 통일은 여러 개로 분산된 의식이 아니기 때문에, 더 이상 세부적으로 풀어서 서술할 수 없다.

칸트의 인식론에서 '나는 생각한다.' 통각, 자기의식의 선험적 통일의 의미가 근본적으로 중요한 이유는, 이것이 전제됨으로써 우리 인식의 선험적 종합판단의 성격이 설명될 수 있기 때문이다. 칸트가 『순수이성비판』의 핵심 과제로 삼은 '우리에게 어떻게 선험적 종합판단이 가능한가?' 는 분석판단을 근원적 판단으로 생각하지 않고, 종합판단을 근원적 판단으로 보는 데서 성립한다. 종합판단, 그것도 **선험적 종합판단**을 내릴 수 있는 능력은 우리에게 선험적으로 종합할 수 있는 능력이 있기 때문에 가능하다. 우리는 근원적으로(ursprünglich) 종합하고, 그 다음에 비로소 분석한다. '근원적으로 묶인 것' 을 판단할 수 있는 능력이 우리에게 있기 때문에 선험적 종합판단이 가능하다. "직관의 모든 잡다는 통각의 근원적-종합적 통일의 조건 아래에 선다."[123] 그러므로 "통각의 종합적 통일 원칙은 모든 지성 사용의 최고 원리(das oberste Prinzip)이다."[124] 통각·자기의식의 종합적 통일 원칙을 지성의 최고 원리로 만듦으로써, 칸트는 전통철학에서 최고 원리로 전제한 논리학을

120　B 132. "die reine Apperzeption … die ursprüngliche Apperzeption".

121　B 139. "transzendentale Einheit der Apperzeption". 통각(Apperzeption)은 지각(Perzeption)에 대한 지각, 의식에 대한 의식과 같은 의미로 이해할 수 있다. 그리고 의식에 대한 의식은 자기의식과 같기 때문에, 통각과 자기의식은 같은 의미를 지닌다고 말할 수 있다.

122　B 142. "ursprüngliche Apperzeption und die notwendige Einheit derselben … vermöge der notwendigen Einheit der Apperzeption".

123　B 136.

124　B 136.

넘어선다.

　위에서 **표상들 서로 간의 정합적 통일(결합)**에 대해 논함으로써, 의식의 근원적-종합적 통일에 대해서 논하는 데까지 왔다. 그런데 표상들 서로 간의 통일과 우리 의식의 근원적-종합적 통일을 연결하여 논한다고 해도, 이 연결은 표상과 대상 사이를 잇는 연결은 아니다. 칸트가 1772년 헤르츠에게 보낸 편지에서 스스로 문제 삼은 형이상학의 비밀인 **대상과 표상 사이의 관계**에 대해 의문이 완전히 해소된 것은 아니다.

　우리의 표상과 우리 바깥의 대상 사이에 놓여 있는 **심연의 간극**은 애초부터 메워질 수 없는 것이었다. 우리는 대상 자체에 닿을 수 있는 연결 끈을 갖고 있지 않다. 칸트는 이와 같이 **인간의 한계**를 인정하면서도, 인간에게 가능한 필연적 인식을 설명하고자 했다. 그리하여 칸트는 우리가 생각하는 표상들 사이의 정합적 합치 관계를 지성의 선험적·근원적·필연적·순수한 통일을 최고 원리(das oberste Prinzip)로 전제로 하여 정당화했다. 그렇지만 일상을 사는 우리는 매 순간 선험적·근원적·필연적·순수한 통일을 최고 원리(das oberste Prinzip)로 의식한 채로 살지 못하며, 또한 매순간 이 원리를 현실에 적용하며 살지도 못한다. 그리고 우리 앞에 펼쳐지는 사태나 사물에 대해 우리는 수시로 착각하고, 오류 판단을 내리기도 한다. 그렇기 때문에 우리는 "경험적 법칙에 따라 지각과 관계하는 것은 현실적이다(현실로 있다)"[125]는 규칙(Regel)을 시시각각 의식하며 자기 앞에서 전개되는 현상에 주의를 기울일 수밖에 없다. 이것이 칸트가 말하는 경험적 실재론의 입장이다. 그리고 칸트의 입장을 따를 때 데카르트는 경험적 관념론을 주장하지

125　A 376.

만, 그래도 다른 한편으로 데카르트도 칸트와 유사한 생각을 표현하고
있다고 말할 수 있다. 데카르트는 제4성찰 끝부분에서 이렇게 말하고
있다. "내 의지를 내 인식의 한계 안에 붙들어두고, 오성에 의하여 명
석·판명하게 의지에 나타나는 것에 대해서만 판단을 내리도록 하기만
하면, 내가 잘못한다는 것은 있을 수 없기 때문이다. 무릇 명석하고 판
명한 지식은 그 어느 것이나 틀림없이 실재적인 것이요 … 따라서 그러
한 지식 혹은 판단은 참이라고 결론짓지 않으면 안 된다."[126] 제6성찰
끝부분에서는 "그리고 내 모든 감각·기억·오성을 동원하여 이것들을
검토하고 나서, 그 어느 것에 의하여도 다른 것들과 모순되는 것이 하
나도 나에게 알려지지 않는다면, 이것들의 진실성을 나는 조금도 의심
해서는 안 된다."[127]고 데카르트는 말한다. 데카르트는 물체의 지식(진
리)에 대한 '논증'의 측면에서는 경험적 관념론자이지만, 현실을 살아
가는 사람으로서는 칸트가 말하는 경험적 실재론자이기를 거부하지는
않는다.

　도덕 표상의 **연결** 문제는 대상 표상의 **연결** 문제와 매우 다르다. 이
것은 도덕 표상과 사물 표상이 전적으로 다른 데서 기인한다. 우리는
사람에 대해 생각할 때 자연법칙을 따르는 면과 도덕법칙을 따르는 면
을 구별해서 표상한다. 사람을 키나 얼굴 등으로 표상할 때와 도덕성으
로 표상할 때, 이 두 경우의 표상은 상이하다. 키나 얼굴의 생김새는 대
상 일반에 속하는 문제인 데 비해, 도덕성은 사람의 격에 관한 문제이
다. 이 두 가지 표상은 서로 다른 법칙에 속하는 문제이다. 도덕 표상은

126　데까르뜨, 『제일철학을 위한 성찰』, 114쪽.
127　위 책, 136쪽.

대상 표상처럼 우리가 감성에 따라 받아들인 직관 표상과 이것을 개념
에 따라 정돈한 지성 표상을 연결하는 식으로 표상되지 않는다. 칸트를
따르면 우리는 누구나 도덕법칙을 인식할 수 있는 존재이다. 이 도덕법
칙은 우리 자신을 절대적 자유의지를 갖고 있는 존재로 인정하는 데서
비롯한다. 우리는 자신이든 다른 사람이든 자유의지를 지닌 존재로 대
해야 한다. 사람을 사물로 대해서는 안 된다. 이것은 모든 사람에게 타
당하다. 그런데 이러한 법칙을 표상하는 것은 사물을 표상하는 것과 전
적으로 구별된다. 그렇다면 도덕법칙을 어떤 개별 상황에 적용할 때 표
상의 **연결** 문제는 어떻게 설명해야 하는가? 도덕 판단을 위해서는 이성
표상과 의지 표상 사이의 **종합**이 필요하다. 칸트를 따를 때 이성을 지닌
존재로서 우리는 최고의 도덕원리를 인식하는 **동시에** 우리는 스스로를
최고의 도덕원리에 따라 실천할 수 있는 절대적 자유의지를 가진 존재
로 인식한다. 이 양자의 표상은 우리 머릿속에서 **병발**한다. 최고의 도덕
원리는 이성을 통해 인식하며, 동일한 이성[128]을 통해 우리는 우리 자신
을 자유의지를 지닌 존재로 인정한다. 칸트가 말하는 최고의 도덕원리
는 자유의지를 지닌 존재라면 지켜야만 하는(sollen), 자신을 강제해야
만 하는 원리인 것이다. 그런데 최고의 도덕원리 표상과 자유의지 표상
은 서로 상이하다. 칸트가 말하는 최고의 도덕원리는 정언명법인데, 정
언명법은 구체적, 개별적 사례를 포함하지 않는 도덕 형식이다. 그리고
자유의지 개념은 존재 개념이다. 정언명법을 우리가 반드시 준수해야
하는 법칙으로 인식하는 인간은 동시에 자신이 그러한 법칙을 준수할
수 있는 가능성을 지닌 존재로 인식하는 것이다. 여기에서 이성의 형식

---

128 I. Kant, *Kritik der praktischen Vernunft*, AA V 55(96): Felix Meiner판
65((96) 참조. 순수 의지(reiner Wille)는 순수한 실천이성(reine praktische Ver-
nunft)과 같다. 다음부터 이 책을 KpV로 생략해 표기한다.

(도덕법칙)과 내용(자유의지를 지닌 존재) 사이에 종합이 발생한다. '종합이 발생한다.' 는 것은 종합은 분석적 사고처럼 주어를 분석함으로써가 아니라, 또는 주어 속에 포함된 것으로 생각하는 방식을 통해서가 아니라, 서로 상이한 것을 결합하는 역동적인, 그리고 긴장적인 의식의 과정을 통해서 실현된다는 것을 말한다. 도덕 판단은 자신의 내면을 고요히 들여다보는 관조적 성찰이 아니다. 칸트가 말하는 도덕 판단은 종합판단이며, 더욱이 선험적 종합판단이다.[129]

칸트 이전에 합리론을 주장하는 철학자들에 따르면 도덕철학은 이성의 형식 논리에 해당하는 학문으로 보는 것이 일반적이었다. 절대적 이성을 본질로 갖고 있는 인간은 또한 절대적 자유의지를 지닌 존재라는 것이 당연히 귀결되는 것으로 보았다. 그러나 칸트의 도덕철학에 따를 때 인간은 본질적으로는 이성적 존재이지만, 다른 한편으로 인간은 감성이라는 본성도 갖고 있기 때문에, 현실에서는 시시각각 감성적 본성과 긴장 관계에 놓이게 된다. 그렇기 때문에, 이성에 따라 정언명법을 자신이 준수해야 할 법칙으로 인식하면서도, 다른 편으로는 자신의 이기심, 본능의 힘에 의해 정언명법을 실제로 준수하는 데 부단히 장애를 겪는다. 인간은 이성만이 아니라 감성도 지닌 자연 존재인 데서 기인한다. 이러한 연관에서 칸트는 이 세계에 두 가지 인과율을 인정하는데, 그것은 자연 인과율과 자유 인과율[130]이다. 인간은 자연 인과율에 속하기도 하고 자유 인과율에 속하기도 한다.

인간이 자연 인과율에 속하는가, 아니면 자유 인과율에 속하는가 하

---

129 필자는 이전에 칸트의 도덕철학을 선험적 종합명제와 관련하여 논한 바 있다. "선험적 종합명제로서의 칸트의 도덕원리 ", 최인숙, 『칸트연구 2』(칸트와 윤리학), 한국칸트학회 편, 민음사, 1996 12월, 67-93쪽.

130 특히 『순수이성비판』 중 '변증론' 과 도덕철학을 참조하기.

는 문제는 인간이 처해 있는 상황에 따라 다르다. 맥박이 뛰는 것, 혈관에서 혈액이 흐르는 것, 음식물을 위에서 분쇄하는 것, 머리카락이 자라는 것 등은 그 자체로 자연 인과율에 따른다. 자연 인과율은 필연적 법칙이기 때문에 여기에 자유는 없다. 자연은 자연 인과율에서 벗어나 자율적으로 자신의 길을 시작할 수 없기 때문이다. 그런데 신체를 지녔다는 점에서 인간은 자연 인과율에 속하지만, 그럼에도 자연 인과율에 따라서는 안 되는 상황이 있다. 그것은 '도덕적 상황'[131]이다. 도덕적 상황에 놓인 사람은 자연 인과율과 자유 인과율 사이에서 갈등을 겪게 된다. 자연에 속하는 감성적 측면에 따라 스스로를 정당화하려고도 하고, 아니면 그러한 식으로 자신을 정당화하는 것은 도덕원리에 어긋난다고 스스로 양심의 가책을 느끼기도 한다. 도덕적 상황에 놓인 개인들은 시시각각 변화하는 심리 상태를 겪는다. 그리고 도덕적 상황이라 일컬을 때, 그 상황은 감성적 인간이 다른 감성적 인간과 관계 속에 놓인 상황이다. 서로 간의 감성적 심리 상태에서 어떻게 행하는 것이 옳은지를 판단하는 것은 결코 단순하지 않다. 도덕적 상황에 놓여 있는 사람들이 칸트가 말하는 도덕법칙을 최고의 도덕법칙으로 인정하고 있는 사람들일 경우에도, 이 사람들이 동시에 자신의 이기심과 본능을 철저히 배제하고 칸트의 도덕법칙에 따라 도덕 판단을 내리고, 나아가 그 판단에 따라 행하는 것은 쉬운 일이 아니다. 어떤 것이 도덕적 행위인지에 대해 판단을 내리려고 할 때, 이성의 도덕법칙과 감성적 심리 상태 사이에 **연결** 문제가 발생한다. 이때의 연결 문제는 보편적인 도덕법칙과 개별적인 상황에 처한 개별적인 사람의 의지를 연결해야 하는 문제이다.

131　어떻게 행하는 것이 옳은지를 판단해야 하는 상황을 말한다. 앞에서 "2. 2. 도덕 표상"에서 '도덕적 상황'에 대해 서술한 부분을 참조하기.

하지만 이때 이성과 감성이 병발하기는 하지만, 이성과 감성이 동일한 자격을 갖는 것이 아니라, 이성이 감성을 완전히 뒤덮어 감성으로 하여금 역할을 하지 못하도록 하는 방식의 관계가 발생한다. 여기에 **의지**가 개입한다. 앞에서 논했듯이, 칸트는 두 가지의 의지를 말한다. 경향성을 따르려는 의지가 있고, 또 하나는 이성을 따르려는 의지가 있다. 앞의 의지는 우리 자신의 이익이 우선하는 목표를 향한 의지이다. 돈을 많이 벌고자 노력하기도 하고, 공부를 잘하기 위해 밤잠을 줄이며 노력하기도 하는데, 여기에 의지가 필요하다. 자신의 본능이 기울어지는 대로 두지 않고, 다른 방향으로 틀어 한 곳으로 집중하게끔 자신을 제한하는 데 의지가 필요한 것이다. 그러나 도덕적 행위를 하기 위해 필요한 의지는 이러한 의지와 다르다. 자신의 이익을 위해서가 아니라, 오로지 어떤 행위가 옳다고 판단하는 바에 따라 행하는 의지가 도덕적 의지이다. 이것을 칸트는 선의지라고 부른다.

현실 상황에서는 이성이 자신의 이익을 앞세우는 의지를 완전히 뒤덮는 방식으로 행하는 것이 실패하는 경우가 허다하다. 그런 경우에는 칸트가 말하는 도덕법칙에 따르는 행위가 결과하지 않을 것이다. 칸트가 말하는 도덕적 행위는 최고의 도덕법칙을 준수하는 행위이고, 자신의 심리적 감정에 굴복한 행위는 결코 도덕적 행위가 될 수 없다. 도덕적 행위와 그렇지 않은 행위 사이에 절충도 중도도 없다. 이성도 조금 양보하고 감성도 조금 양보해서, 또는 이성과 감성이 **협조**해서, 또는 개별적 상황에 따라 최고의 도덕법칙을 변경할 수는 없는 것이다.

이러한 의미에서 볼 때 도덕 판단의 선험적 종합판단의 성격은 대상 판단의 선험적 종합판단의 성격과 다르다. 대상 판단에서는 주관 바깥의 질료 요인이 비록 표상으로이긴 하지만 반드시 필요한 데 비해, 도덕 판단에서는 주관 바깥의 질료의 요인을 전혀 인정하지 않는다. 인간은 감성적 본성도 갖고 있기 때문에 이성 '바깥의' 질료를 더불어 갖고 있지만, 그럼에도 도덕 판단을 위해서는 이성 바깥의 질료인 감성적 본성은 전적으로 배제되어야 한다. 그러므로 도덕 판단으로서의 선험적 '종합' 판단은 정언명법이라는 **이성 형식**과 절대적 자유의지를 지닌 **존재**로서의 인간이라는 내용이 결합된 판단이다. 도덕적 상황에서 인간은, 자연 인과율은 완전히 배제한 채로, 이성의 최고 원리(형식)를 절대적 자유의지를 지닌 것으로 '요청'[132]되는 인간 존재에게 적용해야만 한다. 이것은 모든 사람에게 적용되어야 하는 보편적이고 필연적이며 선험적인 요청이다. 그리고 우리가 스스로를 절대적 자유의지를 지닌 존재로 전제할 때 비로소, 우리는 현실에서 최고의 도덕법칙에 따라 행하기 위해 자신의 의지를 자율적으로 행사할 수 있는 것이다. 그리하여 칸트의 도덕철학에서 마땅히 …해야 한다는 강제로서의 당위(sollen)는 자율적이고 자발적인 행위가 되는 것이다.

칸트의 이론철학에서 '어떻게 선험적 종합판단이 가능한가?' 가 핵심 과제이듯이, 실천철학에서도 이와 병렬적인 과제를 말할 수 있다. 그것은 '어떻게 선험적 종합적 실천 명제가 가능한가?'(Wie ein solcher synthetischer praktischer Satz a priori möglich sei)이다.[133] 여기에서 선험적 종합적 실천 명제는 정언명법을 말한다. 정언명법은 이성 형

---

132   인간을 절대적 자유의지를 지닌 존재로 **요청**하는 이유는, 자연에 속하는 인간은 자신이 절대적 자유의지를 지닌 존재라는 것을 가능한 경험을 통해서는 확인할 수 없기 때문이다. 칸트는 자신의 이론철학에서는 절대적 자유의지를 지닌 인간 존재를 인식할 수 있는 가능성을 부정하지만, 실천철학에서는 인간 자신의 도덕적 행위를 정당화하기 위해 절대적 자유의지를 지닌 인간 존재를 요청한다. 자유는 도덕법칙의 존재 근거(ratio essendi)이고, 도덕법칙은 자유의 인식 근거(ratio cognoscendi)이다. 절대적 자유의지를 지닌 존재를 그 자체로 인식할 길은 없다. KpV, AA V 4 각주(5): Felix Meiner판 1974, 4(5) 참조.

133   GMS, AA IV 444-445: Weischedel BA 95(80).

식[134]이기는 하지만, 합리론 철학에서 말하는 순전한 분석적 명제가 아니라, 그 자체로 이미 선험적 종합명제이다. 정언명법은 단적으로, 무조건적으로 '모든 이성적 행위자는 이러저러하게 의욕해야만 한다' 라고 말하는데, 이 명제는 분석명제가 아니라 종합명제이다. 왜냐하면 이 명제의 주어는 술어를 포함하고 있지 않기 때문에, 주어와 술어가 필연적으로 연결되기 위해서는 제3의 명사가 필요하다. 여기에서 제3의 명사는 **자유**의 이념이다. 이 명제에서 주어인 모든 이성적 존재자와 술어인 이러저러하게 의욕해야만 한다가 연결되기 위해서는 모든 이성적 존재자가 절대적 자유의지를 지닌 존재자라는 것이 전제되어야 한다. 이 제3의 매개자는 주어 안에 포함되어 있지도 않고, 또한 주어를 분석함으로써 나오지도 않는다. 이렇게 볼 때 칸트가 말하는 정언명법은 그 자체로 선험적 종합명제를 말하고 있다.[135] 이것은, 칸트의 이론철학에서 지성의 범주와 최고 원칙이 그 자체로는 순수 사고이지만, 그럼에도 이 사고 형식은 분석적, 논리적 사고 형식이 아니라, 대상에 대한 객관적 실재성을 정당화하는 최고의 종합적 원리라는 논리와 유사하다. 특히 『순수이성비판』 2판의 선험적 연역 부분을 참조할 수 있다. 그리고 이러한 의미는 앞에서 "감성 표상과 지성 표상의 결합 문제"에서도 논했다.

칸트는 『도덕형이상학정초』 중 "어떻게 정언명법이 가능한가?"[136]라는 표제 아래에서 우리에게 정언명법이 이성의 사실(Faktum)[137]로서

---

134 정언명법은 '최고의' 도덕법칙이라는 점에서, 정언명법보다 상위에 다른 법칙은 가능하지 않다. 이렇게 볼 때 정언명법은 구체적인 내용, 대상, 존재를 포함하지 않기 때문에, 이성의 사고 형식이라고 말할 수 있다.

135 H. J. 페이튼, 『칸트의 도덕철학』, 김성호 옮김, 서광사, 1988. 180-181쪽 참조.

136 GMS, AA IV 453 : Weischedel판 BA 110(89) 참조.

137 KpV, AA V 55(96) : Felix Meiner판 65((96). 여기에서 칸트는 순수 의지의

가능함을 선험적 종합명제와 연관하여 다음과 같이 서술하고 있다.

> 그러므로 정언명법은 다음을 통해서 가능하다. 자유 이념은 나를 지성계의 구성원으로 만들고, 이를 통해서 내가 오로지 그 구성원이기만 하다면 나의 모든 행위는 언제나 [저절로] 의지의 자율을 따르게 **될 것이다**(würden). 그러나 동시에 나는 나 자신을 감성계의 구성원으로 간주하기 때문에, 나의 모든 행위는 의지의 자율을 따라**야만 한다**(sollen). 이 **정언적** 당위(Sollen)는 선험적인 종합명제를 표현한다. 이것은, 감각적 욕구를 통해 촉발된 나의 의지에다 이와 동일하지만 지성계에 속하며 순수하고 그 자체로 실천적인 의지의 이념이 더해지고, 이 의지가 이성에 따라 전자의 의지의 최고의 조건을 포함함으로써 그러하다. 이것은 대략, 그 자체로 법칙의 형식 일반을 의미할 뿐인 지성 개념들이 감성계의 직관에 더해짐으로써, 자연에 대한 모든 인식이 근거를 두고 있는 선험적 종합명제가 가능해지는 것과 같다.[138]

미 표상의 **연결** 문제는 대상 표상과도 다르고 도덕 표상과도 다르다. 미 표상은 우리가 어떤 대상을 마주하는 즉시 떠오르는 표상으로서 우리 마음속에 특별한 감정을 불러일으킨다. 미 표상은 대상 표상에서처럼 직관 형식인 시간과 공간, 그리고 지성 개념(범주)이 역할을 하는 것도 아니고, 또 도덕 표상에서처럼 절대적 이성과 의지가 역할을 하는 것도 아니다. 미 표상은 직접적인 감정이다. 우리는 어떤 대상이 아름답다고 판단하는(느끼는) 동시에 기분이 좋아진다(만족감). 이때 아름

객관적 실재. 순수 실천이성의 객관적 실재가 우리에게 선험적 도덕법칙의 형태로, 말하자면 '사실을 통해서'(durch Faktum) 주어져 있다고 말하고 있다.
138   GMS, AA IV 454: Weischedel판 BA 111-112(90) (밑줄은 필자가 침)

답다는 느낌과 기분 좋은 상태는 함께 일어난다(병발). 아름답다는 느낌과 기분 좋은 상태가 병발한다는 것은 그 대상을 마주하는 사람이 자신의 마음속에서 직접적으로 체험할 수 있을 뿐이다. 이것은 이론적으로 정당화하는 일과 다르다.

그런데 아름다움을 느끼는 감정은 다른 감정들과 성격이 다르다. 이 다른 성격을 우리의 능력들의 관계(상상력과 지성의 관계, 상상력과 이성의 관계)를 통해서 살펴보기로 하자. 칸트는 미 표상에서 우선 상상력이 직접적으로 작용하는 것으로 본다. 우리가 어떤 것이 아름답다고 느낄 때 상상력이 우선적으로 그리고 직접적으로 작용하는 것이다. 아름다움을 느끼거나 아름다움을 창조하는 행위는 상상력의 자유에서 비롯하는 행위이다. 상상력은 자유로우며 한계가 없다. 상상력은 자유롭게 날면서 무한을 향한다. 그러나 상상력이 무한히 앞으로 나아가기만 할 뿐, 어디서도 멈추지 않는다면 우리 마음은 계속 허공을 헤맬 것이다. 칸트는 우리가 아름다움을 느낄 때 우리의 상상력은 '저절로' 지성 개념에 합치함으로써 어떤 만족감을 느낀다고 말한다. 이것은 놀이의 본질이다. 칸트는 아름다움을 느끼는 현상을 상상력과 지성 사이의 자유로운 놀이(freier Spiel[139])로 본다. 놀이는 자유로워야 하지만, 다른 한편으로 규칙에 맞아떨어져야 한다. 자유롭기만 하고 무법칙적이라면 우리는 기분이 나쁠 수도 있다. 우리는 아름다움을 느낄 때 동시에 희열을 느끼는데, 이것은 우리의 상상력과 지성 개념이 맞아떨어지기 때문이라는 것이다. 하지만 이때의 지성 개념은 대상 표상에서처럼 범주가 아니다. 범주는 어떤 표상을 한정·규정하는 개념이다. 하지만 '아름답다'는 표상은 범주로써 한정·규정하여 결과하는 표상이 아니다. 그

139 KU, AA V 217, 238(28, 64): Felix Meiner판, 56, 80(28, 64)(§9, 20).

럼에도 칸트는 우리가 어떤 대상이 아름답다고 느낄 때 우리의 상상력
은 지성 개념에 합치한다고 말한다. 미 표상에서 합치, 조율의 관계는
대상 표상에서처럼 감성 표상과 지성 표상의 관계와도 다르고, 도덕 표
상에서처럼 도덕법칙이라는 이성 표상이 경향성을 제압하는 관계와도
다르다. 미 표상에서 상상력과 지성은 저절로 맞아떨어지는데, 이 맞아
떨어짐은 인간의 특수한 능력에서 기인하는 것으로 보인다. 칸트는 이
능력을 공통감(Gemeinsinn[140])이라고 말하고 있는데, 공통감이 무엇인
지, 그리고 공통감의 근원은 무엇인지에 대해서는 명확하게 논하지 않

---

140   KU, AA V 237-240(64-68): Felix Meiner판, 79-82(64-68)(§20-22) 참조.
공통감(Gemeinsinn, sensus communis)은 언어상으로는 공통적인 감각 또는 공통적
인 감정인데, 어느 때는 통상적인 지성의 의미로도 사용된다. 그리고 데카르트에서 공
통감(sens commun)은 정신과 신체를 연결한다고 하는 뇌의 가장 작은 부분인 송과선
을 의미한다(『방법서설』 제5부, 『제일철학을 위한 성찰』 제6성찰 참조). 하지만 칸트가
아름다움을 느끼는 능력과 관계에서 말할 때, 공통감은 상상력과 지성이 일치하는 근거
이다. 그리고 미 판단이 주관적인 느낌에 바탕을 두면서도 사람들 사이에서 보편성(보
편적 전달 가능성)을 갖는 것은 바로 공통감 때문이라고 한다.
　들뢰즈는 공통감을 우리가 통상적으로 사용하는 의미보다 훨씬 더 중요한 능력으로
평가하고 있다. 공통감은 우리가 대상을 인식할 때 상이한 능력들 사이를 연결하는 역
할을 하는 것으로 보고 있다. 들뢰즈는 『칸트의 비판철학』에서 칸트의 삼 비판서의 내
용에 대해 논하면서, 각 비판서에서 서로 상이한 능력들을 연결하는 능력으로 공통감을
꼽고 있다. 대상 인식에서 공통감, 도덕 판단에서 공통감, 미 판단에서 공통감의 역할
을 통해 들뢰즈는 칸트의 철학을 논하고 있다. Gilles Deleuze, *Kant's Critical Philoso-
phy - The Doctrine of the Faculties*, Hugh Tomlinson and Varbara Habberjam 옮김,
London, 1984, 참조.
　그리고 들뢰즈는 이 저서에서 칸트의 삼 비판서 각각의 주 내용을 두 개의 인식능력
사이의 관계를 통해 논하는데, 『판단력비판』은 두 능력들의 **자유롭고도 비규정적인, 더
심층적인** 일치(a deeper free and indeterminate accord)를 밝히고 있다고 해석한다.
『순수이성비판』과 『실천이성비판』은 두 인식능력 중 한 능력에 의해 규정되는, 능력들
의 관계를 논하고 있는 데 비해서. 그리고 『판단력비판』은 이러한 **자유롭고 비규정적인**
일치를 모든 **규정적인** 관계의 가능성의 조건으로서 드러낸다고 들뢰즈는 해석한다. 위
책, 68쪽 참조.

고 있다. 칸트는 우리가 미 표상을 느낄 때 우리의 인식능력들(상상력과 지성) 사이의 자유로운 놀이가 일어나는 데 공통감을 전제하고 있을 뿐이다.

숭고 표상은 미 표상과 유비적이지만, 한편으로 차이가 있다. 우리가 어떤 대상이 숭고하다고 느낄 때, 우리의 상상력은 무한히 자유롭게 날아가면서 이성 개념과 관계한다. 그런데 미 표상과 달리 숭고 표상에서 우리는 직접적으로는 일종의 불쾌감을 느낀다. 그 이유는 우리가 숭고를 느끼는 대상은 우리의 상상력의 크기를 훨씬 뛰어넘는 것이어서, 우리로 하여금 우리 자신의 왜소함, 하찮음을 느끼도록 하기 때문이다. 우리가 어떤 대상이 아름답다고 느낄 때 우리는 기분이 좋아지는데, 숭고함을 느낄 때는 기분이 안 좋아지는 것이다. 그리고 이때 어떤 대상이 숭고하다고 판단하는(느끼는) 마음과 일종의 불쾌감을 느끼는 상태는 함께 일어난다(병발). 숭고하다는 느낌과 일종의 불쾌감이 병발함은 그 대상을 마주하는 사람이 자신의 마음속에서 직접적으로 체험하는 현상이다.

칸트의 논지에 따를 때, 아름다움의 대상은 우리의 상상력의 한계 안에 들어오는 데 비해, 숭고의 대상은 우리의 상상력의 한계를 뛰어넘는다. 숭고의 대상은 우리의 상상력에 대해 폭력적(gewalttätig)이라고 말할 수 있는데, 그럴수록 그 대상은 더욱더 숭고하다고 판단할 수 있다.[141] 우리의 상상력으로는 숭고함을 느끼는 대상을 포착하는 것이 불가능하다는 것을 체험할 때, 우리는 우리 자신의 작음을 직접적으로 체험하게 된다고 말할 수 있다. 그렇지만 숭고의 대상을 바라보면서 동시에 우리 자신의 작음을 느낀다는 것은 다른 한편으로 우리 이성의 절대

---

141   KU, AA V 245(76): Felix Meiner판 88쪽(76)(§23) 참조.

적 크기를 체험한다는 것과 같다. 왜냐하면 우리 자신이 작다는 것을 느낄 수 있는 것은 다른 한편으로 우리는 우리 자신이 엄청나게 크게 될 가능성이 있는 존재라는 것을 인식한다는 것을 전제하기 때문이다. 우리는 일상으로는 아주 하찮은 존재에 불과하다. 한데 어떤 숭고한 대상을 체험하면서 그것을 매개로 해서 우리는 자신의 무한한 이성을 간접적으로 체험한다. 숭고의 감정을 느낄 수 있다는 것은 이미 우리 자신이 그러한 감정을 느낄 수 있는 능력이 있는 존재라는 것을 말한다. 바깥의 어떤 대상이 숭고하다고 느끼는 것은 안으로는 우리 이성의 크기가 숭고하다는 것을 의미한다. 이렇게 볼 때, 어떤 대상이 숭고하다고 느끼는 경우, 우리의 상상력은 자유로이 날개를 펴지만 그 대상에 훨씬 못 미치기 때문에, 처음에는 이성과 일치하지 못하지만, 결국에는 우리 자신의 무한한 이성에 접근하게 된다. 숭고의 대상을 통해 처음에는 자기 자신이 왜소하게 느껴지기 때문에 일종의 고통을 느끼지만, 점차 우리는 우리 자신의 본질인 이성의 무한한 크기를 체험하면서 숭고한 감정을 느낌으로써 기분이 좋아진다. 숭고 표상에서 우리의 상상력과 이성이 합치하는 것은 자기부정[142]을 거쳐 간접적으로 이루어진다고 볼 수 있다. 들뢰즈는 이것을 "상상력과 이성의 불일치의 일치"[143]라고 표현하고 있다.

대상 표상과 도덕 표상과 달리 미 표상이나 숭고 표상에서는 상상력

---

142 숭고를 체험하는 나는 그 숭고한 대상에 결코 미치지 못한다는 부정적인 의식을 체험하는데, 이 체험을 매개로 해서 결국에는 나 자신이 그 숭고한 대상을 체험할 수 있는 정신적인 크기를 지닌 존재라는 것을 인식하게 된다는 의미를 여기서 '자기부정'이라고 표현했다.

143 Deleuze, "discordant-accord of imagination and reason". 위 책 51쪽.

이 주도적이고 직접적인 역할을 한다. 대상 인식에서는 지성의 규정적 개념이 우리 인식의 객관적 필연성을 정당화하는 역할을 하고, 도덕 판단에서는 이성의 규정적 개념이 도덕적 행위의 선험적 보편성을 정당화한다. 지성 개념은 사물이나 사태를 규정하는 데 사용되고, 이성 개념은 우리의 행위를 규정하는 데 사용된다. 보편적인 지성 개념을 모른다면 우리는 우리 앞에 놓인 사물이나 사태를 규정할 수 없기 때문에 우리는 그것이 무엇인지를 인식할 수 없을 것이다. 또 보편적인 이성의 이념이 없다면 우리는 어떤 행위가 옳은지를 규정할 수 없을 것이다. 물론 이성의 이념을 우리 자신에게 인정하지 않는 사람이라면, 우리의 행위를 자연의 사물처럼 규정할 것이다. 그런데 아름다움이나 숭고를 판단하는 일은 이러한 문제들과 성격이 전혀 다르다. 칸트를 따를 때, 우리가 어떤 대상이 아름답다고 느끼거나 숭고하다고 느낄 때 그 느낌은 전혀 규정적인 것이 아니다. 다시 말해서 어떤 대상을 보편적 개념에 따라 규정함으로써 아름답다거나 숭고하다고 말한다면, 그것은 이미 아름다운 대상이나 숭고한 대상이 아니라는 것이다. 우리가 대상을 개념에 따라 규정할 수 있는 경우는 사물이나 행위에 해당한다고 칸트는 생각한다. 아름다움이나 숭고는 개념에 따라 규정되는 대상에 관한 술어가 아니고, 단지 우리의 자유로운 상상력이 작동하여 우리 마음속에 움직임을 일으키는 일회적인[144] 대상에 대한 술어이다. 아름다움과 숭고의 감정은 일회적인 체험으로 일어나며, 이것은 상상력의 산물이다.

144　보편개념에 포섭되는 개별(partikulär) 대상이라는 말과 달리, 아름답다고 표현할 수 있는 대상은 보편개념에 포섭될 수 없는 단일한(einzeln) 체험에 속하는 문제라는 의미에서 일회적이라고 서술했다. "모든 취미판단은 단일한(einzelne) 판단이다." KU, AA V 215(24) : Felix Meiner판 53(24)(§8).

아름다운 대상이나 숭고의 대상을 체험할 때 우리 마음속에서 일어나는 느낌의 병발(아름다움-기분 좋음: 숭고함-외경심)은 직접적인 체험이라면, 이 직접적인 체험을 칸트는 더불어 인식능력들의 관계(상상력과 지성: 상상력과 이성)를 통해서도 이론적으로 정당화하고 있다.

그리고 칸트는 대상 판단, 도덕 판단과 마찬가지로 미 판단에서도 선험적 종합판단을 인정한다. 미 판단이 선험적 종합판단이 됨으로써 미 판단은 학문으로 성립한다. 칸트가 미 판단을 선험적 종합판단으로 인정하는 논의를 앞의 각주에서 인용했는데, 여기에 다시 인용한다.

취미판단이 종합판단이라는 것은 쉽게 알 수 있다. 왜냐하면 취미판단은 대상 개념은 물론 대상의 직관도 넘어서서, 전혀 인식이 아닌 것, 다시 말해서 쾌(또는 불쾌)의 감정을 술어로서 이 직관에 '덧붙이는' 것이기 때문이다. 그러나 비록 그 술어(그 표상[=대상 개념, 대상의 직관]과 '결합되어 있는' **자기 자신의** 쾌라는)가 경험적이지만, 그럼에도 취미판단은 **모든 사람의** 동의를 요구한다는 점과 관련해서는, 선험적 판단이거나 또는 선험적 판단으로 간주되기를 원한다고 하는 사실은 마찬가지로 이미 취미판단의 권리 요구의 표현 속에 포함되어 있다. 그리하여 판단력 비판의 이 과제는 '어떻게 선험적 종합판단이 가능한가?'라는 선험철학의 보편적 과제에 속한다.[145]

---

145   KU, AA V 288-289(148-149): Felix Meiner판 139(148-149)(§ 36). "Daß Geschmacksurteile synthetische sind, ist leicht einzusehen, weil sie über den Begriff und selbst die Anschauung des Objekts('아름답다'고 판단되는 대상의 개념 내지 그 대상의 직관) hinausgehen und etwas, das gar nicht einmal Erkenntnis ist, nämlich Gefühl der Lust (oder Unlust), zu jener(=Anschauung) als Prädikat 'hinzutun'. Daß sie aber, obgleich das Prädikat (der mit der Vorstellung[=Begriff und selbst die Anschauung des Objekts] 'verbundenen' **eigenen** Lust) empirisch

이 인용문은 취미판단이 선험철학에 속하는데, 어떤 식으로 선험철학에 속하는지에 대해 서술하고 있다. 취미판단은 분석판단이 아니고 **종합판단**이다. 왜냐하면 어떤 대상이 아름답다고 판단을 내릴 때, 우리는 '아름답다'고 판단되는 대상의 개념(= '아름답다'고 판단되는 대상의 직관)을 넘어서서 우리 자신의 감정을 '덧붙여야'(hintun), '결합해야'(verbinden) 하기 때문이다. 미 판단은 대상의 개념 및 직관('이것은 아름답다')과 감정이 결합하여 종합판단이 된다. 여기서 아름답다고 판단되는 대상의 개념 및 아름답다고 판단되는 대상의 직관은 '아름답다'는 느낌 외에 달리 표현할 길이 없는 바로 그 '개념' 및 그 '직관'을 말한다. 그리고 이 대상에 대한 감정은 쾌나 불쾌의 감정이다. 쾌나 불쾌의 감정을 만족이나 불만족이라는 감정이라고 표현할 수도 있다. 하지만 쾌라고 표현하든 만족이라고 표현하든, 아름다운 대상을 마주할 때 우리의 감정을 표현하는 술어로는 그 어느 것이든 완전히 적합하다고 말할 수는 없다. 하지만 이 번역어 문제는 이대로 두기로 하자. 그리고 취미판단은 **선험적 판단**이다. 왜냐하면 취미판단은 아름답다고 느끼는 대상과 마주 선 개인의 판단이기는 하지만 그럼에도 그 개인은 자신의 판단을 모든 사람이 동의하기를 요구하기 때문이다. 이것이 바로 취미판단과 결부된 감정이 다른 종류의 감정들과 다른 이유이다. 이렇게 해서 취미판단도 선험철학에 속한다. 숭고판단은 취미판단을 유비적으로 생각하면 된다. 어떤 대상이 '숭고하다'고 판단을 내릴 때, 우리는

---

ist, gleichwohl, was die geforderte Beistimmung **von jedermann** betrifft, Urteile a priori sind oder dafür gehalten werden wollen, ist gleichfalls schon in den Ausdrücken ihres(=Geschmacksurteile) Anspruchs enthalten; und so gehört diese Aufgabe der Kritik der Urteilskraft unter das allgemeine Problem der Transzendentalphilosophie: wie sind synthetische Urteile a priori möglich?" (따옴표와 밑줄은 필자가 덧붙임)

'숭고하다'는 개념(='숭고하다'는 직관)을 넘어서서 우리 자신의 감정을 '덧붙여야', '결합해야' 한다. 이때의 감정은 일종의 불쾌감, 두려움, 외경심 등의 감정이다.

이와 같이 대상 판단, 도덕 판단, 미 판단에서 '병발'의 문제와 '종합'(결합, 통일)의 문제에 대해 논했다. '병발'은 우리의 의식 속에서 직접적으로 일어나는 표상이라면, '종합', '결합'은 의식 속에서 직접적으로 일어나는 표상들을 연결하는 정당화 작업이라고 말할 수 있다. 대상 판단에서는 감성과 지성이 '병발'하고, 이 '병발' 현상은 직관 형식과 사고 형식을 통해 연결되어 선험적 종합판단이 된다. 도덕 판단에서는 이성과 의지가 '병발'하고, 이 '병발'은 이성 형식인 정언명법이 실제적으로 행하는 자신에게 강제하는 의지와 연결됨으로써 선험적 종합판단이 된다. 그리고 미 판단에서는 어떤 대상을 마주하는 즉시 우리의 상상력이 발동하여 '이것이 아름답다'는 판단(상상력과 지성의 조율)이 일어나는데, 이 판단이 일어나는 동시에 우리는 쾌의 감정을 체험하며, 이 과정을 통해 선험적 종합판단이 성립한다. 숭고의 판단에서는 어떤 대상을 마주하는 즉시 우리의 상상력이 발동하여 '이것이 숭고하다'는 판단(상상력과 이성 사이의 불일치의 일치)이 일어나며, 이 판단이 일어나는 동시에 우리는 외경심과 두려움을 체험하는데, 이 과정을 통해 선험적 종합판단이 성립한다.

4

표상, 관심, 의지의 관계

　필자는 위에서 칸트철학을 표상 개념을 중심으로 논하면서, 표상들을 대상 표상, 도덕 표상, 미 표상, 그리고 그 외 표상들로 구분했다. 표상들을 이렇게 구분한 이유는 칸트 자신의 철학에서 이 표상들의 성격이 서로 다른 것으로 논의되기 때문이다. 칸트는 마음의 상위 능력을 지성, 판단력, 이성으로 구분한다.[1] 지성은 대상 인식능력, 판단력은 쾌·불쾌의 감정, 그리고 이성은 욕구[2] 능력을 말한다. 그리고 이 세 능력 외의 표상들은 하위(untere) 능력에 속한다고 말할 수 있는 감각이나 감정이다. 그런데 현실에서는 지성에 따른 대상 인식, 판단력에 따른 쾌·불쾌의 감정, 이성에 따른 욕구(바람), 하위 능력에 따른 경험적 감각이나 감정이 완전히 독립적인 영역으로 구분되지 않을 수도 있다.

1　KU, AA V 198(LVIII): Felix Meiner판, 36(LVIII).

2　욕구라는 말이 우리말에서는 본능과 유사한 의미로 사용된다. 하지만 욕구는 무언가를 '바라는' 마음을 말한다. 무언가를 바라는 마음에는 감각적인 것을 바라는 마음도 포함되지만, 다른 한편으로 자신의 삶을 바람직한 방향으로 인도하고자 하는 마음도 포함된다. 마음의 상위 능력으로서 이성이 욕구하는 바는 바람직한 행위를 말한다.

그것은 특히 관심, 의지 개념과 관계에서 살펴볼 때 그러하다. 칸트는 『판단력비판』에서 미를 판단하는 기준 중의 하나로 관심(Interesse)을 꼽고 있다. 우리가 어떤 대상이 아름답다고 느낄 때 우리는 동시에 만족감(Wohlgefallen)을 느낀다. 그런데 이 경우의 만족감은 어떤 특정한 관심과 전혀 관계가 없다. 칸트는 관심을 두 가지로 구분한다. 하나는 감각적 관심이고, 다른 하나는 도덕적 행위에 대한 관심이다. 감각적 관심은 어떤 특정한 대상에 대한 관심인데, 이러한 관심은 우리의 일상에서 수시로 일어난다. 사람, 음식, 옷, 장신구, 주택 등 우리의 일상의 삶은 대상에 대한 관심으로 점철된다고 말할 수 있다. 그리고 다른 하나는 가능하면 바람직한 삶을 살고자 하는 관심이다. 우리가 현실에서 자신이 바람직하다고 생각하는 삶을 실천으로 옮기지 못하는 경우가 허다하다고 할지라도 마음속으로 우리는 그러한 삶을 지향하는 데 관심을 두고 있다. 그런데 우리가 아름다움을 느끼는 마음은 이러한 두 가지의 관심과 전혀 다르다고 칸트는 말한다. 아름다움을 느끼는 마음은 어떤 특정한 대상에 대한 관심이 아니라는 것이다. 미 판단은 '대상의 현존'에 관해서는 무관심하다. 이러한 의미에서 미 판단은 단지 관조적(kontemplativ, contemplativ＝AA판)이다.[3]

칸트가 미 판단을 감각적 관심과 실천적 행위에 대한 관심과 관계에서 논하는 이유는 이 세 가지 모두 만족감과 관계있기 때문이다. 아름다움을 느낄 때, 감각적으로 우리가 좋아하는 것을 얻게 되었을 때, 또는 우리가 바람직한 행위를 했을 때 우리는 만족감을 느낀다. 그런데 이 세 가지 만족감은 동일하지 않다. 아름다움을 느끼는 데서 오는 만족감은 관심과 결부되지 않는다면, 나머지 두 경우의 만족감은 관심과

---

3 KU, AA V 209(14): Felix Meiner판 46(14)(§5).

결부된다.

그런데 미 판단에 대한 칸트의 견해를 우리가 받아들인다고 해도[4], 대상 인식도 관심이나 만족감과 관계한다고 이의를 제기할 수 있다. 어떤 대상을 인식할 때, 우리가 이미 갖고 있는 관심에 따라 대상 표상이 만들어지거나 왜곡될 수 있기 때문이다. 오류나 착각은 우리의 대상 인식이 수시로 왜곡될 수 있음을 드러낸다. 하지만 오류나 착각이라고 표현할 수 없는 경우라 할지라도, 우리의 대상 인식에 각자의 관심과 살아온 역정이 영향을 미친다는 것을 우리는 때때로 확인한다. 물론 칸트는 대상 인식에서 시·공의 직관 형식과 범주의 사고 형식이 선험적 근거라고 논하고 있다. 하지만 개별적 대상 인식에서 이 형식들이 적용될 때, 다시 말해서 개별적 대상에 대한 감각자료와 형식이 관계할 때, 이 관계가 왜곡될 수 있다는 의미이다. 우리의 인식 근거는 선험적이지만, 대상 인식은 언제나 개별적 상황에서 이루어지므로, 우리의 인식은 경험적인 과정을 겪는다. 이 과정에서 특히 각자의 관심이나 살아온 역정이 영향을 미친다. 그리고 사람의 심리 상태에 따라, 대상 인식에서 매우 왜곡된 현상을 보이는 것을 우리는 체험하기도 한다. 이러한 의미에서 볼 때 대상 표상에서도 각자의 관심이 영향을 미치기도 한다는 것을 우리는 인정할 수밖에 없다.

그리고 대상 인식에서도 의지가 영향을 미친다는 것을 인정해야 한다. 우리는 흔히 의지는 행위에만 관계하는 것으로 생각한다. 전통적으로 철학에서 자유의지와 행위의 관계는 핵심 주제이다. 인간이 순전히 동물에 불과하다면 인간의 행위는 필연적 자연법칙에 종속되기 때문

---

4   어떠한 관심과도 무관한 미 판단이란 없다고 주장하는 이들도 많다. 하지만 우리는 여기서 칸트의 미학 이론을 수용한 채로 논의하기로 한다.

에, 인간의 행위에 대해 각 개인의 책임을 물을 수 없을 뿐만 아니라, 도덕과 비도덕을 구분할 수도 없다. 이와 반대로 인간이 자유의지를 지닌 존재라면, 각 개인은 자신의 행위에 대해 책임을 져야 한다. 그런데 의지 개념은 도덕적 행위를 하고자 하는 마음에 대해서만 사용할 수 있는 개념이 아니라, 자신의 이익을 얻고자 하는 목표를 향한 마음에 대해서도 사용할 수 있는 개념이다. 한데 이 두 경우 모두 어쨌든 우리 마음이 무엇을 '바란다'(욕구)는 의미에서는 같다고 말할 수 있다.

그런데 대상 표상에서도 의지가 역할을 하기도 한다. 의지가 도덕 판단뿐 아니라 대상 판단에도 영향을 미친다는 의미이다. 우리는 데카르트의 말을 통해서 대상 판단과 의지의 관계를 일별해 볼 수 있다. 데카르트는 『제일철학을 위한 성찰』 제4성찰에서 판단과 의지를 관련지어 논하고 있는데, 제4성찰은 판단의 참과 거짓에 대해 논하고 있다. 물체에 대한 '판단'은 사고능력인 지성의 몫이다. "지성 속에는 본래적인 의미의 오류는 전혀 없다."[5] 하지만 대상에 대해 판단할 때 지성과 더불어 의지가 역할을 한다. 의지는 선택의 능력이며, 선택은 의지의 자유에 따른다. 그런데 의지는 어떠한 한계 안에도 갇혀 있지 않다. 데카르트는 우리의 오류는 의지에서 비롯한다고 말한다. **이해하는 능력**인 지성보다 **선택하는 능력**인 의지는 훨씬 더 넓은 범위까지 미치는데, 우리가 이해하고 있지 않은 것에까지 판단하려고 한다면, 그때 의지가 잘못 적용된다는 것이다.[6] "내 의지를 내 인식의 한계 안에 붙들어두고, 지성에 의해 명석·판명하게 의지에 나타나는 것에 대해서만 판단을 내리도록 하기만 하면, 내가 잘못한다는 것은 있을 수 없기 때문이다."[7]

---

5 데까르뜨, 『제일철학을 위한 성찰』, 109쪽.
6 위 책, 106-114쪽 참조. (강조는 필자가 함)
7 위 책, 114쪽.

데카르트가 대상 판단에서도 의지가 개입한다고 말한 것은 매우 현대적인 논의이다. 의지를 오로지 실천적 행위와 관계시켜 논한 것이 일반적이었다. 하지만 우리의 인식 상황을 주시해보면, 실제로 의지가 개입하는 경우가 많다. 우리의 대상 인식 과정은 컴퓨터처럼 기계적, 자동적으로 진행되는 것이 아니라, 각자의 심리 상태, 주목 상태에 따라 달라지기도 한다. 더 철저히 주목하고자 작정하고 보면 내 앞에 펼쳐지는 현상이 더 명확하게 인식되기도 하고, 또 다른 데 정신을 두고 있을 때는 눈앞의 현상도 제대로 알아차리지 못하는 경우도 있다. 이러한 점을 의지와 연결할 수 있다. 인간의 지각 현상은 자신이 이미 알고 있는 지성 개념에 따라서만 전개되는 것이 아니라, 의지가 개입하는 것이다. 우리가 대상을 지각하는 데 지성 개념만 적용된다면, 그 과정은 자동기계인 컴퓨터와 다름없이 전개될 것이다. 그리고 데카르트가 말하듯이, 그리고 칸트도 말하듯이[8] 지성이 다른 어떤 원인의 영향을 받지 않으면, 지성 혼자만으로는 오류가 발생하지 않을 것이다. 데카르트가 대상 판단에서 지성과 의지를 중시한 것은, 실제로 우리의 인식 상황에서 이 두 능력이 복합적으로 작용하기 때문이다. 우리가 사물을 지각할 때, 지각은 순수 사고에 따라서가 아니라 우리 앞의 감각 자료를 순수 사고에 '관계 지음'으로써 일어난다. 지각은 순전한 사고가 아니라 판단이며, 판단은 관계시킴의 과정이다. 데카르트는 판단 작용에 의지가 작용한다는 것을 도덕 판단뿐 아니라 대상 판단에까지 확장했다. 도덕 판단을 내릴 때 개별적 상황에 도덕원리를 관계 짓듯이, 대상 판단에서도 개별 상황에 개념을 관계시킨다. 도덕 '판단'에도 의지가 '관계'하듯이, 대상 '판단'에도 의지가 '관계'한다. 그러므로 우리는 대상 판단에

---

8   A 294/B 350.

서도 우리의 의지가 다른 곳을 향하지 않도록 항상 '주의' 해야 한다. 이 것은 일상생활에서뿐 아니라, 공부에서도 마찬가지이다. 대상 판단에 서 주의·주목을 중시하는 것은 인간의 사고능력의 한계 때문이다. 그 리고 사고능력이 충분히 발달해 있는 사람에서도 일어나는 사고능력의 한계는 대부분 각 개인의 관심과 의지와도 관계가 있다. 이렇게 볼 때 우리가 갖게 되는 대상 표상도 관심, 의지와 관계가 있다. 관심과 의지 는 우리가 무언가를 더 좋아하고, 더 많이 바라는 마음을 갖는 데서 비 롯한다.[9] 어떤 것을 더 좋아하고, 더 많이 바라는 마음은 어떤 목표를 향하고 있다. 그리고 그러한 목표가 상황에 따라, 시간에 따라, 인생 여 정에 따라 변화하지만, 어쨌든 우리는 어떤 대상을 더 많이 좋아하고, 더 많이 바란다. 더 많이 좋아하고, 더 많이 바라는 마음이 대상을 판단 하는 데도 영향을 주게 된다.

---

9 데카르트는 제4성찰에서 의지를 단지 선택 능력으로 표현하고 있다. 우리가 흔히 의지를 욕구 능력, 바라는 능력으로 이해하는 것과는 차이가 있다. 하지만 우리가 어떤 것을 선택하기 위해서는 그 방향으로 우리 마음이 향한다는 의미에서, 선택 능력인 의 지도 욕구 능력, 바라는 능력과 관계있다고 볼 수 있다.

맺는 말 (칸트철학에서 표상과 우리의 삶)

우리의 마음이 무엇인지에 대해 생각해보면, 그것은 바로 우리가 살아가면서 '떠올리는 생각들' (표상들)이라는 것을 알게 된다. 우리가 전혀 겉으로(表) 떠올리지 못하는 생각들(象)은 사실은 '생각'도 아니다. 서양 전통철학에서, 그리고 칸트에서도 '우리가 떠올릴 수 있는 생각들'만 철학에 속한다. 무의식이나 잠재의식은 칸트철학에서 탐구 대상이 아니다. 우리가 겉으로 떠올릴 수 있는 생각들을 통해 우리 자신이 무엇인지, 그리고 무엇이어야 하는지에 대해 칸트는 자신의 철학에서 논하고 있다. 이러한 의미에서 칸트의 철학은 우리의 표상을 통해 우리 자신과 우리가 살아가는 세계에 대해 논하고 있으며, 나아가 우리가 살아가야 할 세계(지향해야 하는 삶)에 대해 논하고 있다고 말할 수 있다.

칸트는 우리가 떠올리는 생각들(표상들)을 크게 네 가지로 나눈다. 대상에 대한 표상, 도덕에 대한 표상, 미·숭고에 대한 표상, 그리고 그 밖의 다양한 감정들에 대한 표상이다. 이중 다양한 감정들을 칸트는 선험적 학문으로 인정하지 않기 때문에 자신의 선험철학에서 논하지는 않는다. 그렇다고 해서 칸트가 우리가 살아가면서 겪는 다양한 감정들을 중요시하지 않는다는 말은 아니다. 오히려 칸트는 수시로 변하는 우리의 다양한 감정들을 매우 중시했다. 왜냐하면 우리 마음속에서 일어나는 여러 가지 감정들과 더불어 잘 지낼 수 있는 방법을 모른다면, 우리의 삶은 결국에는 문제투성이로 점철될 것으로 보았기 때문이다. 이러한 점은 특히 칸트의 선험적 실천철학을 통해 유추할 수 있다. 칸트의 선험적 실천철학은, 시시각각 자신의 감정과 이기심으로 휘둘리는 우리 자신이 자신의 이러한 감정과 이기심을 지휘하는 삶을 살 것을 지향할 수 있는 방법으로서의 철학이라고 볼 수 있다. 이렇게 볼 때 칸트의 선험적 도덕철학은 경험적인 경향성과 관계에서만 성립하는 학문이며, 경험적인 도정의 삶에 대해서 말하는 적극적 학문이라고 말할 수 있다.

칸트는 대상 인식, 도덕 판단, 미 판단 각각은 두 개의 인식능력 내지 두 개의 표상 사이에서 성립하는 종합판단으로 본다. 대상 인식은 감성과 지성, 그림 표상과 사고 표상 사이에서 성립하고, 도덕 판단은 이성과 의지, 정언명법이라는 표상과 자유의지를 지닌 존재라는 표상 사이에서 성립하고, 미 판단은 상상력과 지성, '아름답다' 는 표상과 만족감이라는 표상 사이에서 성립하며, 숭고 판단은 상상력과 이성, '숭고하다' 는 표상과 일종의 불만족이라는 표상 사이에서 성립한다. 이 세 가지 표상(대상, 도덕, 미·숭고)은 우리 마음속에서 서로 상이한 표상들을 연결·결합·통일·종합함으로써 떠올려진다.

표상들 사이의 연결·결합·통일·종합 방식은 대상 판단, 도덕 판단, 미 판단에서 각기 다르다. 대상 판단에서는 감성과 지성이 완전히 이질적이기 때문에, 그 사이에 상상력의 도식이라는 매개자를 필요로 한다. 그런데 이 매개자를 통해서도 감성 표상과 지성 표상 사이는 완전히 메워질 수는 없다. 왜냐하면 이 양자는 서로 전적으로 구별되는 표상이기 때문이다. 감성 표상(그림)과 지성 표상(사고) 사이에는 '심연의 간극'이 놓여 있다. 더욱이 우리의 감성 표상이든 지성 표상이든, 이 표상들은 이 표상들과 구별되는 어떤 것을 전혀 알지 못한다. 칸트는 이 어떤 것을 X라고도 표기한다. 우리가 떠올리는 표상들, 우리의 생각인 인식들은 이 인식들에 '대응하는 것으로 마주 세울 수 있는 것' 자체와는 전혀 연결 끈이 없다.[1] 이 간극 자체는 우리의 인식능력을 아무리 연마해도 영원히 메워지지 않는 틈으로 남는다.[2] 그리고 칸트는 지성의 근원적·선험적·종합적 통일 작용을 통해 개별적 그림 표상의 경험적 통일을 정당화한다. 결국 지성이 선험적 종합판단의 궁극적 근거이다.

도덕 판단은 이성적 존재인 인간이 근원적 법칙으로 인식하는 정언

---

1 A 104 참조. "그러면 우리는 인식에 **대응하는**, 따라서 또한 인식과 **구별되는 대상**에 대해 말할 때, 그것은 무엇을 의미하는가? 이 대상은 단지 **어떤 것 일반=X**라고 생각될 수밖에 없음을 쉽게 알 수 있다. 왜냐하면 우리는 우리 인식 바깥에 이 인식에 대응하는 것으로 마주 세울 수 있을(als korrespondierend gegenübersetzen könnten) 어떤 것도 갖고 있지 않기 때문이다." (강조는 필자가 함)

2 서로 다른 표상들 사이의 영원한 '간극' 문제는 칸트의 이론철학과 실천철학의 관계에 대해서도 말할 수 있다. 칸트는 인간을 한편으로는 자연법칙을 따르고, 다른 한편으로는 자유 법칙을 따르는 존재로 보면서, 『판단력비판』 서문에서 이 양자 사이에 다리를 놓는 역할로 반성적 판단력을 말하고 있다. 지성의 자연법칙과 이성의 자유 법칙은 서로 직접적으로 통일될 수 없지만, 판단력을 통해 이것이 가능하다는 것이다. 반성적 판단력을 통한 통일은 자연의 합목적성(자연 전체의 통일을 생각함)에 대한 미감적 표상이다. 칸트는 우리 인간은 자기 자신 속에서 자연법칙과 자유 법칙이 수시로 분열하는 것을 체험하지만, 판단력의 미감적 표상을 통해서 자연법칙과 자유 법칙이 하나의 전체로 결합되는 것을 체험한다고 본다. 우리는 자신 속에서 자연과 자유가 언제나 분열·저항·모순·갈등을 일으키는 것을 체험하지만, 어느 순간 아름다움이나 숭고를 느끼면서 동시에 자연과 자유가 결합·연결·통일되는 것을 체험한다. **인간은 본성적으로 분열되어 있지만**, 아름다움이나 숭고를 느끼는 마음자리를 통해 비로소 자기 자신이 하나로 통일되는 순간을 체험한다.

명법을 자기 자신에게 자율적으로 강제하는 의지를 통해 성립한다. 선험적 종합판단으로서의 도덕 판단은 최고의 이성 법칙을 경향성을 지닌 인간에게 적용하는 과정, 다시 말해서 스스로 정언명법에 적합한 준칙을 자기 자신에게 부과함으로써 성립한다. 이때의 종합판단은 이성이 경험적 경향성을 완전히 제어함으로써 성립하는 종합판단이다. 이성과 경향성이 동등한 비중을 지닌 종합이 아니다.

그리고 선험적 종합판단으로서의 미 판단은 상상력과 지성의 합치(미), 상상력과 이성 서로간의 저항을 통한 합치(숭고)의 과정에서 성립한다. 대상 판단과 도덕 판단과 달리 미 판단에서는 상상력이 주도적인 능력이라고 말할 수 있다. 대상 인식은 지성 개념을 통한 규정 판단이고, 도덕 판단은 이성의 개념과 원리를 통한 규정 판단인 데 비해, 미 판단은 자유로운 상상력이 비로소 개념을 찾아가는 방식의 비규정적·반성적 판단이다.

칸트의 선험철학을 오늘날도 커다란 비중을 차지하는 철학으로 인정할 수 있는 이유는, 서양철학에서 차지하는 그 위치 때문만은 아니다. 칸트가 논하는 철학은 인간의 삶을 제대로 해석하고자 하는 데서 비롯했다고 본다. 인간의 삶은 대상 판단, 도덕 판단, 미 판단, 그 밖의 다양한 감정들로 이루어진다. 각각의 경우에 제대로 판단하기 위해서 우리는 각기 다른 판단의 성격을 정확히 알아야 한다. 필자는 칸트의 철학이 오늘날 우리의 삶을 해석하는 데도 매우 유용한 관점을 제공하고 있다고 본다. 그 유용한 점은, 칸트의 철학은 인간 사고의 복합적인 면을 포괄하고 있다는 데 있다. 칸트는 분석적, 논리적, 합리적 사고를 넘어서서, 종합적이면서도 선험적인 사고를 이론화했다. 우리가 살아가는 세상은 사물과 사태로 점철된다. 이 세상에 대한 우리의 사고는 결코 분석적 사고로만 이루어지지 않는다. 지성과 감성, 이성과 의지, 상상력과 지성, 상상력과 이성의 결합으로 이루어지며, 그리고 각각의 경우에 이 양자의 상이한 표상을 결합하는 일은 표상들의 역동적인 과정 속에서 일어난다.

칸트는 자신의 철학을 주관적 관념론이라고 잘못 이해하는 사람들이 있는 것을 보고, 결코 그렇지 않다는 것을 해명하기 위해 『순수이성비판』 2판 "관념론 반박"에서 외적 지각의 중요성 및 외적 지각의 우선성을 논하고 있다. 칸트는 이곳에서만이 아니라 다른 곳들에서도 이러한 관점을 피력하고 있다. '관념론 논박' 이라 함은, 우리 인간은 순수 사고와 시간 형식만으로는 결코 대상을 인식할 수 없다는 것을 말한다. 우리는 사물이나 사태를 인식할 때 반드시 외적 지각을 필요로 한다. 외적 지각이란 우리의 심리 바깥의 지속적인 물체의 상을 말한다. 이것은 꿈속에서나 새로운 상을 인위적으로 만들어낼 경우에도 마찬가지이다. 이 세상을 지각할 때 시간 형식이 아니라 공간 형식, 그것도 물체의 상이 가장 원초적으로 필요한 지각의 재료라는 것을 칸트는 강조해서 논하고 있다. 이러한 의미에서, 칸트는 우리가 이 세상에서 신체를 가지고 살아 있을 때만 대상 인식이 가능하다고 말하고 있다. 그러므로 순수 정신, 다시 말해서 신체 없이도 논증 가능하다고 주장하는 사람들이 말하는 정신은 칸트의 논의 대상이 아니다. 그렇기 때문에 신체와 전혀 관계없이는 우리의 심리 또한 성립하지 않는다. 그래서 칸트가 말하는 인간의 심리는 시시각각 변화를 겪는 심리이고, 이 심리는 경험적·현상적 심리이며, 현상적 심리는 자신의 신체와 다른 사람들의 신체, 그리고 그 밖의 물체들과의 관계에서만 성립한다. 순수 심리는 말 그대로 어불성설이다. 그러므로 실체로서의 정신적 존재 자체를 우리는 인식할 수 없다. 하지만 우리가 시시각각 체험하는 경험적·현상적 심리를 지탱하고 있는 '나는 생각한다.' 로 불릴 수 있는 자아의 활동을 칸트는 인정한다.[3] '나는 생각한다.'의 자아를 바탕으로 삼아, 그리고 이것을 구심점으로 해서 한 사람의 다양한 심리가 산산이 흩어지지 않고 중심을 잡을 수 있다. 그렇게 해서 한 사람의 정체성이 형성된다.

칸트가 자신의 인식론을 선험적 관념론이자 경험적 실재론이라 논하는 이유도 여기에 있다. 경험적 실재론에서는 우리 마음 바깥의 물체 상 자체가 우리의 인식을 논리적으로 정당화해주지는 않는다. 이 정당화는 우리가 떠올리는 표상들의 정합적인 관계를 통해 이루어진다. 표상들의 정합적인 관계는 우리가 떠올리는 표상들 사이의 관계일 뿐이다. 표상들 바깥의 사물 자체와는 직접적인 연결 끈이 없다. 단지 표상들의 정합적인 관계가 '하나의' 대상을 가리킬 뿐이다. 표상들 사이의 관계가 '하나의' 대상을 지시한다. 이 지시 관계가 우리가 떠올리는 표상들 사이의 관계의 '객관성'을 말해준다.[4]

이렇게 볼 때, 우리가 표상들 사이의 관계를 정합적으로 잘 연결하는

3　칸트의 선험적 현상론은 물질적 대상이나 심리적 대상에 동일하게 적용된다. 우리는 물체나 자신의 심리를 현상인 대상으로 인식한다. 그러나 '나는 생각한다.'(Ich denke)는 현상이 아니다. 이것은 우리가 물체나 심리를 인식할 때 '언제나 더불어 파악되는'(jederzeit mit begriffen, A 341/B 399) 인식 근거일 뿐이다. 그럼에도 '나는 생각한다.'는 '경험적' 의식이다. 왜냐하면 '나는 생각한다.'는 순전한 사고물(Gedanken-Ding)이 아니고, 개별 현상을 인식할 때 우리가 직접적으로 의식하는 어떤 것이기 때문이다. '나는 생각한다'는 '대상'은 아니지만, 어쨌든 우리가 경험하는 직접적 '표상'이다.

4　우리는 흔히 '객관적으로 말하자면', '객관적으로 볼 때'라고 표현한다. 어떤 대상이나 사태를 있는 그대로 '가리킨다'고 주장하는 표현이다. 그런데 동일한 대상이나 사태를 바라보는 사람들 각자의 '객관성'은 다를 수 있다. 그들이 바라보는 사물이나 사태는 '하나'이지만, 그 사람들 각자가 형성하는 '표상들의 관계'가 다를 수 있기 때문이다. 따라서 각자가 사물이나 사태에 대해 만드는 '표상들의 정합적인 관계'가 '하나의' 대상이나 사태를 가리킬 수 있도록 스스로 훈련하는 것이 필요하다.

예를 들어, 동일한 한 사람을 바라보는 여러 사람들의 견해는 각기 다를 수 있는데, 이것은 이 여러 사람들 각자의 표상들의 관계가 다른 사람들의 그것과 다르기 때문이다.

것이 무엇보다도 중요하다. 그러기 위해서는 사물이나 사태를 제대로 보는 안목을 기르고, 일상에서 주시·주목하는 습관을 훈련하고, 데카르트가 말하듯이 "내 의지를 내 인식의 한계 안에 붙들어두고, 지성에 의해 명석·판명하게 의지에 나타나는 것에 대해서만 판단을 내리도록" 노력해야 한다.

그리고 일상에서든 학문에서든 오류나 착각은 수시로 발생한다. 칸트가 말하듯이, 감성이 지성 자체에 영향을 미쳐, 지성의 판단을 규정하는 경우에는 오류가 발생한다. 또한 감성이 지성에게 부지불식간에 (unbemerkt) 영향을 미치고, 이를 통해 판단의 주관적 근거와 객관적 근거가 뒤섞이게 되고, 주관적 근거가 객관적 근거로 하여금 자신의 규정에서 벗어나게끔 하는 일이 발생하게 된다. 우리는 자신의 마음속에서 일어나는 표상들 사이의 관계를 똑바로 들여다보기 위해 명철한 눈으로 깨어 있으므로 해서, 감성이 지성에 부지불식간에 영향을 미치는 일이 일어나지 않도록 주시해야 한다.

오류 판단은 대상 판단에서만이 아니라, 도덕 판단에서도 수시로 일어난다. 그리고 우리의 실제적 삶에서는 도덕 판단이 더 중요하다. 우리가 사물의 이치나 사태의 이치를 제대로 파악하는 문제는 서로 완전히 분리되어 있지 않다. 예를 들어 우리의 행위 문제에는 물건의 관계, 재물의 관계, 세상 이치의 관계 등이 복합적으로 얽혀 있다. 그러므로 우리가 자신의 인생을 제대로 영위하기 위해서는 사물의 이치, 행위의 이치, 문화 등을 복합적으로 이해하려고 노력함으로써 자신의 견해를 형성하도록 해야 한다.

우리가 칸트의 철학을 오늘날에도 공부할 필요가 있다고 주장하는 것은, 그의 철학이 사물, 행위, 문화, 다양한 감정 등의 이치를 매우 적합하게 논하고 있다고 보기 때문이다. 그의 철학을 꼼꼼히 공부함으로써 우리는 현대에서 살아가는 데 적합한 표상을 얻게 될 것이다. 칸트라는 타인의 철학을 공부함으로써 내 자신이 인간, 사물, 세계에 대해 적합한 표상을 갖게 될 것이다. 그리고 우리는 자기 앞에 놓인 사물이나 사태에 대해 현재 어떤 생각을 갖고 있는지를 스스로 들여다보는 데에도 공부가 필요하며, 또한 다른 사람들의 생각을 명확히 알기 위해서도 그러하다.

한 사람이 형성하는 표상들의 '체계'[5]는 그 사람의 마음이고, 마음은 바로 그 사람의 정체성[6]이다.

---

5 표상들의 '체계'란 한 사람이 사물, 도덕, 문화 등, 다양한 분야에 대해 자신이 떠올리는 표상들의 포괄적인 묶음을 말한다. 이 체계는 언제나 동일한 것으로 확정되어 있지 않다. 시간이 흐름에 따라, 그리고 상황에 따라 변할 수도 있다. 그리고 지속적인 공부를 통해 새로운 앎을 얻게 됨으로써 자신의 표상 체계를 변화시킬 수도 있다. 한 사람들의 표상 체계는 자신의 정체성을 형성해가는 과정과 함께 만들어진다.

6 각 사람의 정체성은 결국 그 사람이 생각하는 표상들을 통해 유추할 수 있다. 외모, 가정환경, 학력 등을 통해서 우리가 한 사람의 정체성을 말하는 것은 매우 단면적이다. 외모, 가정환경, 학력 등의 정체성은 오히려 그 사람이 어떤 사람인지에 대해 왜곡된 정보를 줄 수도 있다. 외모가 매우 멋지고 호감을 주는 사람도 실제로는 흉악한 사람일 수도 있고, 훌륭한 부모와 양호한 경제적 환경에서 양육된 사람도 그것과 전혀 어울리지 않는 사람이 될 수도 있고, 또 높은 교육을 받고 자란 사람이 매우 사악한 사람일 수도 있다는 것을 우리는 어렵지 않게 확인할 수 있기 때문이다. 이에 비해, 그 사람이 어떤 사람인지를 알기 위해 우리는 그 사람이 다양한 문제에 대해 어떻게 생각하는지를 그 사람의 표상들을 통해 복합적으로, 그리고 장기적으로 모아보면 더 쉽사리 알 수 있다. 이것은 자기 자신이든 다른 사람이든 동일하게 적용된다.

| 참고문헌 |

칸트의 문헌

I. Kant, *Gesammelte Schriften*(AA), hrsg. von der königlichen Preußischen
Akademie der Wissenschaften (von der Deutschen Akademie der Wis-
senschaft zu Berlin), Bde. 1–29, Berlin 1900–2009.

_____, *Weke* in zehn Bänden, hrsg. von Wilhelm Weischedel, Darmstadt
1983(Sonderausgabe).

_____, *Kritik der reinen Vernunft*, nach der ersten u. zweiten Original-Aus-
gabe neu hrsg. von Raymund Schmidt, Hamburg 1956.

_____, *Kritik der reinen Vernunft*, hrsg von Gottfried Martin, Ingeborg
Heidemann, Joachim Kopper u. Gerhard Lehmann, Stuttgart 1966.

_____, *Critique of Pure Reason*, trans. by N. K. Smith, New York 1963
(1929).

_____, *Critique of Pure Reason*, trans. by Paul Guyer/Allen W. Wood, Cam-
bridge 1997.

_____, *The Metaphysics of Morals*, trans. by Mary Gregor, Cambridge 1996.

_____, *Kritik der praktischen Vernunft*, hrsg. von Karl Vorländer, Hamburg 1929.

_____, *Critique of Practical Reason*, trans. by Thomas Kingsmill Abbott, London/New York/Toronto 1948(1873).

_____, *Critique of Practical Reason*, trans. by Mary Gregor, Cambridge 2001(1997).

_____, *Kritik der Urteilskraft*, hrsg. von Karl Vorländer, Hamburg 1924.

_____, *Critique of Judgment*, trans. by J. H. Bernard, New York/London 1951.

_____, *Critique of the Power of Judgment*, trans. by Paul Guyer/Eric Matthews, Cambridge 2000.

_____, *Prolegomena zu einer jeden künftigen Metaphysik*, hrsg. von Karl Vorländer, Hamburg 1976.

_____, *Anthropologie in pragmatischer Hinsicht*, hrsg. von Karl Vorländer, mit einer Einleitung von Joachim Kopper u. einem zusätzlichen Anhang von Rudolf Malter, Hamburg 1980.

_____, *The Conflict of the Facaulties*, trans. by Mary J. Gregor, Lincoln/London 1992.

_____, *Briefwechsel*, Auswahl u. Anmerkungen von Otto Schöndörffer, bearbeitet von Rudolf Malter, mit einer Einleitung von Rudolf Malter u. Joachim Kopper, Hamburg 1972.

칸트에 관한 문헌

Ameriks, K., *Kant's Theory of Mind – An Analysis of the Paralogims of Pure Reason*, Oxford 1982.

Baumanns, P., *Kants Philosophie der Erkenntnis*, Würzburg: Königshausen und Neumann 1977.

Beck, L. W., *A Commentary on Kant's Critique of Practical Reason*, Chicago/London, 1960.

_____, *Essays on Kant and Hume*, New Haven/London 1978.

Benenett, J., *Kant's Analytic*, Cambridge 1966.

_____, *Kant's Dialectic*, Cambridge 1974.

Böhme, G., *Philosophieren mit Kant*, Frankfurt am Main 1986.

Borowski, L. E./R. B. Jachmann/E. A. Ch. Wasianski, *Immanuel Kant – Sein Leben In Darstellugen von Zeitgenossen*, Darmstadt 1993(1912).

Brook, A., *Kant and the Mind*, Cambridge 1994.

Büchel, G., *Geometrie und Philosophie – Zum Verhältnis beider Vernunftwissenschaften im Fortgang von der Kritik der reinen Vernunft zum Opus postumum*, Berlin/New York 1987.

Carpenter, A. N., *Kant's Earliest Solution to the Mind/Body Problem*, Dissertation, Uni. California, Berkeley 1998.

Caygill, H., *A Kant Dictionry*, Blackwell 1995.

Chadwick, R. F.(ed.), *Immanuel Kant – Critical Assessments*, 4 Vols., London/New York 1992.

Choi, In Sook, *Die Paralogismen der Seelenlehre in der ersten und der zweiten Auflage der "Kritik der reinen Vernunft"*, Frankfut am Main/Bern/New

York/Paris 1991.

(Van) Cleve, J., *Problems from Kant*, Oxford Uni. 1999.

Deleuze, G., *Kant's Critical Philosophy - The Doctrine of the Faculties*, tr. by Hugh Tomlinson and Barbara Hbberjam, London 1984.

Dietzsch, S., *Immanuel Kant - Eine Biographie*, Leibzig 2003.

Edwards, J., *Substance, Force, and the Possibility of Knowledge - On Kant's Philosophy of Material Nature*, Berkeley/Los Angeles/London 2000.

Eisler, R., *Kant Lexikon*, Hildesheim/New York 1977.

Fischer, K., *Geschichte der neuern Philosophie*, 4. Bd. (Immanuel Kant und seine Lehre), Heidelberg 1898.

Forster, M. N., *Kant and Skepticism*, Princeton Uni. Press 2008.

Friedman, M., *Kant and the Exact Sciences*, Cambridge/London 1992.

Gerhardt, V., *Immanuel Kants Entwurf 'Zum Ewigen Frieden' - Eine Theorie der Politik*, Darmstadt 1995.

Graham, B.(ed.), *A Companion to Kant*, Blackwell 2006.

Guyer, P., *Kant on Freedom, Law, and Happiness*, Cambridge 2000.

Guyer, P.(ed.), *Kant and Modern Philosophy*, Cambridge 2006.

Heidegger, M., *Kant und das Problem der Metaphysik*, Frankfurt am Main 1973.

Heidemann, I., *Spontaneität und Zeitlichkeit - Ein Problem der Kritik der reinen Vernunft*, Köln 1958.

Heimsoeth, H., *Transzendentale Dialektik - Ein Kommentar zu Kants Kritik der reinen Vernunft*, 4 Bde.(Ideenlehre u. Paralogimen 1966, Vierfache Vernunftantinomie 1967, Das Ideal der reinen Vernunft 1969, Die Methodenlehre 1971), Berlin.

Heintel, P./Ludwig Nagl(hrsg.), *Zur Kantforschung der Gegenwart*, Darmstadt 1981.

Henrich, D., *Between Kant and Hegel – Lectures on German Idealism*, Harvard Uni. 2003.

Höffe, O., *Immanuel Kant*, trans. by Marshall Farrier, New York 1994.

_____, (hrsg.), *Immanuel Kant Zum ewigen Frieden*, Berlin 1995.

Kaulbach, F., *Immanuel Kants 'Grundlegung zur Metaphysik der Sitten' – Werkinterprertationen*, Darmstadt 1988.

Kersting, W., *Wohlgeordnete Freiheit – Immanuel Kants Rechts- und Staatsphilosophie*, Frankfurt am Main 1993.

Kitscher, P., *Kant's transcendental Psychology*, Oxford University Press, 1990.

Kleinschieder, M./Rudolf Malter/Giesela Müller/Gerhard Funke(hrsg.), *Akten des 5. Internationalen Kant-Kongresses Mainz 4.-8. April 1981*, Teil I.1: Sektionen I-VII, Bonn 1981.

Klemme, Heiner F., *Kants Philosophie des Subjekts – Systematische und entwicklungsgeschichtliche Untersuchungen zum Verhältnis von Selbstbewußtsein und Selbsterkenntnis*, Hamburg 1996.

_____, /Manfred Kuehn(ed.), *Immanuel Kant Vol. II Practical Philosophy*, Aldershot/Brookfield USA/Sydney 1999.

Kopper, J., *Transzendentales und dialektisches Denken*, Kantstudien Ergänzungshefte 80, Köln 1961.

_____, *Einführung in die Philosophie der Auferklärung – die theoretischen Grundlagen*, Darmstadt 1979. J. 코퍼 지음,『계몽철학 그 이론적 토대』최인숙 옮김, 서광사, 1994.

_____, /Rudolf Malter(hrsg.), *Materialien zu 'Kritik der reinen Vernunft'*, Frankfurt am Main 1975.

_____, /Wolfgang Marx(hrsg.), *200 Jahre Kritik der reinen Vernunft*, Hildesheim 1981.

_____, *Die Stellung der 'Kritik der reinen Vernunft' in der neueren Philosophie*, Darmstadt 1984.

_____, *Das transzendentale Denken des deutschen Idealismus*, Darmstadt 1989.

_____, *Kurze Betrachtung der Entwicklung des europäischen Denkens von Descartes bis Kant*, Frankfut am Main/Berlin/Bern/New York/Paris/Wien 1997.

_____, *Das Unbezügliche als Offenbarsein – Besinnung auf das philosophische Denken*, Frankfut am Main/Berlin/Bern/Bruxelles/New York/Oxford/Wien 2004.

_____, *Einbildungskraft, Glaube und ontologischer Gottesbeweis – Die Gottesfrage in philosophischer Besinnung*, Freiburg/München 2012.

Kroner, M., *Von Kant bis Hegel*, Tübingen 1961(1921/1924).

Martin, G., *Gesammelte Abhandlungen*, Bd. 1., Köln 1961.

Menninghaus, W., *In Praise of Nonsense – Kant and Bluebeard*, trans. by Henry Pickford, California 1999(*"Lob des Unsinns: Kant, Tieck und Blaubart"*, Surkamp Verlag 1995).

Mohr, G./Marcus Willaschek(hrsg.), *Kritik der reinen Vernunft*, Berlin 1998.

Mudroch, V., *Kants Theorie der physikalischen Gesetze*, Berlin–New York 1987.

Prauss, G., *Kant und das Problem der Dinge an sich*, Bonn 1989.

Priest, S.(ed.), *Hegel's Critique of Kant*, Oxford 1987.

Reinhold, K. L., *Briefe über die Kantische Philosophie*, Leipzig 1923.

Ritzel, W., *Immanuel Kant – Eine Biographie*, Berlin/New York 1985.

Rosenberg, J. F., *Accessing Kant – A Relaxed Introduction to the Critique of Pure Reason*, Oxford 2005.

Rosenkranz, K., *Geschichte der Kant'schen Philosophie*, hrsg. von Steffen Dietzsch, Berlin 1987.

Sala, G. B., *Kants 'Kritik der praktischen Vernunft' – Ein Kommentar*, Darmstadt 2004.

Schönecker, D./Thomas Zwenger(hrsg.), *Kant verstehen Über die Interpretation philosophischer Texte*, Darmstadt 2001.

Sedgwick, S.(ed.), *The Reception of Kant's Critical Philosophy – Fichte, Schelling, and Hegel*, Cambridge 2000.

Sherover, Ch. M., *Heidegger, Kant and Time*, Bloomington/London 1971.

Silber, J., *Kant's Ethics – The Good, Freedom, and the Will*, Boston/Berlin 2012.

Simon, J. *Kant Die fremde Vernunft und die Sprache der Philosophie*, Berlin/New York 2003.

Strawson, P., *Die Grenzen des Sinns – Ein Kommentar z u Kants Kritik der reinen Vernunft*, trans. by Ernst Michael Lange, Hain 1981.

Teichner, W., *Kants Transzendentalphilosophie*, Freiburg/München 1978.

Timmons, M.(ed.), *Kant's Metaphysics of Morals – Interpretative Essays*, Oxford 2002.

Vaihinger, H., *Kommentar zu Kants Kritik der reinen Vernunft*, hrsg. von Raymund Schmidt, 2 Bde., Stuttgart/Berlin/Leipzig 1970(1922).

Volkmann-Schluck, Karl-H., *Kants transzendentale Metaphysik und die Begründung der Naturwissenschaften*, Würzburg: Königshausen und Neumann 1995.

Walker, Ralph C. S., *Kant*, London/Boston/Melbourne/Henley 1978.

Wood, A. W., *Kant's Ethical Thought*, Cambridge 1999.

강영안, 『칸트의 형이상학과 표상적 사유』, 서강대출판부 2009.

게르하르트. V., 『다시 읽는 칸트의 영구평화론』, 김종기 옮김, 백산서당 2007.

김용정, 『칸트철학 – 자연과 자유의 통일』, 서광사 2006.

김정주, 『칸트의 인식론』, 철학과현실사 2001.

김혜숙, 『칸트 경계의 철학, 철학의 경계』, 이화여자대학교출판부 2011.

만프레트 가이어, 『칸트평전』 김광명 옮김, 미다스북스 2004.

문성학, 『인식과 존재 – 순수이성의 이율배반과 선험적 관념론』, 서광사 1991.

백종현, 『칸트와 헤겔의 철학』, 아카넷 2010.

백훈승, 『칸트와 독일관념론의 자아의식 이론』, 서광사 2013.

브로드 C. D., 『칸트철학의 분석적 이해』, 하영석/이남원 옮김, 서광사 1992.

사카베 메구미/아리후쿠 고가쿠, 『칸트사전』, 이신철 옮김, 도서출판b 2009.

윌커슨, T. E., 『칸트의 순수이성비판』, 배학수 옮김, 서광사 1990.

최인숙, 「칸트의 데카르트 비판」, 『철학』 제43집, 한국철학회, 1995 봄.

_____, 「칸트의 오류추리론」, 『칸트연구』 제1집, 한국칸트학회 편, 1995.

_____, 「칸트와 우주론」, 『철학사상』 제16집, 동국대학교 철학회, 1995.

_____, 「선험적 종합명제로서의 칸트의 도덕원리」, 『칸트연구』 제2집(칸트와 윤리학), 한국칸트학회 편, 민음사, 1996 12월.

_____, 「『판단력비판』과 낭만주의 철학에서 자연과 예술의 개념」, 『칸트연구』 제3집, 한국칸트학회 편, 1997.

_____, 「낭만주의 철학과 인도사상의 만남」, 『신인문』, 한길사, 1997.

_____, 「쿠자누스와 칸트」, 『칸트연구』 제4집(토마스에서 칸트까지), 한국칸트학회, 철학과현실사 1999.

_____, 「칸트의 이론철학에서 대상 개념에 대한 연구」, 『철학연구』 제51집, 철학연구회, 2000 겨울.

_____, 「칸트와 불교에 있어 존재와 인식 그리고 실천」, 『불교평론』 통권 9호, 2001 겨울.

_____, 「칸트와 가다머에게서의 놀이개념의 의미」, 『칸트연구』 제7집, 한국칸트학회 편, 2001.

_____, 「칸트와 노발리스에서 창조의 의미」, 『철학연구』 제56집, 철학연구회, 2002.

_____, 「칸트와 불교의 실천철학」, 『칸트연구』 제15집, 한국칸트학회 2005.

_____, 「칸트와 데카르트에서 정신과 물질의 관계 - 인식론적 관점에서」, 『칸트연구』 제16집, 한국칸트학회 2005.

_____, 「칸트의 역사철학의 현실성 - 헤겔의 역사철학과의 관계에서」, 『칸트연구』 제17집, 한국칸트학회, 2006.

_____, 「현상학과 유식학에서 자기의식의 의미」, 『철학과 현상학 연구』 제32집, 한국현상학회 2007.

_____, 「칸트철학과 불교철학에서 마음과 물질의 관계 - 오류 판단을 중심으로」, 『철학』 제106집, 한국철학회 2011 봄.

_____, 『칸트』, 살림출판사 2005.

코플스톤, F., 『칸트』, 임재진 옮김, 중원문화 1991(1986).

크로너, R., 『칸트』, 연효숙 옮김, 서광사 1998.

폰 키벳, A. V., 『순수이성비판의 기초개념』, 이신철 옮김, 한울 1994.

페이튼, H. J., 『칸트의 도덕철학』, 김성호 옮김, 서광사, 1988.

한자경, 『칸트철학에의 초대』, 서광사 2007(2006).

그 밖의 문헌

Adam, H., *Carl Leonhard Reinholds philosophischer Systemwechsel*, Heidelberg 1930.

Ameriks, K.(ed), *German Idealism*, Cambridge 2000.

Aristoteles, *Aristoteles' Metaphysik* I(A)-VI(E), Hamburg 1982.

_____, *Aristoteles' Metaphysik* VII(Z)-XIV(N), Hamburg 1980.

_____, *Lehre vom Schluß oder Erste Analytik*(Organon III), Übersetzt u. mit Anmerkungen versehen von Eugen Rolfes, Hamburg 1975(1921).

_____, *Lehre vom Beweis oder Zweite Analytik*(*Organon* IV), Hamburg, 1976(1922).

_____, *Philosophische Schriften*, 6 Bde. Darmstadt 1995.

Atkins, K., *Self and Subjectivity*, Blackwell 2005.

Beiser, F. C., *German Idealism*, Cambridge, Massachusetts/London, England 2002.

Bergson, H., *The Creative Mind*, trans. by Mabelle L. Andison, New York 1946.

Berkeley, G., *A Treatise concerning the Principles of Human Knowledge*, New York 1957.

Bondeli, M., *Das Anfangsproblem bei Karl Leonhard Reinhold – Eine systematische und entwicklungsgeschichtliche Untersuchung zur Philosophie Reinholds in der Zeit von 1789 bis 1803*, Frankfurt am Main 1995.

Braitenberg, V., *Vehikel – Experimente mit kybernetischen Wesen*, aus dem Englischen von Dagmar Frank u. Valentin Braitenberg, Hamburg 1993(amerikanische Originalausgabe "Vehicles: Experiments in Synthetic Psychology", 1984).

Brinkman, K.(ed.), *German Idelism*, USA/Canada, 2007.

Bruno, G., Über *das Unendliche, das Universum und die Weltwesen*, aus dem Italienischen übersetzt u. hrsg. von Christiane Schultz, Stuttgart 1994.

_____, *Über die Ursache, das Prinzip und das Eine*, übersetzt von Philipp Rippel, Stuttgart 1997(1986).

Chalmers, D. J., *The Conscious Mind – In Search of a Fundamental Theory*, New York/Oxford 1996.

Churchland, P. S., *Neurophilosophy – Toward a Unified Science of the Mind/ Brain*, Cambridge/London 2000(1986).

Cooper, C. L,/Lawrence A. Pervin(ed.), *Personality – Critical Concepts in Psychology*, 4 Vols., London/New York 1998.

Crane, T., *Elements of Mind – An Introduction to the Philosophy of Mind*, Oxford 2001.

Crosson, F. J./Kenneth M. Sayre, *Philosophy and Cybernetics*, New York 1967.

Dennett, D., *Consciousness Explained*, Boston/New York/London 1991.

Descartes, R., *Discours de la Methode*, übersetzt u. hrsg. von Lüder Gäbe, Hamburg 1969(1960).

_____, *Meditationen mit sämtlichen Einwänden u. Erwiderungen*, Hamburg1972(1915).

_____, *Meditationes de prima philosophia Meditationen über die Erste philosophie*. Stuttgart 1986.

_____, *Die Prinzipien der Philosophie*, übersetzt von Artur Buchenau, Hamburg 1955.

_____, *Regulae ad directionem ingenii(Regeln zur Ausrichtung der Erkenntniskraft)*, übersetzt von Heinrich Sprikngmeyer/Lüder Gäbe/Hans Günter Zekl, Hamburg 1973.

(Van) Dülmen, R.(hrsg.), *Entdeckung des Ich – Die Geschichte der Individualisierung vom Mittelalter bis zur Gegenwart*, Köln 2001.

Fichte, I. H.(hrsg.), *Fichtes Werke*, Bd. I(Zur theoretischen Philosophie I), Berlin 1971.

_____, *Fichtes Werke*, Bd. VI(Zur Politik und Moral), Berlin 1971.

_____, *Die Bestimmung des Menschen*, Stuttgart 1981(1962).

_____, *Über den Begriff der Wissenschaftslehre*, Stuttgart 1991(1972).

Fischer, K., *Geschichte der neuern Philosophie*, 5. Bd.(Fichte und seine Vorgänger), Heidelberg 1890.

Flach, W./Helmut Holzhey(hrsg.), *Erkenntnistheorie und Ligik im Neukantianismus*, Hildesheim 1980.

Flangan, O., *The Problem of the Soul – Two Visions of Mind and How to Reconcile them*, New York 2002.

Gale, R. M., *The Philosophy of William James*, Cambridge 2005.

Goleman, D., *Emotional Intelligence – Why it can matter more than IQ*, New York/Toronto/London/Sydney/Auckland 1995.

Gregory, R., *The Oxford Companion to the Mind*, 2 Vols., Oxford 2004.

Guttenplan, S., *A Companion to the Philosophy of Mind*, Blackwell 1994.

Hegel, G. W. F., *Phänomenologie des Geistes*, Frankfurt am Main 1970.

_____, *Wissenschaft der Logik*, 2 Bde., Hamburg 1975.

_____, *Grundlinien der Philosophie des Rechts oder Naturrecht und Staatswissenschaft im Grudlisse*, Frankfurt am Main 1976.

_____, *Differenz des Fichteschen und Schellingschen Systems der Philosophie*, Hamburg 1982(Hamburg: Felix Meiner Verlag 1968).

Heidegger, M., *Sein und Zeit*, Tübingen 1993.

Heimsoeth, H., *Die Methode der Erkenntnis bei Descartes und Leibniz*, erste Hälfte(Historische Einleitung. Descartes′ Methode der klaren und deutlichen Erkenntnis), Gießen 1912.

Hintikka, J., *Knowledge and the Known - Historical Perspectives in Epistemology*, Dordrecht-Holland/Boston 1974.

Hösle, V.-Fernando Suarez Müller(hrsg.), *Idealismus heute-Aktuelle Perspektiven u. neue Impulse*, Darmstadt 2015.

Huizing, K., *Das Sein und der Andere - Levinas′ Auseinandersetzung mit Heidegger*, Frankfurt am Main 1988.

Hume, D., *Enquiries concerning Human Understanding and concerning the Principles of Morals*, Oxford 1986(1902 2.ed., 1975 3.ed.).

_____, *Eine Untersuchung über den menschlichen Verstand*, Stuttgart 1982(1967).

_____, *Eine Untersuchung über die Prinzipien der Moral*, Stuttgart 1996(1984).

_____, *Four Dissertations*, Bristol 1995.

_____, *Dialogue über natütliche Religion*, übersetzt u. hrsg. von Norbert Hoerster, Stuttgart 1981.

Husserl, E., *Husserliana Gesammelte Werke*, 27 Bde., Auf Grund des Nachlasses veröffentlicht in Gemeinschaft mit dem Husserl-Archiv an der Universität Köln vom Husserl-Archiv (Louvain) unter Leitung von H. L. van Breda, Photomechanischer Nachdruck 1973.

James, W., *Pragmatismus*, übersetzt u. mit einer Einleitung von Klaus Schubert u. Axel Spree, Darmstadt 2001.

Kanitz, H. J., *Das Übergegensätzliche bei Leibniz*, Hamburg 1951.

Klemmt, A., *Karl Leonhard Reinholds Elementarphilosophie – Eine Studie über den Ursprung des spekulativen deutschen Idealismus*, Hamburg 1958.

Köhler, D./Otto Pöggeler(hrsg.), *G. W. F. Hegel Phänomenologie des Geistes*, Berlin 1998.

Laland, K./Gillian R. Brown, *Sense and Nonsense – Evolutionary Perspectives on Human Behaviour*, Oxford 2002.

Lauth, R.(hrsg.), *Philosophie aus einem Prinzip Karl Leonhard Reinhold – Sieben Beiträge nebst einem Briefekatalog aus Anlaß seines 150. Todestages*, Bonn 1974.

Leibniz, G. W., *Monadologie*, übersetzt u. erläutert von Hermann Glockner, Stuttgart 1986(1979).

_____, *Vernunftprinzipien der Natur und der Gnade Monadologie*, übersetzt von Artur Buchenau, Hamburg 1982.

_____, *Fünf Schriften zur Logik und Metaphysik*, Stuttgart 1995.

_____, *Neue Abhandlungen über den menschlichen Verstand*, Übersetzt, eingeleitet u. erläutert von Ernst Cassirer, Hamburg 1971(1915).

_____, *Leibniz Werke*, 7 Bde., Damrstadt 1985–1992.

Lenk, H., *Kleine Philosophie des Gehirns*, Darmstadt 2001.

Link, Ch., *Subjektivität und Wahrheit – Die Grundlegung der neuzeitlichen Metaphysik durch Descartes*, Stuttgart 1978.

Locke, J., *An Essay concerning Human Understanding*, Oxford 1975.

_____, *An Essay concerning Human Understanding*, vol. one in two volumes,

New York 1969.

Martin, R./John Barresi(ed.), *Personal Identity*, USA/UK/Australia/Germany

2003.

Nicolai de Cusa(Nikolaus von Kues), *Vom Nichtanderen*(De li non aliud),

Hamburg 1987.

_____, *De beryllo Über den Beryll*, Hamburg 1987.

_____, *De coniecturis Mutmaßungen*, Hamburg 1988.

_____, *De apice theoriae Die höchste Stufe der Betrachtung*, Hamburg 1986.

_____, *Cribratio Alkorani Sichtung des Korans*, 3 Bde., Hamburg 1990.

_____, *Trialogus de possest Dreiergespräch über das Können-Ist*, Hamburt

1991.

_____, *Idiota de mente Der Laie über den Geist*, Hamburg 1995.

_____, *Compendium Kurze Darstellung der philosophisch-theologischen Leh-

ren*, Hamburg 1996.

Oeser, E./Franz Seitelberger, *Gehirn, Bewußtsein und Erkenntnis*, Darmstadt

1995.

Pieper, A., *Selber Denken – Anstiftung zum Philosophieren*, Leibzig 1997.

Platon, *Platon Werke*, 9 Bde., Darmstadt 1990(1977).

_____, *Phaidon/Politeia*, übersetzt von Friedrich Schleichermacher, Ham-

burg 1984(1958).

Plotkin, H., *Evolution in Mind – An Intoduction to Evolutionalry Psychology*,

Cambridge, Massachusetts 1998.

Praus, G., *Einführung in die Erkenntnistheorie*, Darmstadt 1993(1980).

Quine, W. V., *Methods of Logic*, New York/Chicago/San Francisco

1972(1959).

Reinhold, K. L., *Über das Fundament des philosophischen Wissens Über die Möglichkeit der Philosophie als strenge Wissenschaft*, Hamburg 1978.

_____, *Karl Leonhard Reinhold Schriften zur Relogionskritik und Aufklärung 1782-1784*, hrsg. von Zwi Batscha, Bremen 1977.

_____, *Versuch einer neuen Theorie des menschlichen Vorstellungsvermögens*(1789), Darmstadt 1963.

Rentzsch, K./Astrid Schütz, *Psychologische Diagnostik – Grundlagen und Anwendungsperspektiven*, Stuttgart 2009.

Sandkühler, H. J.(hrsg.), *Handbuch Deutscher Idealismus*, Stuttgart/Weimar 2005.

Schelling, F. W., *Zeitschrift für spekulative Physik*, Hamburg 2001.

_____, *Ausgewählte Schriften*, Bd. 3(1804-1806), Frankfurt am Main 1985.

Schmidinger, H./Clemens Sedmak(hrsg.), *Der Mensch – ein freies Wesen? – Autonomie–Personalität–Verantwortung*, Darmstadt 2005.

Schmidt, H., *Philosophisches Wörterbuch*, Stuttgart 1982.

Schönborn, A., *Karl Leonhard Reinhold Eine annotierte Bibliographie*, Stuttgart–Bad Cannstatt 1991.

Schopenhauer, A., *Die Welt als Wille und Vorstellung*, 4 Bde. Zürich 1977.

_____, *Über die vierfache Wurzel des Satzes vom zureichenden Grunde*, Hamburg 1957.

Schulze, G. E., *Aenesidemus oder über die Fundamente der von dem Herrn Professor Reinhold in Jena gelieferten Elementar–Philosophie*, Berlin 1911.

Schwartz, J. M. Sharon Begley, *The Mind and the Brain – Neuroplasticity and the Power of Mental Force*, New York 2002.

Searle, J. R., *Mind – A Brief Introduction*, New York/Oxford 2004.

Seifert, J., *Das Leib-Seele-Problem - Und die Gegenwärtige Philosophische Diskussion*, Darmstadt 1989(1979).

Selling, M., *Studien zu r Geschichte der Transzendental-Philosophie - Karl Leonhard Reinholds Elementarphilosphie in ihrem philosophiegeschichtlichen Zusammenhang*, Lund 1938.

Shaffer, J. A., *Philosophy of Mind*, London/Sydny/Toronto/Delhi/Tokyo 1968.

Spinoza, *Die Ethik*, Stuttgart 1977.

Steffens, A., *Philosophie des 20. Jahrhunderts oder die Wiederkehr des Menschen*, Leibzig 1999.

Theunissen, M., *The Other - Studies in the Social Ontology of Husserl, Heidegger, Sartre, and Buber*, trans. by Christopher Macann, Cambridge, massachusetts/London, England 1984.

Thomas von Aquin, *Über das Sein und das Wesen*, Darmstadt 1980.

Wahrig, G., *Deutsches Wörterbuch*, Mosaik Verlag, 1982.

Weingarten, M., *Organismen - Objekte oder Subjekte der Evoltution?*, Darmstadt 1993.

Windelband, W., *Lehrbuch der Geschichte der Philosophie*, hrsg. von Heinz Heimsoeth, Tübingen 1980.

Zimmerli, W. Ch./Stefan Wolf(hrsg.), *Künstliche Intelligenz*, Stuttgart 1994.

골드스타인, E. B., 『감각과 지각』, 김정오 외 옮김, Cengage Learning 2011.

김선희, 『자아와 행위 - 관계적 자아의 자율성』, 철학과현실사 1998

김재권, 『수반과 심리철학』, 철학과현실사 1995.

_____, 『수반과 심리철학』(Philosphy of Mind), 하종호/김선희 옮김, 철학과현실사 1997.

_____, 『물리주의』(Physicalism), 하종호 옮김, 아카넷 2007.

다마지오, A., 『스피노자의 뇌 – 기쁨, 슬픔, 느낌의 뇌 과학』, 임지원 옮김, 사이언스북스 2007.

데까르뜨, R., 『방법서설 · 성찰』, 최명관 옮김, 서광사 1991.

_____, 『철학의 원리』, 원석영 옮김, 아카넷 2004.

라일, G., 『마음의 개념』, 이한우 옮김. 문예출판사 1999(1994).

롤즈, J., 『공정으로서의 정의』, 황경식/이인탁/이민수/이한구/이종일 옮김, 서광사 1988.

르두(LeDoux), J., 『시냅스와 자아』(Synaptic Self), 동녘 2016(2005).

리드, Th., 『인간 마음에 관한 탐구』, 양선숙 옮김, 한길사 2014.

메를로 퐁티, M., 『지각의 현상학』, 류의근 옮김, 문학과지성사 2002.

바이어츠, K., 『도대체 왜 도덕적이어야 하는가?』, 박창용 · 심지원 옮김, 솔과학, 2009.

버클리, G., 『새로운 시각 이론에 관한 시론』(An Essay toward A New Theory of Vision), 이재명 옮김, 아카넷 2009.

베르그손, 앙리, 『의식에 직접 주어진 것들에 관한 시론』, 최화 옮김, 아카넷 2003(2001).

_____, 『물질과 기억』, 박종원 옮김, 아카넷 2006(2005).

벨슈, W.(Wolfgang Welsch), 『이성』 1, 조상식 옮김, 이학사 2010.

사르트르, 『사르트르의 상상계』, 윤정임 옮김, 에크리 2010.

_____, 『사르트르의 상상력』, 지영래 옮김, 에크리 2008.

설, J. R., 『지향성 – 심리철학 소론』, 심철호 옮김, 나남 2009.

셸러, M., 『윤리학에 있어서 형식주의와 실질적 가치 윤리학』, 이을상/금교영 옮김, 서광사 1998.

소흥렬, 『자연주의적 유신론 – 우주의 마음 · 사람의 마음 · 컴퓨터의 마음』, 서광사

1992.

송태현, 『상상력의 위대한 모험가들 – 융, 바슐라르, 뒤랑』, 살림 2005.

쇼펜하우어, A., 『자연에서의 의지에 관하여』, 김미영 옮김, 아카넷 2012.

원만희, 『진리, 의미 그리고 합리성』, 철학과현실사 2004.

에델만, G., 『신경과학과 마음의 세계』, 황희숙 옮김, 범양사 2010 (1998).

엘라이, 로타, 『피히테, 쉘링, 헤겔』, 백훈승 옮김, 인간사랑 2008.

원효, 『대승기신론소·별기』, 은정희 역주, 일지사 1991.

움베르토 에코 외, 『논리와 추리의 기호학』, 인간사랑 1994.

쫄탄(Zoltan), B. 『시각, 지각, 인지』, 양영애 외 옮김, 영문출판사 2010.

처치랜드, P. M., 『물질과 의식』, 석봉래 옮김, 서광사 1992.

토이니센, M., 『존재와 가상 – 헤겔 논리학의 비판적 기능』, 나종석 옮김, 용의숲
    2008.

캇시러, E., 『인간이란 무엇인가』, 최명관 옮김, 창 2008 (개정판).

카너먼, 대니얼, 『생각에 관한 생각』, 이진원 옮김, 김영사 2014 (2012).

카네만/슬로빅/트발스키(편저), 『불확실한 상황에서의 판단 – 추단과 편향』, 이영
    애 옮김, 아카넷 2012.

클라크, G., 『공간과 시간의 역사』, 정기문 옮김, 푸른길 1999.

퍼트남, H., 『표상과 실재 – 마음에 관한 인지적, 계산적 접근 방법은 왜 성공할 수
    없는가?』, 김영정 옮김, 이화여대출판부 1990.

_____, 『존재론 없는 윤리학』, 홍경남 옮김, 철학과현실사 2006.

핑커, S., 『마음은 어떻게 작동하는가 – 과학이 발견한 인간 마음의 작동 원리와 진
    화심리학의 관점』, 김한영 옮김, 동녘 2008.

하르트만, N., 『독일 관념론 철학』, 이강조 옮김, 서광사 2008.

황수영, 『물질과 기억, 시간의 지층을 탐험하는 이미지와 기억의 미학』, 그린비
    2012 (2006).

| 찾아보기 |